マルクスの21世紀

マルクスの21世紀

岩淵慶一

学樹書院

はしがき

本書は、ここ数年間東京唯物論研究会編『唯物論』などに発表してきた論文をまとめたもので、内容的に二つの部分に分けられる。前半は、マルクスの哲学思想とその意義を論じた三つの論文とマルクス疎外論の観点からみた現代哲学の諸傾向を論じた論文からなり、後半は、本来のマルクスの社会主義思想がどのようなものであったのかを検討した論文と、このマルクスの思想を継承したとみなされてきたレーニンの社会主義思想の基本的な問題点を論じた論文、さらに二〇世紀の社会主義運動とマルクス疎外論にかかわる基本的な諸問題について論じた論争的小論からなっている。全体の序章として、二つの部分にかかわり、本書の全体を総括していて、まさに本書の題名の意味を簡潔に表明しているとみなされうる論文を置いている。

第I部では最初の二つの章で、二〇世紀の最後にいたるまでのマルクス主義の支配的な潮流が、最初はエンゲルスから始まった伝統的マルクス主義であり、続いてこのマルクス主義をカリカチュア化した新旧のスターリン主義であったこと、そしてソ連型社会主義の地盤低下、さらにその自己崩壊とともに凋落してきたマルクス主義とはこのスターリン主義にほかならなかったことなどを確認するとともに、他方、本来のマルクスのマルクス主義は、一九三〇年前後から初めて適切に理解されうる可能性が生まれたにもかかわらず、この可能性は、支配の座についていたスターリン主義によって妨げられてきたために、さまざまな個人や集団によっていわば例外的に実現されてきただけで、二〇世紀の最後にいたるまで真に現実性に転化させられることはなく、したがってマルクスのマルクス主義は二〇世紀においては社会的な思想として歴史の試練に晒されることもなかったということ、などを明らかにしている。ここから導き出されうる結論は、要するに、本来のマルクスのマルクス主義が初めて歴史の舞台に本格的に登場することになるのは、これから先の二一世紀の課題であるということであるが、これこそは本書の題名として〝マルクスの二一世紀〟が選ばれた所以にほかならない。さらにこの第I部で補足として付け加えられている第三章では、夥しい量の売れ行きで有名になった『ソフィーの世界』のような本のなかでもマルクス像が、伝統的マルクス主義やスターリン主義によってどれほど汚染されているかということを検討し、ヨーロッパの知識人たちのところでも、マルクスの適切な理解が依然としてこれから先の課題であることを明らかにしている。そしてまた、もう一つの補足として加えられている第四章では、スターリン主義によって汚染されたマルクス主義者たちが『経済学・哲学草稿』などの新たに見出されたマルクスを理解し損なっただけではなく、というよりはまさにそのために、また現代ブルジョア哲学の基本的な諸傾向を批判する際にもいかに不適切にふるまってきたかを論じている。適切なマルクス解釈を発展させることが、私たちの社会で現在流行している、そしてしばらくは流行し続けるであろうさまざまな形態のブルジョア哲学思想を徹底的に批判するうえでも不可欠の前提になることは疑いがない。

ところで、伝統的マルクス主義と新旧のスターリン主義によって歪められたり排斥されたりしてきたのはマルクスの哲学思想だけではなかった。必ずしもよく知られてきたとはいえないが、マルクスの社会主義思想もまた同じような目に遭ってきたのである。そもそも本来のマルクスの思想を斥けてきた新旧のスターリン主義は彼の疎外の概念とともに彼の疎外の止揚の概念も排斥してきた。したがって、当然、スターリン主義はマルクスの疎外の止揚の概念についての適切な理解を発展させることもできず、社会主義社会を疎外の止揚の過程の一段階として捉えることもできなかった。そして、マルクスの疎外論を不当に取り扱ってきたこのスターリン主義を自らのイデオロギーとしてきたソ連型社会主義運動はそれ相応の報いを受けることになり、マルクスが疎外の止揚としての共産主義の最低の形態として位置づけ、けっして選択すべきではないと考えていた「粗野で無思想な共産主義」の運動に自己を変質退化させ、挙句の果てに世界中の人々が見守るなかで無様に自己崩壊を遂げてしまったのである。よく知られているように、この大失敗について論じてきた人々の多くは、その最大の原因の一つを、この社会主義運動が市場を圧殺し官僚主義を肥大化させてきたことに、したがってそもそもこの運動が非市場的社会主義論を採用したことに求めてきた。これは基本的には正当であったとみなすことができるが、問題は、そのような議論をしてきた人々が同時にこの非市場的社会主義論がマルクスから始まったのだと主張してきたことである。もしその通りであったとすれば、当然マルクスもまた有罪であったということになるが、はたしてマルクスは本当に非市場的社会主義論を説いていたのであろうか。第Ⅱ部の最初の論文は、まさにこの問題を真っ正面から取り上げ、マルクスが説いていたのは非市場的社会主義論ではなく市場的社会主義論であり、彼が疎外の止揚の過程で人々がしばらくの間は、つまり社会主義社会の段階では国家とともに市場とも付き合って行かなければならないはずだと考えていたということを、したがって、彼の社会主義論はエンゲルス以来の伝統的マルクス主義やスターリン主義の社会主義論とは異質なものであり、したがってまた二〇世紀社会主義運動の大失敗の責任をマルクスに押し付けることはできないということを明らかにしている。そして次の第六章では、伝統的マルクス主義を継承しそれに基づいてマルクスを解釈していたレーニンが――ロシア革命前に形成していた社会主義論を革命直後から早速実際に実現しようと努めた結果、絶体絶命の危機に直面して——どのように転換を図ろうと努めていたかを検討したものである。このレーニンの失敗の経験の分析は、伝統的マルクス主義の社会主義論が間違っていたということを、そして、適切には理解されてこなかったマルクスが、資本主義以後の未来の社会の構想においていかに先見の明をもっていたかということも、したがってまた哲学思想の領域におけると同様に社会主義思想の領域においてもマルクスの出番が二一世紀になることも、改めて教えている。最後の七章は、二〇世紀の社会主義運動の失敗をどのように受け止めるべきか、そしてまた、今もなおマルクスがいかに誤解されているか、を検討したポレミカルな論文であるが、〃マルクスの二一世紀〃という題名がいかに適切であるかを改めてよく理解してもらえるのではないかと考えて、敢えて本書に収録した。

本書に収められた諸論文が最初に発表されたときの題名と掲載誌は以下の通りである。いずれも内容的には基本的には変更されていないが、なかには誤字脱字以外にも加筆補正されているものもある。なお本書では、原則として敬称を略させていただいた。

まえがき(「唯物論研究者の責務」)東京唯物論研究会編『唯物論』第七四号、二〇〇〇年一二月。
序章「どこから、そしてどこへ——マルクス主義のパラダイム転換」『立正大学人文科学研究所年報』別冊第一三号、二〇〇一年三月。

第一章「マルクス唯物論の基本的諸問題」『立正大学人文科学研究所年報』第三四号、一九九六年三月。

第二章「マルクス主義哲学思想の現在」『経済と社会』第七号、時潮社、一九九六年一一月。

第三章「『ソフィーの世界』のマルクス像」東京唯物論研究会編『唯物論』第七〇号、一九九六年一〇月。

第四章「現代哲学思想の基本的諸傾向――古在由重『現代哲学』の批判的検討」東京唯物論研究会編『唯物論』第七二号、一九九八年一〇月。

第五章「社会主義と市場――マルクス社会主義論研究ノート」東京唯物論研究会編『唯物論』第六七号、一九九三年一〇月。

第六章「レーニン社会主義論の基本的諸問題」東京唯物論研究会編『唯物論』第七一号、一九九七年一〇月。

第七章「社会主義　官僚主義　マルクス疎外論――西田論文に対する反批判」『季報唯物論研究』第六九号、一九九九年八月。

目次

まえがき

二〇世紀も残るところ僅かになってきた二〇〇〇年の春遅くに、「ポストモダン思想における科学の濫用」という副題がつけられた『「知」の欺瞞』(田崎晴清、大野克嗣、堀茂樹共訳、岩波書店)という訳書が出版された。

アラン・ソーカルとジャン・ブリクモンという二人の著者は物理学と数学の専門家で、彼らの狙いは、第一に、ジャック・ラカン、ジュリア・クリステヴァ、リュス・イリガライ、ジャン・ボードリヤール、ジル・ドゥルーズやフェリクス・ガタリなどというような二〇世紀後半に精力的に膨大な量の文章を書いてきて、それらの文章が日本でも大量に翻訳されてきたフランスの著名な作家たちが、「科学的な概念や術語をくりかえし濫用してきたことを示す」ということに向けられている。著者たちは、彼ら有名人たちがそのような濫用に誰も気づかないであろうと、つまり「知」の欺瞞者だと糾弾する者はいないだろうと考えているようなので、「王様は裸だ(そして女王様も)」と指摘しておく必要があると考えたのである。読んでみればわかるが、この課題を著者たちはきわめて首尾よく実現していて、「知」の詐欺師たちの正体が実に見事に暴き出され、王様も女王様も裸でしかないことがはっきりさせられている。

これだけでも十分に読むだけの価値があるということになるのであるが、しかし、『「知」の欺瞞』はまたもう一つの課題も掲げていて、こちらの方でも著者たちは実に模範的に仕事を成し遂げている。

著者たちが第二の狙いとしているのは、ポストモダニズムのもう一つの相貌である相対主義、それらのうちでもとりわけ認識的相対主義を批判するということである。この相対主義とは「現代科学は『神話』、『物語』あるいは『社会的構築物』等々以外の何ものでもないとする考え」であり、著者たちによれば、この相対主義を受け入れてしまえば、「科学的な考え方もまた一つの『言説』に過ぎない以上、それを誤って伝えることに驚く理由などはほとんどないことになる」ので、科学の濫用とも論理的にも結びついている。著者たちは理論の決定不全性、観察の理論負荷性などについてカール・ポパー、ウィラード・クワイン、トーマス・クーン、ポール・ファイヤアーベントなどの議論を批判的に検討しつつ、とても正気の沙汰とは思われないようなナンセンスを主張してきたポストモダニズムを徹底的に批判している。この批判においても、前者の科学濫用批判における同様に、著者たちが大いに成功していることは疑いない。

さて、注意すべきは、著者たちがポストモダニズムの起源もその機能も純粋に知的なものではないことも正当に指摘していることである。彼らは次のように語っている。

「左派が絶望的な状態に陥り全般的に目標を見失ってしまったという歴史的にも例を見ないと思われる事態が、ポストモダニズムのもう一つの源泉になっている。共産主義体制は崩壊した。社会民主主義の政党は、勢力を保っている場合には、微温的な新自由主義政策を採用している。そして、自国の独立に貢献した第三世界諸国での運動も、ほとんどの場合、自主的な発展へのいかなる試みも放棄してしまった。手短にいって、最も残酷な型の『自由主義市場』資本主義が、予見できる限りの未来の容赦ない現実になったように見えるのだ。正義と平等という理想がこれほど夢物語と感じられた時代はかつてなかった。……このような空気からある種の意気阻喪の雰囲気が生まれ、その一部がポストモダニズムという形をとって現れることは、容易に理解できる」(二六六頁)。

著者たちが優れた洞察力をもった本物の知識人であることがよくわかる箇所である。今日の世界の基本的な諸傾向、そこから生じた意気阻喪の雰囲気についての著者たちの指摘は、これこそ時代の問題だとみなされなければならない問題を的確にとらえている。そしてまた、そうした意気阻喪の雰囲気とでポストモダニズムとの関連についての理解も的を射ているといってもよいであろう。おそらく同種の意気阻喪、そのなかでポストモダニズムのはたしている役割などは日本においても見出されてきたのではないか。

続けて、エジプトにおけるポストモダニズムの影響についてのノーム・チョムスキーの興味深い文章を紹介した後に、ここでの議論を著者たちは次のように締めくくっている。「このようにして、左派の生き残りが、正義と進歩という理想を入れた棺桶の最後の釘を打つ手助けをしているのだ。われわれとしては、いつの日にかこの理想がよみがえることを願いつつ、すこしは空気が通うようほどほどにと控え目に言えるだけだ」（二六六～七頁）。

まことに興味深い見解だといってもよいであろう。先ずは、ポストモダニズムにかぶれた生き残りの左派に与えられている仕事に注目すべきであろう。彼らは、正義、平等、進歩などという人類の高邁な理想を入れた棺桶の蓋に釘を打つ仕事でさえなく、せいぜいその釘を打つ仕事の手伝いをしているだけだというのである。著者たちがポストモダニズムの左翼的信奉者たちをどれほど安っぽくて卑しいものとみなしているかが改めてよくわかる。

また、ここから改めて著者たちのポストモダニズムにたいする評価がどれほど低いものであるかということもよくわかるが、実際に時代のなかにおいてみるならば、間違いだけで意味不明な戯言をくりかえし、ヒットラーとナチのアイドル哲学者のニーチェや正真正銘のナチ哲学者のハイデッガーなども担ぎ上げてきたポストモダニズムには、棺桶の釘打ち程度の位置づけが適切であることも明白ではないであろうか。

だが、ポストモダニズムがその程度のものであるとすれば、その信奉者たちに釘打ちやその手伝いをあまりやらないようにと諭してやったところで、そして彼らが恥じてそうしたことをやめたとしても、それだけでは棺桶の蓋が開けられ中身が外に出されるわけでも、その中身が甦えさせられるわけでもない。そのためには、いうまでもなくポストモダニズム批判以上のことが必要なのである。

引用文から推しはかられるように、『「知」の欺瞞』の著者たちはよく承知しているようにみえるが、そもそもそれらの高邁な理想が棺桶に入れられ蓋をかぶせられてしまったのにはそれなりの経緯があったのである。『空想から科学へ』のなかでエンゲルスが適切に語っていたように、近代啓蒙主義が自由、平等などの理想の実現を約束したが、しかし発展しつつあった資本主義社会がそれらの理想を実現するには不適切なシステムであることが時とともにますますはっきりしてきた。そこで、かわってそれらの諸理想の実質的な実現を宣言して登場してきたのが社会主義であったが、この社会主義も、二〇世紀に入ってから先ず最初にソ連で、続いていくつかの諸国で実際にその実現をめざしたが、しばらくしてその宣言を実現できないことがわかってきた。その結果、やがて二〇世紀後半には社会主義の魅力はますます小さくなり、一九九〇年代に入ってからまもなく社会主義の看板を掲げてきた諸国は自己崩壊を遂げてしまった。そして、この社会主義の凋落と崩壊とは対照的に、この社会主義が超えたはずの資本主義がいわば一人勝ちの時代を迎え、今日にいたっているのである。

こうした経緯を思い起こしてみれば、問題が、人類の高邁な諸理想を実現するという資本主義ができなかったことを成し遂げるはずであった社会主義が大失敗をして、無様にも世界中が見守る中で自壊してしまったということにあったことは明白である。ソーカルたちが使っている棺桶の比喩を利用し続けるならば、高邁な諸理想を実現するどころかそれらの理想を殺し、ポストモダニズムがその蓋の釘打ちをしている棺桶に入れてしまったのは、ほかならぬ社会主義運動であり、その旗になってきたのはマルクス主義であったのであり、こうしたことが、「左派の絶望的な状態」を創り出し、「正義と平等という理想がこれほど夢物語と感じられた時代はかつてなかった」といわれるような時代を到来させたのである。そして、ポストモダニズムの跳梁などはこの大きな流れのなかで副産物として生じたバブルでしかなかったのである。

ここまで進んでくれば、現代思想において本当に問われているのは何であったのかが改めてよくわかってくる。それは、戯言をくりかえしてきたポストモダニズムなどではなく、高邁な諸理想の実現を目指して資本主義の変革を訴えてきた革命の思想、ほかならぬ現代のマルクス主義であったのである。なぜなら、高邁な諸理想を実現するどころか、それらの理想を圧殺し、世間の人々が見守るなかで無様に自己崩壊を遂げた社会主義運動を導いてきたのはマルクス主義であったからである。

したがって、マルクス主義の研究者は、何故二〇世紀の社会主義運動が大失敗をし、人類の高邁な諸理想を埋葬するようなことをしてしまったのか、を説明してみせなければならないのである。失敗の諸原因を抉ぐり出し、いかにしたらそれらを取り除くことができるかを明らかにしてみせなければならず、同じ轍を踏まないような新しい社会主義の構想を提起してみせなければならないのである。たしかにこうした方向での努力もすでにそれなりの成果も挙げてきているが、しかし満足すべき状態に到達しているとはとうていみなされえない。したがって、マルクス主義の研究者には、これまでの諸成果を継承しながら時代の高みに到達するために一層の努力が要請されていると考えなければならないであろう。そうした作業を回避して、かつて十九世紀や二〇世紀の初めに説かれてきたような仕方で能天気に社会主義について語る人々は、たとえ仲間内では感心されることがあったとしても、世間では「いつか来た道」を歩んでいる人々、つまりは人類の高邁な諸理想を埋葬してしまうことになる人々とみなされるのではないか。

二〇世紀末の知的快挙とみなされうる『「知」の欺瞞』は、模範的な仕方でポストモダニズムの正体とその源泉ならびに機能を明らかにしてくれていたが、しかしまた、失敗した社会主義運動と、この運動に結び付いてきたマルクス主義の徹底的な批判的総括が緊急に必要であるということも、そしてそれにもとづいて人類の高邁な諸理想を実現できるような新たな社会主義の構想を基礎づけ発展させるという課題とその重みも教えてくれていたのである。

序章

どこから、そしてどこへ

マルクス主義のパラダイム転換

はじめに

一九八九年一一月にベルリンの壁が崩壊し、九〇年代に入ってからソ連型社会主義諸社会が呆気なく自己崩壊を遂げてしまったことは、まだ私たちの記憶に新しい。こうした動きに引きずられるように中国が市場社会主義への本格的な移行を開始し、ユーゴスラヴィアの独自な社会主義システムも悲劇的な内乱を伴いながら崩壊を遂げ、二〇世紀も残りは僅かに数年というところでこの世紀の世界史の主役中の主役であった社会主義運動が名実ともに一つの終焉を迎えたことが確認されてきた。その後今日にいたるまでに、この幕が引かれた社会主義運動について非常に多くのことが語られてきた。そしてそれとともに今後の、二一世紀の、社会主義の可能性についても、というよりは、むしろより多くその不可能性についても語られてきた。

必ずしも代表的な例とはいえないが、二一世紀の社会主義の不可能性についての議論の一つは、まさにソ連型社会主義社会の崩壊直後に出版され、数年前に翻訳されて広く読まれてきたロバート・ハイルブローナーの著書『二一世紀の資本主義』（"Twenty-First Century Capitalism" 1992）であろう。著者は資本主義がしばらくは否でも応でも存続することになるであろうと予測しているのであるが、それにもかかわらず、興味深いのは、冷静に資本主義の本質的な諸限界にも目を向け、やがてこの資本主義の歴史的有効性が試練にさらされるときがやって来て、「資本主義を超えたところに何があるか」が現実的に問われることになるであろうと推測していることである。自己崩壊を遂げたソ連型社会主義はもとよりスウェーデン型の「市場社会主義」もまた模範にはなりえないと考えた著者が理想的な可能性として描いているのは、その統合原理が「参加」であり、社会的および経済的平等が規範として認められていて、「市場に似た調整メカニズム」が機能しているような社会である。民主主義的な社会主義社会と呼ばれるのがふさわしい社会にほかならないが、著者の考えでは、この魅力的な社会への移行は困難であり新しい社会の再編成も複雑なので、ここ百年のうちにそれが実現される可能性はほとんどないのである。著者は「参加型経済は、破局をも含むどんなことが起ころうと、二一世紀の社会秩序にはならないと思う」ときっぱりと書いている(1)。この文章から何故あの書名が選ばれたかの理由は了解できるのであるが、この著者の結論に頷いた読者はけっして少なくなかったのではないであろうか。二〇世紀の社会主義運動の歴史を顧みるならば、二一世紀は書名の通りになるのではないかと考えるのが当然であるようにみえる。

だが、著者の議論に説得力があるのを認めながらも、ソ連型社会主義崩壊後の資本主義一人勝ちの数年間に資本主義は所詮資本主義であることを噛み締めさせられてきた読者のなかには、書名に集約されているような著者の議論をさらに深める必要があり、この必要性が、マルクス主義を発展させることによって充たされうるのではないかと考えたものも少なくなかったのではないであろうか。

それでは、ハイルブローナーの議論をマルクス主義は本当に深めてみせることができるのであろうか。この問いに対して、今日では否定的に答える人々が増えているが、筆者は肯定的に答えることができると考えている。しかし、筆者の考えでは、そのためには前提としてマルクス主義が、以下で問題にするような基本的な諸課題に首尾よく、しかも大急ぎで応えなければならないのである。そして、もしもこの作業が着々と、しかもできるだけ急いで進められなければ、マルクス主義が『二一世紀の資本主義』を超えることはもとより、二一世紀にその力を真に発揮するところにまで到達することなどはとてもできないように思われる(2)。

1 マルクス主義のパラダイム転換

マルクス主義の歴史を考えるさいに忘れられてはならないのは、マルクスの重要な諸著作が長い間発表されなかったために、マルクスのマルクス主義が理解されるための条件が整えられたのはようやく二〇世紀の三〇年代に入ってからであったということであり、この新たに見出されたマルクス主義は、エンゲルス以来の伝統的マルクス主義や、それがカリカチュア化されたスターリン主義とは異質なものであることがはっきりしていたので、無視されたり排撃されたりしてきたということである。その結果、それ以後今日にいたるまで、つまりは二〇世紀中は、マルクスのマルクス主義は、そもそも適切に理解されることさえも甚だ少なく、まして思想としての力を発揮することなどはほとんどまったくできなかったのである。エンゲルス主義的な伝統的マルクス主義の後に二〇世紀のマルクス主義において支配的な地位を占めて来たのは、マルクスのマルクス主義を首尾よく斥けて来たスターリン主義とその諸変種であった(3)。

このスターリン主義における主要な潮流はソ連型社会主義社会のイデオロギーとして機能してきたので、すでにかなり以前から地盤低下が進んできていたが、九〇年代前半におけるその土台の自己崩壊とともに当然のことながら急速に信奉者を失ってきた。しかし、その多少洗練された諸変種のところでは事情が異なっていて、それらの変種はソ連型社会主義自壊後にも、思想の真贋が見分けられないような人々のあいだでいわゆる偏見の強靱さをもって蔓延ってきた。筆者がここで念頭に置いているのは、フランスのルイ・アルチュセールの構造主義や廣松渉の「物象化」論などであるが、これらのスターリン主義の諸変種がベースにしていたマルクス解釈は、新たに見出されたマルクスを葬り去るためにスターリン時代に開発された諸神話の新装版にほかならなかった。なかでも強調されてきたのは、マルクスが疎外論を超克してしまったという神話であったが、これこそはマルクスの思想からその真に批判的で革命的な核心を取り除くためにスターリン主義者たちによって創作され流布させられたメールヒェンにほかならなかったのである(4)。

このマルクス疎外論超克説がメールヒェンにほかならないということは、今日では改めて論ずる必要もないほどよく知られていることであるかもしれないが、念のためにここでもその証拠を挙げておきたい。実際にマルクスのところには大量の証拠が見出されるが、ここではそのもっとも明確な代表例のみを示しておくだけで十分であろう。もしもマルクスが彼の初期の疎外論を超克してしまったとすれば、彼の後期にはもはや彼の初期と同様の疎外概念は登場しないはずであるが、一八六〇年代前半の彼の後期の著作のなかには、例えば次のような文章が書き記されている。

「労働者にたいする資本家の支配は、人間にたいする物〔物件、物象〕の支配、生きた労働にたいする死んだ労働の支配、生産者にたいする生産物の支配である。……これは、イデオロギーの領域で宗教において現れる関係、すなわち主体の客体への転倒およびその逆の転倒という関係とまったく同じ関係が、物質的生産において、現実の社会的生活過程——というのは、それが生産過程であるのだから——において現れているのである」(5)。

ここでマルクスが論じているのが、彼が彼の初期に強調していた労働疎外の問題であることは、まさに一目瞭然であろう。マルクス自身がまさにそのように了解していたことは、ここで引用した文章に続けて彼が労働の「疎外過程」という言葉を使っていることから明らかである。マルクスは彼の後期においても疎外概念はもとより「疎外」という用語までも放棄しなかったのである。

また、この労働疎外をまさに疎外として、したがって不適切なこと、正当ではないこととして把握することが、賃金奴隷制からの労働者の解放にとってどれほど重要なことであるかということについて、後期のマルクスは次のように論じていた。

「生産物を労働能力自身のものであると認識すること、そして労働能力のその実現の諸条件からの分離を不正なこと——強制関係——であると評価することは、法外な意識であり、それ自身が資本主義的生産様式の産物であり、またその滅亡に向かう凶兆でもあるが、それはちょうど、自分が誰か第三者の所有であるはずがないという奴隷の意識とともに、奴隷制はなお引き続き辛うじて生き延びただけで、生産の土台としては存続することができなくなってしまったのと同じである」(6)。

労働の疎外を労働者が自覚し、それを不当なことだと判断したときに賃金奴隷制もまた崩壊することになるであろうというのであるが、後期のマルクスが賃金奴隷制からの労働者の解放の問題、つまりは社会主義革命の問題を労働疎外の止揚の問題として把握していたと考えなければならないことは、異論の余地がないであろう。

後期のマルクスは、彼の初期の労働疎外の概念と労働疎外の止揚の概念を、したがってそれらの概念をベースにした彼の初期の疎外論も、放棄することなく維持していたのである。ここで引用した二つの節は、後期マルクスが彼の初期の疎外論を放棄したという仮説、マルクス疎外論超克説、を決定的に反証しているのであり、それが完全に間違っていることを証明しているのである。ここで実際に示してきたように、この命題は、つまりマルクス疎外論超克説が間違っているという命題は、誰もが接近できる明々白々な証拠によって確証されている命題である。そして、ここで挙げたような証拠やその他の同様な数多の証拠は、今日では広く知られていて、今もなお疎外論超克説を説いている人々も知っているはずである――もしも知らなければ、彼らはあまりにも勉強不足でそもそもマルクスについて語る資格などはないといってもよいであろう――。だが、もしも知っていて、しかもなお疎外論超克説を説いているとすれば、そのような人々についてどのような判定を下すのが適切なのであろうか。やはり嘘偽りを語っている人々ということになるのではないであろうか。ここで引用したような文章に人々が接近することができるようになってから、すでに長い年月がたっているので、今や、私たちはそのように嘘偽りを語る人々をそれ相応に取り扱わなければならないのではないであろうか。

もはや付け加えるまでもないが、マルクス疎外論超克説が間違っていて、今日では嘘偽り以外のなにものでもないということは、マルクスがどこか途中で、例えば『ドイツ・イデオロギー』のところで、彼の疎外論を放棄したなどという話も間違っていて、まったくの嘘偽りでしかないということも含意している。この途中でという話は新旧のスターリン主義者やフランスその他の諸国でアルチュセールとその同類たちによってもっともらしく語られ、日本ではとりわけ廣松渉と彼の信奉者たちによって学術的な体裁をあたえられた膨大な量の文章によって補強されて語られてきた(7)。しかし、好意的に言い表してみても、すべて二〇世紀のスターリン主義の不幸な知的錯誤の表現でしかなかったのであり、もっと率直に言い表すならば、マルクスのマルクス主義を排除するための嘘偽り以外のなにものでもなかったのである。

マルクスを生かすためにではなく、マルクスを葬り去るためにどれほど夥しい量の文章が書かれて来たかを思い起こすならば、まことにただ驚き呆れざるをえない。

さて、ここで最後に強調しておかなければならないのは、同じ時期にそうしたスターリン主義的なマルクス解釈に対して的確な批判が発展させられるとともに、マルクスのマルクス主義についても少数の諸個人や諸集団によって適切な理解が発展させられてきたということである。先に引用した後期マルクスの文章は、彼が初期の疎外論を維持し発展させていたことを示していたが、この疎外論の重要な意義を認めそれを受容するマルクス主義も発展させられてきたのである。少なからぬ人々がそうした新しいマルクス主義の発展に貢献してきたが、忘れられてはならないのは、二一世紀のマルクス主義のために真に興味深い遺産を残したのは西側の資本主義諸国ではなく東側の社会主義諸国の人々であったということである。とりわけ記憶に留められるべきは『プラクシス』派などのような東ヨーロッパのマルクス主義者たちであったが、彼らはいちはやく二〇世紀の五〇年代後半に疎外論を中枢に据える方向にマルクス主義のパラダイム転換を進め、スターリン主義を徹底的に批判するとともにマルクスのマルクス主義を文字通りに発展させてきたのである（8）。彼らと彼らの周辺の人々の業績が二〇世紀のマルクス主義の遺産のもっとも貴重な一部分を成していることは疑いがない。ちなみに、スターリン主義による汚染が甚だしかった日本においても遅ればせながらマルクスの疎外論の受容が少なからぬ研究者たちによって押し進められてきた（9）。しかし、広義の倫理学を欠落させてきたマルクス主義の伝統が災いして、マルクス疎外論の規範的側面について適切に理解するものが意外に少なく、その結果、疎外論の価値に気づいた人々のマルクス解釈もしばしば古い解釈と似たり寄ったりのものにならざるをえなかった（10）。そこで、まさにこのような日本においてこそ強調されなければならないのであるが、マルクス死後すでに一世紀以上もの年月が経っているにもかかわらず、マルクス疎外論とマルクス主義の適切な解釈の共有は二一世紀のマルクス主義の緊急な課題の一つであるとみなされなければならない。マルクスの疎外論が彼自身のところでどのように発展させられたかについての研究が深められなければならないことはいうまでもないが、またいち早くこの理論を受容した人々がそれをどのように発展させてきたのかについても本格的な総括がなされなければならない(11)。さらにそのうえでこの疎外論にもとづいてこれまでのマルクス主義の思想的総遺産が根本的に再編成されなければならないであろう。

2 疎外と疎外の止揚

もとよりスターリン主義とその諸変種を批判しつつ、適切なマルクス解釈を発展させそれを共有財産にするということが、最初の第一歩でしかないことはいうまでもない。二〇世紀の最後の数年間におきたソ連型社会主義の自己崩壊と資本主義一人勝ちのおかげで市場と資本主義に対する批判が後退し、その結果資本主義諸社会における疎外にたいして無批判的な思想が広められ、この疎外に対して無防備な人々のところで悲惨な現実が産み出されてきた。ここで何よりもまず必要なのは疎外とその諸結果についての自覚であるが、それにたいして役立つことができるためには適切に解釈されたマルクスの疎外論が発展させられ現実の世界において首尾よく生かされなければならない。

ソ連型社会主義の崩壊後資本主義の一人勝ちが続いている現在において改めて注目されなければならないのは、若きマルクスが、近代資本主義社会における人間のもっとも由々しき問題だとみなしていた、この社会においては人間から彼の類的本質が疎外されざるをえないという問題であろう。かつて一八四三年に若きマルクスは、近代資本主義社会の土台をなしている市民社会の成員が「自己の私的利害と自己の私的恣意に引き戻され、共同体から分離された個人であるような人間」に、つまりはきわめてエゴイスティックな人間にならざるをえない傾向があり、「人間が人権において類的存在として把握されるどころか、むしろ類的生活そのもの、すなわち社会が諸個人にとって外的な枠として、彼ら諸個人の根源的な自立性の制限として現れる」ことを指摘していた。マルクスによれば、彼らを結び付ける絆は「自然必然性、すなわち欲求と私的利害であり、彼らの所有とエゴイスティックな人格の保守」でしかないのである(12)。こうした若きマルクスの議論は、その後経済学研究が開始され労働疎外論が発展させられることによっていっそう深められて行くが、彼が人間の利己主義化傾向こそは資本主義の最大の悪であると洞察していたことは、真に慧眼であったとみなしてもよいであろう。さしあたって、ここで思い起こしておきたいのは、引用したマルクスの議論がおこなわれてから一世紀以上も経過してからこの議論を発展させてアインシュタインが興味深い文章を書き記していたことである。彼は個人が社会にたいして依存せざるをえないことを確認した後に、資本主義社会においてはこの依存性が積極的なものとしては現れず、むしろ否定的なものとして、制限として、さらには脅威として受け止められることにならざるをえないということを指摘し、続けて次のように述べている。

「それればかりではなく、社会における個人の位置が、彼の性質の利己主義的衝動が絶えず加速される一方、本来それに比べれば弱いものである彼の社会的衝動がだんだん退化させられていくようになっている。すべての人間が、社会における彼らの地位の如何にかかわらずこの退化の過程を辿りつつある。それと気づかずに彼ら自身の利己主義の虜になって彼らは、不安定であり、孤独であると感じ、人生の素朴な、単純な、飾り気のない楽しみを奪われていると感じている。人生は短くて危険に満ちているとはいえ、社会にたいして献身することを通じてのみ、人は人生に意味を見出しうるのである」(13)。

アインシュタインがどこに資本主義の最大の悪を見出していたかがよく示されている。ソ連型社会主義の崩壊以来あらゆる社会主義的資本主義批判の地盤低下が続いて来たのでとかく忘れられがちであるが、こうした議論の重要性は自ずから明らかであろう。ベルリンの壁の崩壊と東西冷戦時代の後に資源問題や環境問題が深刻さを増し、先発諸国と後発諸国との経済的不平等がさらに大きくなり、ナショナリズムと宗教の対立が激化し、それぞれの社会における階級分裂と諸個人のアトム化も急速に進んできているが、こうした時代に、アインシュタインが展開してみせたような資本主義の悪にたいする批判をいっそう深めることが、ますます重要かつ緊急な課題になっていることは疑いがない。

そしてそのさい、ここでアインシュタインが資本主義の最大の悪とみなしていたような資本主義的疎外の直接的および間接的弁護論――互いに補い合いつつ分業を展開している両者の弁護論が現今の世界の思想の主要潮流を形成している――にたいする批判も併せて発展させられなければならないことも忘れられてはならないであろう。ソ連型社会主義が落ち目になり始めてから目立つようになってきていた直接的弁護論がその自己崩壊後には大流行の時代を迎えてきたが、それらの弁護論にたいする適切な批判が発展させられなければならないことはいうまでもない。しかし同時に、後者の間接的弁護論、例えば、同様にソ連型社会主義思想の地盤低下とともに人気が一段と高まってきた、一見批判的であるようにみせかけてはいるが、――あの周知の「力への意志」「超人」「永劫回帰」などの諸神話を創造して――資本主義的疎外を結局のところあからさまに肯定してみせたニーチェ的形態のところで典型的にみられるような、卑劣な弁護論の正体とその諸機能を暴き出す作業も忘れられてはならない(14)。ついでながら、そのさい、かつてのスターリン主義的な諸マルクス主義の信奉者たちが、ソ連型社会主義社会の凋落と崩壊によって社会主義的な展望がすべて遮られたと滑稽にも性急に思い込み、渡りに船とばかりにそのような種類の資本主義の間接的弁護論（例えば、ニーチェ、ハイデッガー等々）に自分たちを結びつけて来たことなども、同様に忘れられてはならないであろう(15)。もとよりこうした種類の転向はさまざまな人々のところでしばしば見出されてきたことで、少しも珍しいことではなく、いわばいつか来た道なのであるが、しかし、新たな資本主義一人勝ちの時代の開幕と結びついているので、かつてとは比較にならないほど量的に増大しているものとみなさなければならないであろう。

ところで、マルクスの疎外概念を復権させそれを一層発展させることは、また自ずから彼の疎外の止揚の概念を復権させ発展させることにも通じている。しかし、このことは、疎外の概念をはっきりさせれば、後者の疎外の止揚の概念も自ずからはっきりさせられるということを意味しているわけではない。たしかに、疎外を疎外として批判するさいの規準は疎外の止揚の概念の内容を規定するさいの規準でもあるので、前者の規準の概念を発展させれば後者の疎外の止揚の概念の内容も発展させられることになる。しかし、後者の疎外の止揚の概念は、当然のことながら、疎外の概念には還元されえない固有な内容を豊かに備えている。マルクスはその生涯を通じて疎外概念だけではなく、また、社会変革の諸経験を総括しながら疎外の止揚の概念も発展させようと努め、これまで十分に理解されて来たとはいえない興味深い理想的な未来社会とその歴史的発展のシナリオを遺産として残した。そしてさらに、この疎外の止揚の概念は、二〇世紀の社会主義運動の経験のおかげで豊かな内容を獲得してきたのであり、この内容こそは二一世紀のマルクス主義が継承して生かして行かなければならない最高の遺産の一つにほかならない。

ただし、このように特徴づけるともっぱら疎外の止揚の積極的な方向づけのために二〇世紀の社会主義運動が豊かな遺産を残したと主張しているようにみえるが、そして、たしかにこの遺産のうちにそのような積極的な方向づけのための貴重な諸教訓が含まれていることも疑いないが、しかし、ソ連型社会主義の無様な結末についての記憶がまだ新しい今日、何よりもまず強調されるべきは、そもそものマルクスの議論のうちにすでに含まれていた、疎外の止揚をどのような方向に進めてはならないかということについての警告である。必ずしもよく知られているわけではないが、若いときのマルクスは私的所有の止揚としての共産主義がいくつかの選択肢をもっていて、最悪の選択肢が選ばれるならば、社会がどこまで変質退化してしまわざるをえないかということを興味深く推理していた。

マルクスが彼の独自な共産主義の構想を最初に本格的に提起したのは『経済学・哲学草稿』においてであるが、そこで彼は共産主義について三つの基本的形態を挙げていた。彼は人間の自己疎外の止揚は、私的所有がどのように把握されるかに応じて異なった仕方で構想されるものだと考え、最初に、「私的所有がもっぱらその客体的側面においてだけ――しかしそれにもかかわらず、労働がその本質として――考察される」(16) 社会主義諸思想（プルードン、フーリエ、サン・シモンなど）について触れた後に、可能な共産主義の諸形態について次のように論じていた。

「共産主義は……(1)その最初の形態においてはたんに私的所有の普遍化および完成であるにすぎない。そのようなものとして共産主義は二重の姿で示される。第一に物象的な所有の支配が非常に大きくこの共産主義に対立しているので、私的所有としてすべての人々によって所有されえないすべてのものを否定しようとする。……共同体はたんに労働の共同体にすぎず、共同体的資本すなわち普遍的資本家としての共同体が支払う給料の平等にすぎない。……それゆえに、私的所有の最初の積極的止揚、すなわち粗野な共産主義（der rohe Communismus）は、自己を積極的な共同存在として設定しようとする私的所有の低劣さのたんなる一つの現象形態でしかない」(17)。

「(2)(α)民主的であれ独裁的であれ、まだ政治的な性質をもっている共産主義、(β)国家の止揚を伴うが、しかしまだ完成されていない、相変わらず私的所有に、すなわち人間の疎外に、汚染された本質をもっている共産主義。両者の形態において共産主義はすでに自己を人間の自己への再統合あるいは自己への回帰として、すなわち人間的自己疎外の止揚として知っているが、しかし、私的所有の積極的本質をまだ把握していないし、また同様に欲求の人間的本性も理解していないので、やはりまだ私的所有によって囚われ汚染されている。この共産主義はたしかにその概念を把握しているが、しかしまだその本質を把握してはいない」(18)。

「(3) 人間的自己疎外としての私的所有の積極的止揚としての、それゆえに、人間による、また人間のための人間的本質の現実的獲得としての共産主義、それゆえに、社会的な、すなわち人間的な人間としての自己のための人間の完全な、意識的な、これまでの発展の豊かさ全体の内部で生成させられた回帰としての共産主義。この共産主義は完成させられた自然主義として人間主義に等しく、完成させられた人間主義として自然主義に等しく、そして、人間と自然との、また人間と人間との抗争の真実の解決であり、実存と本質との、対象化と自己確証との、自由と必然との、個体と類とのあいだの抗争の真の解決である。この共産主義は歴史の解決された謎であり、自己をそのような解答として知っている」(19)。

若きマルクスは、私的所有の廃絶を主張するという点では共通していても、以上のように共産主義には原理的に相異なる二つの形態が想定されうると考えていたのであるが、それらの形態の相違が生じて来る所以を、彼は、何よりもまず廃絶されるべき私的所有の把握の相違に求めていた。ここで「粗野な共産主義」と呼ばれている第一の形態は、正当にも「物神崇拝者 [Fetischdiener]」とみなされた経済思想史上の重金主義や重商主義と同水準に立って、廃絶されるべき私的所有を人間の外にあるたんなる物として、たんなる対象的な存在として把握することに対応しているのであり、それにたいして最後の第三の形態の共産主義は、「富の主体的本質を――私的所有の枠内で――発見した啓蒙された国民経済学」の水準、「国民経済学上のルター」（エンゲルス）としてのアダム・スミスなどの古典派経済学の水準をこえて、私的所有を首尾一貫して疎外された労働の産物、その帰結として――後に両者の関係が相互作用に変化するものとして――把握することに対応しているということであろう。そして、下位概念として二つの種類の共産主義をふくむ第二の形態の共産主義は、第一の形態から第三の形態へ移行する途中の中間的諸形態で、所有の把握もケネーの重農主義から古典派経済学にいたるまでの諸水準にあったということであろうか。

さしあたって大事なことは、マルクスがそれらの諸形態の共産主義のうちの最初の二つのものを斥けるべきだと考えていたということである。その理由としてマルクスがやや立ち入って検討しているのは、第一の形態の共産主義についてだけであるが、その中味は真に興味深いものである。

この共産主義は私的所有にたいして普遍的な私的所有を対置するのであるが、マルクスによれば、この基本構想にしたがって、例えば「結婚（これはたしかに排他的な私的所有の一形態である）にたいして女性共有［Weibergemeinschaft］が対置される」のであり、まさにこうした思想にこの共産主義が「まだまったく粗野で無思想の共産主義」でしかないことが表明されているのである（20）。だが、こうした人格性の否定はたんに部分的に見出されるだけではなく、この共産主義が実現されれば、当然のことながら、いたるところで見出されることになるはずなのである。そこで、マルクスはこの共産主義が実現されれば、どのような結果を迎えざるを得なくなるかについて、次のような推理を展開している。

「この共産主義は――人間の人格性をいたるところで否定することによって――、この否定にほかならない私的所有のまさに首尾一貫した表現であるにすぎない。普遍的な、そして力として自己を構成している嫉妬は、所有欲が自己を回復させ、ただ別の仕方で自己を満足させる隠された形態なのである。あらゆる私的所有そのものの思想は少なくともよりいっそう豊かな私的所有にたいしては嫉妬と均分化欲として立ち向かうので、それらは競争の本質さえも形成している。粗野な共産主義者（der rohe Communist）は、表象されたミニマムから出発してそうした嫉妬と均分化を完成したものにすぎない。彼は特定の制限された尺度をもっている。こうした私的所有の止揚がいかに僅かしか現実的な獲得になっていないかは、まさに教養と文明の全世界の抽象的否定――私的所有を超え出るどころか、未だに一度も私的所有に到達したことさえもないような貧困で無欲な人間の簡素さへの回帰――が証明している」（21）。

このようにマルクスが推理し描き出しているイメージを見れば、誰しも二〇世紀のソ連型の社会主義運動がいたるところで産み出した悲惨な現実を思い起こさざるをえないであろう。二〇世紀にはソ連型社会主義社会において、まだまったく粗野で無思想な、つまり未熟で低水準の共産主義の構想が実現された場合についてのマルクスの予測が不幸にも的中し、彼の予想をはるかに上回るような規模で陰惨な悲劇が産み出されたのだとみなすことができるであろう。ロシア革命とともに資本主義を超え出ようとして始められた運動が、しばしば「教養と文明の全世界の否定」に通ずるような、「私的所有を超え出るどころか、一度も私的所有に到達したこともないような貧困で無欲な人間の簡素さ」を産み出す運動に転じてしまい、膨大な量の収容所群島が産み出され、惨憺たる世界が創り出されたのである。こうした二〇世紀の社会主義運動の悲劇的な経験を批判的に総括しつつ、マルクスが採用すべきではないと考えていた共産主義の構想についての理解を深めその構想をいっそう豊かなものにすること、つまり社会主義の失敗の教訓をはっきりさせること、こうした作業を成し遂げる場合にのみ、あの収容所群島の夥しい量の無辜の民の死さえもたんなる犬死にではなくなり、二一世紀に彼らの死も初めて生かされることになるのではないであろうか。

3　社会主義と市場

二〇世紀の社会主義運動の悲劇的経験がマルクスの疎外の止揚の概念の粗野な共産主義にかんする部分に真に豊富な内容を付加してきたのであるが、この概念に付け加えられたのは、以上に止まらない。より一層重要なのは、悲劇の原因そのものについての議論も深められ、その原因を除去あるいは軽減する措置についてもそれなりに明確に把握されるようになってきたことであり、またそれによって、マルクスが描いていた共産主義社会の発展のシナリオが、よりいっそう立ち入って規定されうるようになってきたことである。

ロシアで資本主義以前の諸社会はもとより資本主義社会も超える最善の社会を創り出そうという旗のもとに始められた社会主義運動が収容所群島を産み出し、それが創り出した社会主義社会がマルクスが「粗野な共産主義」と名付けた社会よりももっと劣悪な社会に変質退化して、やがて自己崩壊を遂げてしまった。つまり希望をもって始められた運動が絶望と落胆をもって終わってしまったのであるが、一体何故そのようなことになってしまったのか。この問題がけっして単純な問題ではなく、それにたいする解答も複数あることはよく知られている。そして、これも今日ではよく知られているが、それらの解答のなかでも広く支持されるにいたっているのは、ソ連型社会主義社会が共産党と国家の膨大な量の官僚層を産み出しその重みに社会が耐えられず自己崩壊を遂げてしまったというものである。筆者もこの見解に同意しているのであるが、それにしても、ソ連型社会主義社会で何故そのような膨大な官僚層が登場することになってしまったのであろうか。ロシア革命の最高のリーダーであったレーニンは彼の有名な『国家と革命』などのなかでマルクスやエンゲルスに依拠しつつ国家の死滅の必要性を、民主主義を拡大し官僚主義を根絶することの必要性を、繰り返し、しかもきわめて力強く訴えていた(22)。それなのに何故彼が創設したソ連型社会主義社会は官僚層の重みで潰されてしまうようなことになってしまったのであろうか。

この問題にたいする解答で説得力があり支持も得られているのは、ソ連型社会主義は国権主義的であったので、国家が計画的に生産と分配を管理し運営することになったために、つまり市場を圧殺してしまったので、膨大な量の官僚層を産み出し、彼らが社会の従僕から社会の主人に転化して本質的に官僚主義社会になってしまったからであるというものである。こうした変質退化の可能性についてはすでにロシア革命直後の戦時共産主義の経験からレーニンが気づき、それが彼にネップへの移行を促した要因の一つになっていたことはよく知られている(23)。しかし、ソ連型社会主義社会の官僚主義化だけではなく、それと市場経済の抑圧と関連が実際の社会主義革新運動の本格的なテーマになるのは、第二次世界大戦後ソ連型社会主義が広く輸出され社会主義世界体制が形成されて、その質が本格的に問われるようになってからであった。この点でもっとも興味深い議論を提供していた経済学者の一人は、一九六八年のチェコスロヴァキアの改革運動のなかで同国の経済相兼副首相を務めたオタ・シクであったが、彼は「プラハの春」壊滅後しばらくしてから、ソ連型社会主義経済の失敗にたいして責任を負うべきは「ソ連経済の基礎理論の不十分さ」であり、「それが単純に過ぎること、その本質に誤りがあること」であると指摘した後に、次のように述べていた。

「この理論によって臨機応変のない官僚主義体制が確立し、内に向かっても外に向かっても権力意欲のみが先行し、最適経済開発を促進する関心のまったくないものができあがる。……理論的な中心は中央集権的計画体制であり、市場メカニズムの機能を停止させ、これに代替するという考えである」(24)。

「市場の完全排除と絶対的国家独占は――市場のもつ資本主義的欠陥、それによる歪曲と社会的限界を克服する代わりに――あらゆる進歩を不可能ならしめ、反社会的・独占的生産決定のグロテスクな進歩を可能ならしめ、考えられないような巨大な効率損失を招来する」(25)。

「文化革命により暴力をもって官僚機構を破壊しようとしても何にもならない。独立企業と市場関係なしには、官僚主義は再生し、成長するからである。市場関係なしには、中央機構は拡大し、全能となり、必要な決定はすべてここに集中されるという帰結になる」(26)。

これらの文章が書かれてから二〇年近く経ってからソ連型社会主義体制が自壊してし

まったのであるが、いずれの文章もますます増大する重みをもって受け止められてきたのではないであろうか。そして、今日では、二〇世紀の社会主義運動の歴史について真剣に検討してきたものであれば誰しもこれらのシクの文章に同意せざるをえないと考えているのではないであろうか。

ところで、シクとともにソ連型社会主義社会の変質退化が市場抑圧とそれによる官僚主義の蔓延によってもたらされたのだと考えなければならないとすれば、ここから導き出されうる結論は、もし自滅してしまうような社会主義社会を創り出したくなかったら、そして、自滅してしまったソ連型社会主義はもとより資本主義も超え出ることができるような社会主義社会を創り出すためには、市場と社会主義的諸原理が両立できるような社会を構想しなければならないということであろう。この点でもシクはまことに模範的に次のように提案していた。

「近代工業社会は市場なしには機能しえないことを認める以外に解決はない。重要なのは、現実の市場が必要であることを認めることよりも、この市場を一定の社会主義の基本諸原理と統合する試みである。……社会主義のもとで市場を実現するさいのもっとも大きな変化は、まず第一に市場主体を変化させること、すなわち市場主体が民間企業ではなく、社会主義的企業共同体になるということである。第二に、この市場においてはすべての独占化の傾向——生産者中心ではない——に、経済機構によって、明確な目標と意志を持って、対処して行かなければならないことである。第三に、この市場は自然発生的市場ではなく、社会全体の中に計画的に組み込まれた市場であり、社会の決定的な、長期的な、民主的な、計画的に定められた利害のもとに設定されるものであるということである」(27)。

市場を存続させながら、この市場とは一見両立不可能に見える社会主義的諸原理を放棄することなく確実に実現して行くということになれば、ここで挙げられているのは最小限の必要条件でしかない。したがって、少なくともここに、労働者自主管理を採用した旧ユーゴスラヴィアの貴重な経験などを生かしながら「社会主義的共同体」の特徴をはっきりさせるような条件を付け加えなければならないと考えた読者も少なくないのではないであろうか。しかし、さしあたって大事なことは、ともかくもこれらの条件によって新たな社会がもっとも基本的な社会主義的諸原理を確保しながら、とりわけ市場の導入によって膨大な量の官僚層の出現と官僚主義の蔓延を回避し、ソ連型社会主義社会の轍を踏まなくてもすむようになるはずだ、ということであることはいうまでもない。

だが、それにしても、このような社会主義の構想はマルクス主義の社会主義論と本質的に矛盾することになるのではないであろうか。この問いにたいしてシクは肯定的に答えざるをえないと考えていたが、もとよりこの解答が彼だけのものではないことはいうまでもない。たしかに、少し前に挙げた『国家と革命』のレーニンの構想、さらに彼に最も強く影響を及ぼしたエンゲルスの構想も非市場的社会主義であり、彼らの構想においては社会主義と市場とは両立はできなかった。それでは、マルクスのところでも同様であったのであろうか。たしかにその通りであったというのが、シクも含めてこれまでのほとんどすべてのマルクス主義者やマルクス研究者の答えであった。

しかし、はたして彼らの解答は本当に適切なものであったとみなされうるのであろうか。この問いにたいする筆者の答えは否定的なものであって、これまでは筆者もシクに基本的には同意してきたのであるが、ここからは彼にたいしてもきっぱりと批判的な態度を採用せざるをえないであろう(28)。実は、彼らの議論のベースに置かれてきたマルクスの有名な『ゴータ綱領批判』に立ち戻り、改めて慎重に検討してみるならば、議論の余地などはないように考えられてきた箇所にも決して問題がないわけではないことがわかってくる。信じられてきた自明性が消えて本質的な問題性があらわれてくるのである。再検討が必要なのは、マルクスが第一段階の共産主義社会における分配のルールについて語っている次の箇所である。

「個々の生産者は、彼が社会に与えるものを――諸控除の後に――正確に返してもらうのである。彼が社会に与えたものとは彼の個人的な労働量である。たとえば、社会的労働日は、個人的労働日の総和からなる。個々の生産者の個人的労働時間は、社会的労働日のうちの彼によって提供された部分であり、社会的労働日における彼の持ち分である。

郵便はがき

恐れ入りますが
切手をお貼り
ください

164-0014

東京都中野区南台
4丁目60番1号の105

学樹書院
読者係行

小社書籍をお買い上げいただき、有難うございました。読者登録をさせていただいた方には、随時、新刊案内などをお届けいたします。ご希望の方はこのはがきをお送りいただくか、またはファックス、E-メールなどで、裏面記載事項をお知らせくださいますようお願い申し上げます。

（宛先　FAX 03-5385-4186 ／ E-mail: info@gakuju.com）

お名前（ふりがな）　　　　　　　　　　　　　　　　　男・女
（　　　歳）

ご住所（〒　　　－　　　）

（E - mail：　　　　　　　　　　　　　　　）

ご専門またはご関心の分野　　　　　　　　ご職業

【お買い上げいただいた書籍のタイトル】

【お買い上げ書店】

市区
町村　　　　　　　　　　　　　　　書店

【本書についてのご感想・ご意見】

彼は社会からこれこれの量の労働（共同体的ファンドへの彼の労働からの控除の後）を提供したという証明書（Schein）を受け取り、その証明書をもって消費諸手段の社会的たくわえから等しい量の労働が費やされただけのものを引き出す。彼が社会に一つの形態で与えたのと同一の量の労働、それを彼は別の形態で取り戻すのである」（29）。

資本主義社会であれば、個々の労働者は、原理的には彼の労働力の価値の貨幣的表現にほかならない賃金を受け取り、それをもって消費諸手段の私的たくわえである諸商店から自分の分を受け取る。それにたいして、ここ社会主義社会では生産者は、賃金の代わりに彼が社会に提供した労働量のしるしになるもの、つまりは証明書を受け取り、それをもって消費諸手段のたくわえから必要なものを引き出す。ここには、つまり賃金労働者が消費諸手段を手に入れる仕方と、社会主義社会の労働者が消費諸手段を手に入れる仕方には、明らかに共通性がある。それでは、この共通性をどのように理解したらよいのであろうか。この問いにたいしてマルクスは次のように答えている。

「ここでは明らかに、商品交換が等価物の交換である限り、その商品交換を制御しているのと同じ原理（dasselbe Prinzip）が支配している。内容と形式は変化してしまっている。というのは、変化させられた状態のもとでは誰一人自分の労働以外のものを与えることができないし、また、他面では個人的に消費諸手段以外は何も個人の所有に移行することがありえないからである。しかし、個々の生産者のもとへの消費諸手段の分配にかんしては諸々の商品等価物の交換のさいのと同じ原理が支配するのであり、一つの形態における同じ大きさの労働が別の形態における同じ大きさの労働にたいして交換されるのである」(30)。

ここで使われている「その商品交換を制御しているのと同じ原理」という言葉は、「その商品交換を制御している原理(das Prinzip)」などという言葉が消されて代わりに書かれたものである。たしかにこの変化が無意味であるとはいえないが、しかし、大事な問題は、das の代わりにマルクスが書いたのが、「似ている」「類似している」などを意味する ähnlich などではなく、他ならぬ「同じ」「同一の」を意味する dasselbe であったということである。明らかにマルクスは問題の共通性が、社会主義社会における交換も資本主義社会における交換も同じ原理によって支配されているところにあるとみなしていたのである。このことが、さらに何を意味しているかは、もはや改めて指摘するまでもないであろう。マルクスは社会主義社会においても資本主義社会と同一の等量労働の交換が行われる条件が成立している、つまり前者の社会においても資本主義社会における市場と同一の市場が存在しなければならないとみなしていたのである。

ところで、マルクスの社会主義論をこのように理解することができるとすれば、つまり消費諸手段の市場が存在するということになれば、当然、生産諸手段の市場も存在しなければならないということになるであろう。では、マルクスは社会主義社会における市場に生産諸手段が商品として登場することも考えていたのであろうか。たしかに彼はこの点について何も語っていないが、しかし、彼が知り馴染んでいたはずの両部門の密接な関連を念頭に置くならば、この問いにたいして彼が肯定的に答えを考えていたとみなすのが妥当なのではないであろうか。もしもその通りであるとすれば、ここから、マルクスが、共産主義社会の第一段階、すなわち社会主義社会においては人々は一方では、軽量化されているとはいえ依然として国家と付き合って行かざるをえないとともに、他方では部分的に市場経済に依存して経済を運営して行かざるをえないと考えていたということになる。したがって、彼のシナリオでは社会主義社会ではこの市場のおかげで社会的必要労働の量を知ることができるはずなので、いわゆる「経済合理的な」計算ができるようになるはずであり、それによってもろもろの経済的不都合を避けることができるだけではなく、さらに市場を圧殺することによって産み出される大量の官僚層に依存しなくてもやって行けることになるはずであったのである。

おそらくマルクスの考えでは、もしもこの共産主義社会の第一段階が、官僚層の肥大化と官僚主義の蔓延によって変質退化することなく、したがって粗野で無思想な共産主義の悪夢が実現されるというような結果になることもなく、予想通りに見事に実現されるならば、やがて社会は、——国家や市場に似た機構は存続するとしても——、ますます軽量化させられて行くはずの本来の国家や、ますます諸個人の制御に服するようになるはずの本来の市場に訣別の挨拶を送ることができるようになり、本格的な共産主義社会に、あの第二段階の共産主義社会に、移行することができるようになるはずなのである。マルクスの疎外の止揚のシナリオがこの通りであったとすれば、彼の共産主義社会論、とりわけその第一段階についての理論、つまり彼の社会主義論は、エンゲルスやレーニンの社会主義論とは、さらにスターリン主義的な社会主義理論とも異質であって、市場を圧殺したソ連型社会主義に通じてはいなかったということになる。つまりソ連型社会主義社会の変質退化、官僚層の肥大化とその自己崩壊にたいしてマルクスも有罪であったという議論は間違っていて、彼は無罪であったということになる。もしその通りであるとすれば、このことを確認することはきわめて重要な意義をもっている。というのは、マルクスの社会主義論は、ソ連型社会主義の失敗によっては少しも打撃を受けたわけではないことになるからであり、したがってまた、ソ連型社会主義の退場によって本来のマルクスの社会主義論にもようやく出番が回ってきたのだと考えることができる、つまり、マルクスの名を騙ってきたスターリン主義的な社会主義論の信用が失墜してしまったおかげで、ようやくマルクスの社会主義論が初めて歴史の舞台に登場する前提が整えられたと考えることができることになるからである。もとより、その通りであったとしても、市場を存続させつつ社会主義的諸原則、とりわけ社会の階級的不平等の廃絶、労働と生活の現場での労働者の決定権の確保、社会の普遍的な利害にかかわる諸問題の解決への参加などの原則をどのように発展させることができるのか、市場と両立している社会主義社会すなわち共産主義社会の第一段階からその第二段階への移行は具体的にはいかにして可能なのか、等々の問題が直ちに提起されてくる。これらのいくつかの基本的諸問題が、二〇世紀の社会主義運動の経験全体を——つまりソ連型社会主義の運動はもとより、その否定として登場し貴重な教訓を豊富に残したユーゴスラヴィアの自主管理社会運動などの経験もふくめて、すべての経験を——総括しつつ、本格的に検討され、マルクスの疎外の止揚の理論の発展とその具体化がはかられなければならないことはいうまでもない。

おわりに

さて、以上で二一世紀を迎えるにあたってマルクス主義が直面している理論的課題の基本的なもののみを挙げてみたのであるが、それらの課題を解決しようとすればマルクス主義が古いパラダイムを批判的に克服して、新しいパラダイムを採用しなければならないことになる。そして、このパラダイム転換を急いで成し遂げ、さしあたって以上のような諸課題を解決することができるならば、マルクス主義もハイルブローナーの『二一世紀の資本主義』を深めそれを超え出て、二一世紀にはその力を大いに発揮することができるようになるはずである。そのさい、疎外と疎外の止揚についてのマルクスの議論において従来ほとんどまったく無視されてきたような重要な諸思想が改めて思い起こされなければならないであろう。とりわけ、マルクスによって、今日ますます重みが与えられつつあるような資本主義にたいするきわめて興味深い批判が提起されるとともに、未来の人間についての高邁な諸理想が語られていたことなども、注目されなければならない。本論ではこの問題には触れてこなかったので、ここで最後に簡単に挙げておくことにしたい。

資本主義批判はマルクス主義者にとっては何よりもまず搾取の問題であったが、若きマルクスが真に問題だと考えていたのは、私的所有によって人間が「絶対的貧困」にまで押しやられてしまわざるをえないということであった。マルクスは次のように書いている。

「私的所有はわれわれを非常に愚かで一面的にしてしまったので、ある対象が初めてわれわれのものになるのは、われわれがそれを持つ、それゆえに資本としてわれわれにとって現存する、あるいはわれわれによって直接に所有され、食べられ、飲まれ、われわれの身につけられ、われわれによって住まれる等々、要するにわれわれによって使われる場合なのである。……それゆえに、すべての肉体的および精神的感覚（Sinne）に代わって、これらのすべての感覚の単純な疎外、すなわち持つという感覚が現れたのである。自己の内的な富を自己から生み出すために、このような絶対的貧困にまで人間的本質は還元されなければならなかった」(31)。

このような「絶対的貧困」から人間が解放されるのは私的所有の積極的止揚によってであるが、この止揚は、当然のことながら、「たんに直接的な、一面的な享受という意味においてだけ、たんに所有する(besitzen)という意味、持つ(haben)という意味においてだけでとらえてはならない」のである。では、どのような意味においてとらえなければならないのであろうか。マルクスの解答は次の通りである。

「人間は彼の全面的な本質を全面的な仕方で、それゆえに総体的な人間として、獲得する。世界に対する人間の人間的諸関係のおのおのは、すなわち見ること、聞くこと、嗅ぐこと、味わうこと、感ずること、考えること、直感すること、感じ取る、意欲する、活動的である、愛する、要するに人間の個性のすべての機関は、直接的にそれらの形式において社会的諸機関として存在する諸機関と同様に、それらの対象的ふるまいにおいて、あるいは対象にたいするそれらのふるまいにおいて、その対象の獲得であり、人間的現実性の獲得である。対象にたいするそれらのふるまいは、人間的現実性の実証［表現］活動(Bethätigung)(それゆえに、それはまさに、人間的な本質諸規定および諸活動が多様であるように、多様である)であり、人間的な能動的活動(Wirksamkeit)および人間的な受動的受容［受苦］[Leiden]である。というのは、受動的受容は、人間的にとらえられるならば、人間の自己享受だからである」(32)。

マルクスは簡潔に「私的所有の止揚はすべての人間的な感覚および性質の完全な解放である」(34)という仕方でまとめているが、彼の理想がまことに高邁で遠大なものであったことがよくわかる。たしかにハイルブローナーが予測しているように、ソ連型社会主義の崩壊後の資本主義全盛時代が今後しばらくは存続せざるをえないとしても、この時代は持つという感覚、所有するという感覚が人々を圧倒し、彼らの生きているという実感をますます希薄にせざるをえないであろう。そして、もしその通りであるとすれば、この時代はまたそうした貧困化に抗して人間的現実性を獲得したいという人々の欲求も増大させるはずであり、それがさらに「資本主義を超えたところに何があるか」という問題を呼び起こしもするはずである。そのさいに、マルクス主義のパラダイム転換が本格的に進められるならば、これまで出番が回ってこなかったマルクスが登場する機会が二一世紀には意外に早く巡ってくることも大いにありうるのではないであろうか。

注

(1) ロバート・ハイルブローナー『二一世紀の資本主義』、中村達也、吉田利子共訳、ダイヤモンド社、一二一頁。

（2）一九九〇年代にはいってからマルクス主義について「どこから、そしてどこへ」などというテーマのもとに多数の論文が発表されてきたが、同じテーマのもとに筆者もまた次のような論文を発表してきた。「マルクス主義哲学の現在――スターリン主義哲学の批判的克服」、『マルクス思想　どこからどこへ』所収、東京唯物論研究会編、一九九二年一〇月、時潮社。「マルクス主義哲学思想の現在」、『季刊経済と社会』一九九六年秋季号（本書第一章）。本論文では立ち入ることができなかった諸部分が多少詳論されているので、参照されたい。

（3）本書「マルクス主義哲学思想の現在」参照。

（4）Adam Schaff : Marxismus und das menschliche Individuum.Europa Verlag,Wien 1965（アダム・シャフ『マルクス主義と個人』、花崎皋平訳、岩波書店）参照。また、拙著『神話と真実』I-1～2参照、時潮社、一九九八年。

（5）Karl Marx : ökonomische Manuskripte 1863-1867. In : Marx-Engels Gesamtausgabe.II-4-1,S.64～65.

（6）Ebenda.In : Marx-Engels Gesamtausgabe.II-3-6, S.2287.

（7）『ドイツ・イデオロギー』には初期マルクスの疎外論にたいする批判が書かれていると思い込んでいる者が未だに後を絶たないのは、まことに哀れを感じさせる話である。というのは、彼らはしばしば知らずして偏見の強靱さの例証になっているからである。彼らは挙って彼らの思い込みを証明にまで格上げしたいと願い、この願望に突き動かされて今もなお馬鹿げた議論を積み上げている。実例は次の本の中に見出される。浅田彰他『マルクスの現在』、とっても便利出版部、一九九九年。『マルクスがわかる』、AERA Mook、一九九九年。筆者は四半世紀も前に廣松渉の『ドイツ・イデオロギー』についての議論を完膚無きまでに批判したが、その批判とこの共著についての筆者の積極的な解釈（「『ドイツ・イデオロギー』における疎外論の発展」）はいずれも前掲『神話と真実』に収められている。『マルクスがわかる』の読者などはぜひ参照されたい。

（8）岩淵慶一、三階徹編著『増補　マルクス哲学の復権――『プラクシス』派の歴史と哲学』参照、時潮社、一九八七年。

（9）先駆的なものとして淡野安三郎、城塚登、山中隆次、水谷謙治などの諸氏の業績があげられるが、最近の成果としては次の興味深い研究書があげられる。橋本剛『人間主義の擁護』、窓社、一九九八年、田上孝一『初期マルクスの疎外論』、時潮社、一九九九年。

（10）拙稿「もう一つの馬鹿話」参照、前掲『神話と真実』所収。

（11）当然、これまでのマルクス疎外論研究が前提になる。疎外論の系譜の作成の試みと地道な文献目録作成の大いなる努力において敬服に値するのは次の著書である。池田勝徳『疎外論へのアプローチ――系譜と文献』、ミネルヴァ書房。

（12）Karl Marx : Zur Judenfrage.In : Marx-Engels Gesamtausgabe.I-2,S.158～9.

（13）アインシュタイン『わたしの社会主義』、『アインシュタイン選集』、湯川秀樹監修、共立出版、第三巻、一九一頁。

（14）例えば、ルカーチの有名な『理性の破壊』や彼の次の論文集における批判などは、ソ連型社会主義とそのイデオロギーにたいする態度におけるその限界もはっきりしているが、しかし今もなお模範になりうるところがある。ルカーチ『運命の展開』、真下信一、藤野渉、竹内良知共訳、平凡社、一九五八年。また、拙稿「現代哲学思想の基本的諸傾向」参照、『唯物論』第七二号所収、東京唯物論研究会編。

（15）転向者たちは、マルクスの疎外論を受容して資本主義批判を深めることにも、それによって国権主義的社会主義にたいする批判的視点を確保することにも失敗した人々であった。
（16）Karl Marx : ökonomisch-philosophische Manuskripte. In : Marx-Engels Gesamtausgabe.I-2, S.261.
（17）Ebenda.S.261～3.
（18）Ebenda.S.263.
（19）Ebenda.
（20）Ebenda.S.261.
（21）Ebenda.S.261～2.
（22）例えば、レーニン『国家と革命』、『レーニン全集』第二五巻、五二六～五二九頁参照。
（23）拙稿「レーニン社会主義論の基本的諸問題」参照、『唯物論』第七一号（一九九七年）、東京唯物論研究会編。なお、この論文は「レーニンにおける社会主義と市場」と改題され、本書に収められている。
（24）オタ・シク『新しい経済社会への提言――もう一つの可能性を求めた第三の道』、篠田雄次郎訳、日本経営出版会、一九七六年、一五九～六〇頁。
（25）同前、一六三頁。
（26）同前、一六五頁。
（27）同前、一〇五頁。
（28）拙稿「マルクスにおける社会主義と市場」参照、岩淵、三階、瀬戸、田島、田上『社会主義　市場　疎外』所収、時潮社、一九九六年。
（29）Karl Marx : Kritik des Gothaer Programms.In : Marx-Engels Gesamtausgabe. I-25,S.13-4.

(30) Ebenda.S.14.

(31) Karl Marx : ökonomisch-philosophische Manuskripte.a.a.O.S.268-9.

(32) Ebenda.S.268.

(33) Ebenda.S.269.

Ⅰ　マルクスの哲学思想

1章 マルクス主義哲学思想の現在

最近数年間の哲学思想上の諸々の変化のなかで注目に値する主要な変化として広く了解されているといってもよいのは、二〇世紀の世界の歴史の主役中の主役、ロシア革命から始まったソ連型社会主義の運動の、誰も予想しなかった信じられないほどのあっけない退場と、それにともなって生じた、この運動のイデオロギーとしての機能をはたしてきた特殊なマルクス主義思想の凋落である。もう少し正確に言い直すならば、すでにかなり以前から始まっていたこの思想の凋落が、ここにきてその速度が著しく増大したということであろうか。この変化はとりわけ旧社会主義諸国において際立っているが、しかしその他の資本主義諸国においてもかなりはっきりしているようにみえる。この主要な変化によって引き起こされた派生的なものとしては、何よりも先ず、かなり以前からみられた新旧の多様なブルジョア・イデオロギーの興隆とでもいうべき流行があげられるが、ここには、その思想としての総体性が魅力になっているヘーゲル哲学の何度目かの流行や、宗教の代用品といってもよいような諸々の哲学思想の流行なども付け加えられている。これらの派生的な諸変化は、前者の主要な変化についての理解を欠けば、とても適切な理解は期待できないように思われる。

そして、その通りであるとすれば、私たちは、当然、何よりも先ずこの主要な変化に目を向けなければならないであろう。急速な凋落の一途を辿っているマルクス主義とは、一体どのような種類の哲学思想であったのか。このマルクス主義はスターリン主義とも呼ばれてきたが、それは伝統的マルクス主義の延長線上に出現したのか、それともその否定として登場してきたのか。さらに、このスターリン主義にたいしてマルクス自身はどのような関係にあったのか。そもそもこのマルクスの思想とは何であったのか。そして、彼に依拠したマルクス主義は一体どこまで発展させられてきたのか。以下、これらの問題について順をおって検討を加えていくことにしたい。マルクス主義の凋落によって生じた思想の領域における派生的諸変化については、機会を改めて論ずるつもりである。

1　エンゲルスと伝統的マルクス主義

何よりも先ずはっきりさせなければならないのは、その凋落の速度を一段と速めているマルクス主義とは何であったのかということであろう。周知のように、さしあたってそれは、ソ連、東欧諸国などの旧社会主義諸国で共産主義政党と国家によって、そしてまた資本主義諸国でも共産主義諸政党によって公認され流布させられてきた「マルクス主義哲学」「マルクス＝レーニン主義」などと呼ばれてきた哲学思想であるが、この思想はその名称通りにマルクスに由来するものとされてきた――したがって、その凋落はマルクスの思想そのものの凋落にほかならないとみなされてきた――。だが、はたして実際にその通りであったのであろうか。この問題に答えるために私たちはどうしてもマルクス主義の歴史を顧みておかなければならない。

今日においてもなおその意味が十全に把握されているとはいえないのは、マルクス主義の歴史の最初に置かれている他ならぬマルクス本人の思想形成過程と彼の哲学思想を理解するうえで決定的に重要な諸著作が、一九三〇年前後にいたるまで未発表であったということである。一八四三年に書かれた『ヘーゲル国法論批判』は一九二七年に、一八四四年に書かれた『経済学・哲学草稿』やその前後の経済学研究ノートは一九三二年に、エンゲルスとの共著『ドイツ・イデオロギー』も一九三二年に発表されている。さらに、マルクスの『経済学批判要綱』（一八五七～八年）や『資本論草稿集』（一八六一～三年）などの経済学草稿集が発表されたのがもっと後であったということが付け加えられなければならないが、しかしここであげた事実だけでも、それらがいかに重要な意味をもっているかは、おのずから明らかであろう。それらの事実が示しているのは、何よりも先ず、一九二〇年代の後半から一九三〇年代の初めにいたるまで発表されていなかったマルクスの諸著作がマルクスの思想を理解するうえで決定的といってもよい意義をもっていたということであり、したがってそれ以前の時期の諸世代のマルクス主義者たちの彼らの師の思想についての知識はきわめて不十分なものであらざるをえなかったということである。マルクス主義の歴史においてよく知られたマルクス主義者たち、すなわちカウツキー、プレハーノフ、レーニン、グラムシ等々は、彼らにとってやむをえなかった知識不足のおかげでマルクスの思想形成過程も彼の哲学思想も適切に理解することはきわめて困難であったとみなされなければならないのである。

だが、もとより困難であったということはただちに不可能であったことを意味してはいない。たしかに、マルクスの初期の諸著作のうち『独仏年誌』に掲載された二つの論文―「ユダヤ人問題によせて」と「ヘーゲル法哲学批判　序説」―や『聖家族』は発表されていたので、それらを通じて彼の新たな哲学思想を理解することは不可能ではなかったはずである。しかし、それにもかかわらず、マルクス亡き後マルクス主義者たちのあいだで最高の権威をもっていたエンゲルスが、「フォイエルバッハについてのテーゼ」(一八四五年春) を記すまではマルクスは『キリスト教の本質』の著者の影響下にあったという証言をおこなっていたので、一八四五年以前彼の諸著作はすべて本来のマルクスのものではないとされ、いわば封印が張られてしまい、マルクスの哲学思想への狭かった通路はいっそう狭くされてしまっていたのである。
こうして、既発表のマルクスの哲学的諸著作を封じ込めてしまうとともに、エンゲルスは他方ではマルクス主義の哲学についての独自な積極的な解釈を体系的に提示していた。それは、後にレーニンなどによってマルクス主義哲学の古典として推薦された『反デューリング論』や『フォイエルバッハ論』などで明確に表明されていた。では、エンゲルスが考えていたマルクス主義とはどのような種類の思想であったのか。

革命家としてのエンゲルスの文章の輝かしさに目を奪われずに、彼の諸著作に明示的に表現されていた基本的な哲学的主張に注意を向けるならば、意外な相貌が現れてくることに気付かざるをえない。そのようなものとしてもっとも重要なのは彼が、フォイエルバッハの哲学にたいして破壊的批判を展開しながら、マルクスの唯物論の立場を説明しようとして繰り返していた次のような主張である。

「われわれは現実の世界――自然と歴史――を先入観となっている観念論的幻想なしに、それに近付くどの人間にも現れるままの姿で、把握しようと決心したのである。空想的連関においてではなく、それ自身の連関において把握された諸事実と一致しないどのような観念論的幻想をも容赦なく犠牲に供しようと決心したのである。」

ここからわかるのは、エンゲルスが、一方では、検証された知識を真なるものとして受け入れ、諸々の観念論的幻想を排除していくという、科学を発展させるうえで基本的な前提になる健全な合理主義的観点を強調していたということである。しかし、科学にたいする適切な態度も度を越して、幻想とともに理想までも排除し、空想とともに行動には不可欠な規範までも否認するところまで進めば、これはすでに悪しきイデオロギーとしての実証主義以外のなにものでもないことになるであろう。実際にエンゲルスがそうした方向を辿っていたことは、フォイエルバッハのところで登場する人間についての規範的概念を社会科学によって置き換えなければならないなどと主張していたことに注目するならば、よくわかる。彼は人間にかんする規範的な概念についてのその独自な質をまったく理解せず、この概念も実証的な科学的知識に還元されうると考えていたのである。結局のところ実証主義に到達していたからこそエンゲルスは、伝統的な哲学から残るものは形式論理学と弁証法──彼自身の定義によれば、それは「外部の世界および人間の思考の運動の普遍的な諸法則にかんする科学」である──だけであるなどと主張することもできたのだとみなすことができるであろう。

ところで、規範的なものを排除する実証主義が直面せざるをえない困難の一つは、複数の選択肢が開かれている実践的世界で不可欠な選択の基準を提供することができないということである。この問題をエンゲルスはどのように解決していたのであろうか。この問いにたいする解答は、エンゲルスの弁証法についての議論のなかに与えられていたと考えることができる。彼の考えによれば、弁証法とは外部の世界および人間の思考、すなわちいっさいの存在の、普遍的な運動諸法則にかんする科学に還元されうるが、この科学について立ち入って語るさいに彼は「人間の社会の歴史において支配的なものとして自己を貫徹している普遍的な運動諸法則」あるいは「歴史の経過が内的な普遍的な諸法則によって支配されているという事実」を強調している。もしこのような普遍的な諸法則が存在するとすれば、人間社会の歴史の経過は基本的には決定されていることになり、歴史的な実践的世界における選択肢は著しく制限されたものにならざるをえない。したがって、当然、選択の規準の必要性も小さくなり、したがってまたそれらの規準についての議論も不要になってくることにならざるをえない。実際にエンゲルスは複数の選択肢のなかから一つを選び取るさいの規準の問題については何も語っていないので（広い意味での倫理学の欠如）、そもそも彼はそのような選択が問題にならないような世界をイメージしていたとみなさざるをえない。つまり、エンゲルスは、規範的なものを排除してしまう実証主義の困難を、歴史の運動の普遍的法則なるものを導入することによって、複数の選択肢に直面することになるように実践的世界を否定し、それによって選択の規準に関わるような問題そのものを抹消してしまうことによって、解決していたのである。ここでエンゲルスを救ったのは弁証法であるが、歴史の運動の普遍的な法則なるものによって支配される歴史の運動なるものはどうしても自然の世界の比較的単純な運動に似てくるのは避けられない。エンゲルスの歴史観が真に弁証法的であったというよりは、むしろかなり機械的決定論的であったのではないかという批判は、けっして的を射ていなかったわけではないのである。

エンゲルスのマルクス主義の構想の問題性は、歴史発展の必然的産物として社会主義という彼のアイデアに集約的に表明されていたとみなすことができる。このアイデアによれば、社会主義とは、それでありうるだけではなく、さらにそれ以外ではありえない社会の概念、つまり現存社会についての記述的概念から予測されうる未来の唯一の社会についての概念であって、それでありうるだけではなく、またそれであるべきでもある社会の概念、つまり社会についての規範的概念ではないのである。したがって、それは、その実現のために人々が努力しなければならない理想でもなければ、現状をそれに照らして批判することができるような規範でもない、つまり、信じられないような話にみえるが、エンゲルスによって明示的に叙述されている限りでの体系においては、社会主義の概念には方向付けを提供したり批判の基準を提供したりするような機能があたえられてはいなかったのである。もちろん、実際にはエンゲルス自身はもとより彼の文献を読んだ人々の大部分も現状にたいしてきわめて批判的な姿勢をとってきたのであるが、明らかに彼らは社会主義の概念をたんに記述的概念としてだけではなく、規範的概念としてもとらえていて、その批判的機能を大いに活用していたのである。これは、幸いなことに彼自身も彼の支持者たちもそれほど論理的に首尾一貫して考え抜いていなかったおかげであって、エンゲルスが自覚的に提示していた無批判的な性格をもった実証主義のおかげではなかったことは、改めていうまでもないであろう。

さて、以上でマルクスによって開発されたマルクス主義哲学と称してエンゲルスが提供していたのがどのような種類の哲学であったのかをみてきたのであるが、それは、彼が自覚的に描き出しているのをそのまま受け取る限りでは、その外見上のラディカリズムとは裏腹な、とてもラディカルとはいえない種類の哲学、機械的決定論的な傾向をもった歴史哲学をそなえた一種の実証主義にほかならなかった。この哲学をエンゲルスはマルクスによっても承認されていたかのように、主張していたのであるが、しかし、少し後で検討するように、実際にはマルクスの哲学とは異質なものであったとみなさなければならない。それにもかかわらず、この哲学が、エンゲルスが得ていた権威によってマルクス主義者たちによってマルクス主義哲学のそのものとして認められ、この哲学にもとづいてカウツキー、プレハーノフ、レーニンなどによってマルクス主義哲学思想の歴史が形成されることになる。この歴史は、マルクスの重要な哲学的諸著作が発表される一九三〇年前後にいたるまで続くのであるが、その時点にいたるまでのマルクス主義者たちのところでは、哲学者マルクスの登場する余地はほとんどまったく存在しなかったといってもけっして過言ではない。

2 伝統的マルクス主義からスターリン主義へ

一九三〇年前後にマルクスの未発表諸著作が公表されたことは、狭かったマルクスへの通路が一挙に拡張されたことを意味していた。したがって、それはマルクス主義の歴史、とりわけその哲学思想の歴史にとっては画期的な出来事であったが、しかし、はたしてこれによってエンゲルスによるマルクスの諸著作の封じ込めも効力を失い、マルクス主義哲学史に大転換が生じて、この歴史において初めてマルクス自身が本格的に舞台に登場させられることになったのであろうか。たしかにこの問いにたいする答えは完全に否であったわけではなく、マルクス哲学への拡張された通路を通ってこの哲学に接近し、エンゲルスによる封印を破り捨ててマルクス哲学を明るみにもたらし、この哲学を発展させようとした個人や集団が現れてこなかったわけではなかった。そして、彼らの業績こそは今日私たちが継承すべき真の遺産をなしていることは疑いの余地はないが、しかし、ここで直ちに指摘しておかなければならないのは、残念ながら、それらの個人や集団はあくまでもいわば例外的ケースであって、マルクス主義者の圧倒的多数はそのような方向には進まなかったということである。新たに発表された諸著作にそくしてマルクスについての理解を改めるどころか、彼らは、このマルクスの既発表諸著作にたいして採用されてきた封じ込め政策を新発表諸著作にまで押し及ぼし、そのために新たな諸神話までも造り出してきたのである。

何よりも先ず思い起こすべきは、マルクスの未発表諸著作が初めて公表された時期があまりにも悪かったということであろう。『ヘーゲル国法論批判』が発表されたのは、ソ連においてちょうどスターリン時代の幕が開かれ始めた時であり、『経済学・哲学草稿』などが発表されたのは、マルクス主義哲学の発展におけるレーニン的段階という錦の御旗を掲げたスターリンが哲学思想の領域でも彼の権威を確立しつつあった時であった。

マルクス主義的な社会主義運動におけるスターリン時代がどのような時代であったのか、は今日ではかなりよく知られている。ロシア革命の最中にレーニンは「今こそ良き日を迎えよう、自由の朝は訪れたのだ」と語ったことがあるが、それからまだそれほど多くの歳月が流れたわけではなかったが、自由の朝の後に続くはずであった良き日は訪れず、人々が迎えたのは暗い闇であった。訪れてきたスターリン時代には大量の無辜の民に死をもたらした「収容所群島」が大規模に発展させられ、この群島の住人として生きることを免れた人々も「娑婆の世界」で不安と恐怖に苛まれつつ日々を過ごすことになった。社会主義の看板とはうらはらに人間が本当に粗末に取り扱われることになったのである。では、この時代に支配の座についたスターリン主義とはどのような思想であったのか。

この問題にたいする解答は、スターリン時代に「マルクス・レーニン主義の真の最高峰」と祭り上げられていたスターリンの哲学的主著になる『弁証法的唯物論と史的唯物論について』においてあたえられていた。この著作に表明されていたスターリン哲学にはさまざまな特徴があるが、しかし、何よりも先ず確認されうるのは、この哲学と、エンゲルスから始まった伝統的なマルクス主義哲学とのあいだの連続性が明白であったということである。スターリンが哲学の基礎的部分をなすものとみなしていた弁証法的唯物論は、主に自然現象にかかわる哲学で、自然現象にかんする実証的知識を獲得するための一般的な方法と理論から構成されると考えられている。ここから出発して彼が、検証可能な知識に重みを与えるというそれ自体としては不当ではない見解を超えて、哲学から一切の規範的なものを完全に駆逐するところまで進んでいたことは、彼の体系には広義のものであれ狭義のものであれ倫理学の登場する余地がまったく無かったことからも、明らかである。スターリンが、エンゲルスによって定礎された実証主義的傾向を継承しそれをいっそう極端な方向に発展させていたことは疑いの余地がない。さらに、スターリンは、エンゲルスのアイデアにしたがって、史的唯物論を哲学の基礎的部分を歴史にまで拡張したものとしてとらえているが、こうした把握と密接に結び付いている歴史観、すなわち歴史が自然の諸過程と同様に必然的な法則性によって支配されているという観点もくりかえし強調している。つまりスターリンは、エンゲルス以来の実証主義を継承するとともに、この実証主義と相補的な関係にあった歴史観、すなわち、これもエンゲルスから始まった歴史についての機械的決定論的な観点も継承し強調していたのである。

要するに、スターリンは、エンゲルスによって開発されプレハーノフ、レーニンなどによって発展させられた伝統的マルクス主義を受け入れそれを彼なりの仕方で発展させようと努めていたのだとみなさなければならない。両者のあいだの非連続性を強調すべきだと考えている人々も少なくないが、しかしマルクス主義哲学の基本的な構想にかんするかぎり彼らの主張は完全に間違っているとみなさなければならない。両者のあいだの連続性は疑いの余地などはまったくないほど明瞭であり、哲学思想の領域でもスターリンの権威がそれなりに安定的に持続することができた理由もまさにこの連続性にあったのである。

したがって、スターリンが伝統的マルクス主義の継承者であったと主張してきた人々が正しかったということになるのであるが、しかしそれにもかかわらず、しばしば彼らが気づいてこなかった決定的な相違も存在した。この点は、彼らに対立していた非連続性の主張者たちも適切に理解してきたわけでは必ずしもなく、しばしばこの相違に注意を向けてこなかったようにみえる。ではこの決定的な相違とは何であったのか。

伝統的マルクス主義の継承者としてのスターリンには搾取や抑圧にたいする批判はともかくとして疎外や物象化にたいする批判は原理的に欠落していたのであるが、そうしたことの結果として彼の資本主義社会とそれ以前の諸社会にたいする批判は底の浅いものにとどまらざるをえなかった。しかしより一層重要な問題は、彼が社会主義の現実にたいして徹底的に無批判的であっただけではなく、さらに文字通りあからさまな弁護論を展開していたということである。彼は彼の哲学的著作のなかで、歴史上の生産関係の五つの基本型について論じ、社会主義的生産関係をその最後に位置づけて、この生産関係について次のように説明している。

「今のところソ連だけで実現されている社会主義制度のもとでは、生産関係の基礎は生産手段の社会的所有である。ここには、もはや搾取者も非搾取者もいないのである。生産の成果は『働かざる者は食うべからず』の原則にしたがって、労働に応じて分配されている。ここでは生産過程における人間の相互関係の特徴は、搾取から解放された働き手たちの同志的な協力と相互扶助の関係である。ここでは、生産関係は生産力の状態に完全に照応している。……ここでは生産力は加速度的に発展しつつある。」

要するに、ソ連では社会主義制度が実現されていて、ここでは長いあいだ社会主義者たちが夢見てきたエデンの園がすでに現実のものになっているというわけである。これらの文章が発表された三〇年代後半のソ連では粛正の嵐が荒れ狂い、古参の共産党員の多数が抹殺され、夥しい数の無辜の民が収容所群島に移住させられ、虐殺されていた。したがって、これらの文章は血で汚された現実を隠蔽し、地獄を天国と偽り粉飾していたのである。

収容所群島が発達していたソ連をエデンの園として描き出すなどというのは、まことにシニシズムの極みであったといわなければならないであろう。しかし、それにしてもこれはあまりにも見え透いた嘘偽りで、現状弁護論としては低水準のものでしかなかったとみなされなければならない。この程度の話では、資本主義諸国の狂信的で盲目的な社会主義者たちを満足させることはできたかもしれないが、しかし自国の民をいつまでも欺き通すことなどはできるはずもなかった。そこで、スターリンの権威失墜後はもっとましな弁護論に転換させられて行くことになるのであるが、しかしさしあたって大事なことは、マルクスにおいてはもとよりエンゲルスと伝統的マルクス主義の信奉者たちにおいても現実にたいして批判的であることを身上としてきた革命思想としてのマルクス主義が、スターリンのところで現実にたいして無批判的で弁護論的な思想に転換させられていたということである。これは、ロシア革命後のソ連の歴史とマルクス主義的な社会主義者たちの社会における地位の変化を念頭におけば、当然のことであったが、しかしこれによって伝統的マルクス主義にはなかった新しい特徴が付け加えられ、マルクス主義の歴史は新しい段階に、つまり現存社会主義の弁護論的イデオロギーの段階にはいったのである。

スターリンの哲学思想がどこで伝統的マルクス主義と相違していたかについてはかなりはっきりしてきたのであるが、しかしスターリン哲学思想の新しい特徴は以上にはとどまってはいなかった。皮肉なことに、先に指摘しておいたように、マルクスの重要な哲学的諸著作が初めて発表され、マルクス主義の歴史上初めて、この思想の真の創始者マルクスの哲学思想が姿を現わしたのであるが、それは、スターリンのところでマルクス主義がまさに批判的哲学から弁護論的哲学に転換していた時期と重なっていたのである。スターリンが継承したエンゲルス的実証主義はマルクスの思想と異質なものであったが、伝統的マルクス主義にスターリンが付け加えた現状肯定の思想はマルクスの思想とはさらに両立できるものではなかった。いずれか一方が排除されなければならなかったのであるが、それがどちらであったかは、改めていうまでもないであろう。スターリンを救済するために新たに見出されたマルクスが犠牲にされたのである。

スターリンは、伝統的マルクス主義を単純に継承しただけではなく、それと同時に新たに見出されたマルクスの哲学思想をきっぱりと否認していたのである。これこそは、これまで注目されてこなかったが、伝統的マルクス主義と区別されるスターリン主義のきわめて重要な、決定的だといってもよい特徴の一つであり、スターリン主義を特徴づける特権的な種差にほかならなかったのである。

ただ問題は、新たに発見されたマルクスの諸著作が放っておくだけでは済まない重みをもっていたことである。それらの著作のおかげで全体としてマルクス思想が正確に把握できるようになってきて、エンゲルスから始まり、スターリンも踏襲していたマルクス主義の伝統的解釈の土台を揺るがしかねないような危険性が生じていた。そこで、この危険性を回避しスターリン主義の安泰をはかるために、改めてマルクスの諸著作を封じ込める必要が生じてきたことは間違いがない。こうした必要に応えるために開発されたのが、エンゲルスのマルクス解釈――これは、マルクスの諸著作が新たに見出されたことによって今や間違いであったことがはっきりしてきた――を膨らませた周知の神話にほかならなかったのである。それは、要するに、初期のマルクスの疎外論はヘーゲルやフォイエルバッハなどの先行した諸哲学の残滓であって、後期のマルクスにおいては放棄されたという見解（疎外論超克説）である。注意すべきは、この見解は、マルクスの諸著作の詳細な研究の成果として登場してきたのではないということであり、またそのような研究の成果としてこの世に現れることなどは到底できないような代物であったということである。それは、イデオロギー的な目的のために、つまりマルクスと彼の革命思想を犠牲にして、エンゲルス以来の伝統的なマルクス解釈を救済し、さらに、新しい時代にそのマルクス解釈を継承して弁護論を発展させていたスターリン主義を防御するために創造された神話にほかならなかったのである。

スターリンの哲学には以上でみてきた諸特徴以外にもさまざまな特徴が見出されるが、収容所群島が発達していたソ連を社会主義の理想が実現された社会であるかのように描き出したこの哲学はすでにマルクスの哲学思想の対立物にまで変質してしまっていたのである。だが、スターリン時代を通じてスターリンはいたるところで最大限の賛辞を浴びせられ、神のごとく崇め奉られていて、「マルクス・レーニン主義哲学思想の真の最高峰」などと祭り上げられていた彼の哲学的著作などは神の言葉が記されたバイブルとしてソ連国内で流行させられただけではなく、その他の諸国でも信じられないほど多数の信奉者を見出だしていたのである。要するに、スターリン時代のマルクス主義の歴史は伝統的マルクス主義に取って代わった、スターリンによって変質退化させられたマルクス主義、すなわちスターリン主義の支配の歴史にほかならなかったのである。

では、このマルクス主義はスターリン時代の終焉とともに終止符を打たれ、スターリン主義によるマルクス封じ込めが解除され、マルクス主義の歴史においてスターリン主義からマルクスのマルクス主義へのパラダイム転換が生じたのであろうか。

この問いにたいする答えは、よく知られているといってもよいのではないかと思われるが、明白に否なのである。一九五三年にスターリンが死に、五六年には彼にたいする隠然および公然の批判が展開されるとともに彼の神話的な権威も一夜にして失墜し、スターリン時代に幕が引かれたのであるが、哲学思想の領域でもかなり徹底的なスターリン批判がおこなわれ、スターリン哲学がいかに低水準のものであったかが暴き出され、彼個人に由来するとみなされたものはすべて除去された。したがって、哲学思想の領域でも変化がなかったわけではなかったのであるが、しかし、この変化はあくまでも部分的な変化であり、たんなる手直しでしかなく、哲学の基本的な特質やその構造および機能にまで及ぶものではなかったのである。スターリンからレーニン、プレハーノフなどを経てエンゲルスのところまで遡ることができる著しく実証主義的な傾向も、これもまたエンゲルスに由来する、哲学の原理的部分を歴史に拡張し適用するという構造と関連した歴史についてのかなり機械的決定論的な理解もそのまま維持されていた。そして、前の時代ほどあからさまではないとしても社会主義にたいする無批判的で弁護論的な姿勢もそのまま維持されていたことはいうまでもない。したがって、哲学のパラダイム次元では何らの変更もなされなかったとみなさなければならないのである。この点は、このパラダイムがもっともよく表現されている、スターリン批判後にソ連科学アカデミー哲学研究所から刊行された二つの哲学教科書(一九五八年版と一九七一年版)をみれば一目瞭然である。すでに繰り返し確認されてきたことであるが、ポストスターリン時代の哲学思想上の変化は、本来のスターリン主義からスターリン亡き後のスターリン主義、すなわち新スターリン主義への移行でしかなかったのである。そしてこうした移行が、ソ連、東欧諸国を中心に旧スターリン主義がはびこっていた世界中のすべての諸国で生じたことはいうまでもない。

旧スターリン主義との連続性を本質的に維持していた新スターリン主義は、容易に想像されうるように、マルクスの哲学思想にたいする態度も基本的には前の時代と変わらなかった。この哲学もまた、マルクスの思想を受け入れるどころか、原理的に異質な思想として否認し排斥したのである。このことは、この時代になってマルクスとエンゲルスの著作集が刊行され(Marx u.Engels Werke〔邦訳『マルクス＝エンゲルス全集』〕)、さらに一九七〇年代半ばからは彼らの全集も刊行されるようになったことや(Marx u.Engels Gesamtausgabe)、マルクスについての研究論文や研究書が大量に積み重ねられてきたことと矛盾しているように見える。しかし、立ち入ってみると、そうではなく、大部分の論文はマルクスの哲学思想を理解し受容するためにではなく、むしろその反対の目的のために、それを葬り去るために書かれてきたことがわかる。つまりそれらの論文や著書は次のような同一の物語をさまざまな仕方で歌ってきたのである。すなわち、マルクスは彼の初期の革命的ヒューマニズムを彼の後期においては放棄して、エンゲルスが描き上げていたようなマルクス主義を採用するにいたったのである、つまり彼は彼の初期の疎外論を放棄して共産主義は歴史の必然的発展の産物であるという考えに到達したのである、と。この合唱はスターリン時代に比べるとはるかに大きくなってきていたが、その理由は、何よりも先ず、スターリン時代の終焉の前後からスターリン主義に抗してマルクス思想を復権させようとする運動が急速に発展してきたが、この運動に参加した人々が、スターリン主義を批判するとともに、スターリン主義によって遠ざけられてきたマルクスの諸著作を研究し、とりわけマルクスの疎外論の意義を大いに強調してきたことに求められる。そこで、スターリン主義を保守しようとしていた人々は、それだけいっそう大声でスターリン主義の神話を歌わなければならなくなったのである。今日にいたるまでのマルクス主義の歴史を顧みてみるならば、この神話のスターリン主義者たちによる大合唱は、それなりに功を奏してマルクス哲学思想の復権を首尾よく阻止してきたとみてもよいであろう。こうした旧社会主義諸国におけるスターリン主義的な保守あるいは反動の運動の勝利には、社会主義諸国外の彼等の同調者たちの並々ならぬ働きぶりが貢献してきたことが忘れられてはならないであろう。ここでただちに念頭に上ってくるのは、欧米や日本の正真正銘のスターリン主義的なマルクス主義者たちや、彼らよりは多少洗練されたスターリン主義を説いてきたアルチュセールのような構造主義的マルクス主義者や日本の物象化論者たちである。彼らが、マルクスが疎外論を放棄してしまったという神話をどれほど大声でもっともらしくかたってきたかは、私たちの記憶に新しい。これらの協力者たちの精力的な助力のおかげもあって、ポストスターリン時代においてもマルクスの哲学思想は排斥され遠い彼方に押しやられてしまっていたのである。その結果、マルクス主義の歴史の主要な潮流においては、マルクスは依然として名前だけで彼の哲学思想は少しも組み込まれることなく終わったとみなしてもよいであろう。

さて、ここにいたって最初に提起しておいた問題にどのような解答が与えられるべきであるかが、すでにはっきりしていると考えてもよいであろう。急速に凋落しつつあるマルクス主義とは、ソ連型社会主義諸システムのイデオロギーとして機能してきた新旧のスターリン主義のことであったのであり、これがすでにかなり以前から信用を失い、凋落の道を辿り始めていたが、いまやその土台を失って急速に影響力を喪失してしまっただけのことなのである。これは、現状の無批判的弁護論に成り下がってしまったスターリン主義的マルクス主義の当然の報いであり、こうした凋落によって、スターリン主義が排斥してきたマルクスの哲学思想そのものまでもが凋落しなければならないわけではないことはいうまでもない。むしろ、マルクスの名を騙ってきたマルクス主義の対立物の凋落は本来のマルクス主義が理解され受容されるために地均しをしてくれたのだとみることもできる。さしあたって当面は、スターリン主義のおかげで駆逐されてきたマルクス哲学思想が反対に浮上してきて、広く受け入れられるということになってきてはいないとしてもである。白も黒も区別なしにマルクス主義全体が凋落しつつあるのは、マルクス主義を僭称してきたスターリン主義があまりにもひどかったので、しばらくの間はやむをえないかもしれない。そこで、あまり期待を抱かないように努めつつ、マルクスのマルクス主義とは何であったのか、そしてそれはどのような人々によってどのような仕方で継承され発展させられてきているのか、を簡単に顧みておくことにしよう。

3　新たに発見されたマルクス

マルクスがどのように彼の思想を形成し、どのような哲学思想に到達したのかは、長いあいだ薄明のなかに置かれたままであった。こうした状態が根本的に変わり、薄明であったところに光が差し込むようになったのは、すでに述べてきたように、一九二七年以後であった。したがって、この時点以後、当然、エンゲルスによる封印の力も弱まり、それだけマルクスの哲学思想が適切に把握される可能性も大きくなってきたのであるが、しかし、一九三二年には『経済学・哲学草稿』が発表されたにもかかわらず、いちはやくこの可能性を現実性に転化させようと努めた人々は例外的ケースにとどまり、マルクス主義の主要潮流においてはこの可能性は結局現実性に転化されることにはならなかった。同じ時期に新たに力をもつにいたったスターリン主義は、もはや新たに見出されたマルクスを受容するどころか、このマルクスは後期マルクスによって放棄されたという神話を創作して封じ込めてしまったのである。たしかにその後スターリン批判を前後してマルクス哲学思想を適切に理解しようという例外的ケースがますます増大してくるが、しかしこの神話は今もなお侮り難い力をもっていて、本来のマルクスのマルクス主義を適切に理解しそれを発展させるのを今もなお大いに妨げている。そこで、以下、スターリン主義的なマルクス解釈が何故たんなる神話でしかなかったかをはっきりさせておきたい。

まず最初に、そもそもマルクスの哲学がどのようなものであったのかを確認しておくことにしよう。一九三〇年前後に初めて発表された諸著作もふくめてマルクスの哲学的諸著作のすべてを視野に収めてこの問題について答えをあたえるならば、次のように主張することができるであろう。すなわち、それは、エンゲルスによってまだ本来のマルクスのものではないとされていた彼の初期の諸著作のさまざまな箇所において明示的に表明されていた革命的ヒューマニズムにほかならなかった、と。このヒューマニズムがめざしたのは、ドイツにおける宗教批判、とりわけフォイエルバッハによる「人間の自己疎外の聖なる形態」にたいする批判を前提にし、さらにこの批判を模範としながら、もはやフォイエルバッハ的パラダイムでは処理することができなかった人間の「聖ならざる諸形態における自己疎外」、人間の現実的生活における疎外の諸形態を批判し、それらの実践的な克服を訴えることであった。さしあたってマルクスが念頭に置いていたのは、その上部構造としての国家もふくめた市民社会の総体を変革し真に人間的な社会を構築することであったが、彼にとってここから出発して初めて哲学的唯物論もヘーゲルから継承した弁証法も、さらには、エンゲルスから始まる伝統的マルクス主義のおかげでしばしば機械的決定論のところにまで押しやられてきた歴史哲学でさえも、それらの意味を獲得することができたのである。

このマルクスの革命的ヒューマニズムにとって、フォイエルバッハが人間のその他の諸形態の疎外にたいして規定的なものだと考えていた人間の自己疎外の聖なる形態は、そのような位置を占めるものではなく、逆に人間の疎外の聖ならざる諸形態によって規定されているものとして理解されるべきであった。そして、この後者の疎外の諸形態のなかでマルクスがその他の諸形態の疎外を規定する特権的な位置を占めるものとみなしていたのが疎外された労働であることは、よく知られているといってもよいであろう。そこで、マルクスの思想がどのようなものであったかを知る上でも有益なところがないわけではないので、以下、マルクスの初期の労働疎外の概念が彼の後期においていかに発展させられていたかを示すことによって、マルクスについてのスターリン主義的解釈がたんなる神話でしかなかったことを、つまりマルクスが彼の初期の疎外論を彼の後期においても放棄せずに存続させていたことを積極的に示しておくことにしたい。

実は、マルクス疎外論超克説にたいしてもはやくから批判が提起されてきて、時と共にその信奉者たちでさえも少なからぬ人々が、それがたんなる神話でしかないのではないかと考えるようになってきていた。しかし、なかには実に頑固な、したがって狂信的だといわなければならないような信奉者もいて、マルクスが疎外論を放棄したという日付を晩年のマルクスにまで引き伸ばすことによって、彼が最終的には疎外論を放棄したという説を救済しようと涙ぐましい努力をおこなってきたものもいる。そこで、彼らのことも考慮して、ここでは一八六〇年以後のマルクスの諸著作を取り上げて、彼がいかに労働疎外の概念を維持していたかを明らかにしておきたい。まず最初に、マルクスが一八六〇年代の前半に書いた、『資本論』のための草稿集のなかからきわめて重要な一節を引用しておきたい。

「労働者にたいする資本家の支配は、人間にたいする物〔物件、物象〕の支配、生きた労働にたいする死んだ労働の支配、生産者にたいする生産物の支配である。なぜなら、実際に労働者にたいする支配の諸手段（しかし、たんなる資本自身の支配の手段としての）となる諸商品は、生産過程のたんなる諸結果にすぎず、その過程の諸生産物にすぎないからである。これは物質的生産における、現実的な社会的生活過程――というのは、これこそが生産過程であるのであるから――における、主体の客体への転倒およびその逆の転倒というイデオロギーの領域で宗教において現れるのとまったく同一の関係である。歴史的に考察するならばこのような転倒は、富そのものの創造、すなわち社会的労働の欲しいままの生産諸力――こうした生産諸力のみが自由な人間的社会の物質的土台を形成することができる――の創造を多数を犠牲にして強制するのに必要な通過点としてあらわれる。このような対立的な形態をそれが通過させられなければならないのは、人間が彼の精神的諸力を独立した諸力として自己に対立させて宗教的に形成しなければならないのとまったく同じである。それは、彼自身の労働の疎外過程（der Entfremdungsprozess seiner eigenen Arbeit）である。そのかぎりにおいてここでは労働者は、最初から資本家よりも高いところに立っている……」。

特に解説の必要などはないであろう。ただちに了解できるのは、ここでマルクスの初期の疎外概念と同様の概念が用いられているだけではなく「疎外」という用語さえも使われていること、また、疎外概念がその初期におけると同様に資本主義的生産様式をまさにトータルに問題にしているところで登場させられていること、さらに、その初期におけると同様にこの概念が資本主義的生産様式の本質を規定する概念として使われているだけではなく、また、主体と客体との転倒などの言葉からも知られるように、その本質を評価する価値的な概念としても使われているということ、疎外の止揚という観点からみるならば資本家よりも労働者の方が高いところに立っているということが強調されていることなどである。要するに、ここには、まったく疑問の余地のない仕方で、マルクスの初期の労働疎外論が彼の後期においても放棄されることなく存続させられていたということが示されていたのである。

ここで引用したような諸文章が書かれてから数年を経て『資本論』の第一巻が出版されるが、今日ではこのマルクスのライフ・ワークのなかでたんに疎外概念が中心的な意義をもつものとして用いられているだけではなく、さらに「疎外」という用語さえも少なからず用いられていることは、よく知られている。そこで、ここでは、この著書のなかでマルクスが疎外概念をもっとも明瞭に使用しているケースをひとつだけ引用しておくことにしたい。この著書の第7篇でマルクスが資本蓄積の一般的傾向について論じていることはよく知られているが、その章の最初の節で資本の増大が労働者階級の運命に及ぼす影響について論じた後に、彼は資本主義的生産様式が「労働者が現存の諸価値の増殖諸欲求のために現存する——逆に対象的富が労働者の発展諸欲求のために現存する代わりに——」生産様式であることを指摘し、次のように書いている。

「人間が宗教においては彼自身の頭の造り物によって支配されるように、彼は資本主義的生産においては彼自身の手の造り物によって支配される。」

さらにこの文章に付け加えた注のなかでマルクスは、「いかにして労働者が資本の支配者──資本の創造者としての──から資本の奴隷になりえたのか」というフォン・テューネンの問題提起を引用して次のように評している。すなわち「問題を提起したのは、テューネンの功績である。彼の解答はまったく子供っぽいものだ。」

ここでもまたマルクスが主張していることは、きわめて明白であって、特にコメントは必要ではないであろう。彼は宗教において人間が彼の内面の世界において疎外されるように、資本主義的生産様式においては人間が彼の労働において疎外されると主張しているのであるから、この箇所は、『経済学・哲学草稿』以来マルクスが発展させてきた労働疎外の概念を『資本論』においても非常に明確に存続させていたことを、異論の余地などがまったくありえないような仕方で示している。さらに、興味深いのは、彼が「いかにして労働者が資本の支配者──資本の創造者としての──から資本の奴隷になりえたのか」という問題、つまり資本主義的生産において労働の疎外がいかにして生じたのかという問題が真の問題であることを確認していることであろう。これは、マルクスが彼の経済学の課題を結局のところどこにみていたかを示しているのではないか。もしその通りであるとすれば、マルクスが彼の疎外概念を放棄してしまったなどと主張してきた人々はすべて、マルクスが『資本論』の最高の課題をどのように考えていたかを理解し損なってきたのだとみなされなければならないのではないであろうか。

ここで一八六〇年代前半と後半にマルクスが書いた二つのケースを見てきただけであるが、さまざまな変種をふくむマルクス労働疎外論放棄説が完全に間違っていたということは明白になったといってもよいであろう。初期のマルクスの労働疎外の概念は後期のマルクスにおいて放棄されるどころか、文字通りの意味でいっそう発展させられたのである。初期のマルクスのところではこの疎外概念はまだ登場したばかりで、かなり直観的に把握されていたのであるが、後期マルクスにおいては労働疎外概念を規定する諸概念（商品、貨幣、賃労働、資本などの諸概念）がはるかに正確に把握されるようになり、したがって疎外概念そのものもいっそう正確になり、いっそう豊富になり、さらにいっそう具体的になってきている。したがって、変化があったことは事実であるが、しかしこの変化を放棄と呼んだり超克と呼んだりすることは白を黒と呼ぶようなものであることはあまりにも明白である。

以上でマルクスの初期の労働疎外の概念が彼の後期において放棄されたのではなく発展させられていたことをみてきたのであるが、ここからも想像することができるように、同様なことは、もはやここでは立ち入ることはできないが、疎外の止揚の概念についても主張することができる。初期マルクスにおける疎外された労働の産物としての私的所有の止揚としての共産主義の概念も、彼の後期においていっそう明確に、いっそう豊かに描き出されるようになっているが、したがって発展させられていることは明らかであるが、しかし両者の間に何らかの断絶を設定するなどということは、不可能だといわなければならないであろう。要するに、初期マルクスの疎外論は彼の後期において放棄されたのではなく、まさに全体として発展させられたのであり、彼はその後期においても、社会主義を歴史の発展の必然的産物とみなすような歴史観に到達したのではなく、人間の疎外を暴きだしその止揚を訴える革命的ヒューマニズムの観点に立ち、そうした観点を発展させていたのだとみなすことができるのである。

さて、これまでマルクス疎外論超克説を事実にそくしていないスターリン主義的な神話と呼んできたが、実際に、その狂信的な信者たちのところ以外ではたんなる馬鹿話でしかない神話としての取り扱い方が適切であったこともはっきりと確かめられたといってもよいであろう。後期のマルクスにおいても初期マルクスの労働疎外の概念を中心とした疎外論が存続させられ発展させられていたのである。したがって、マルクスが彼の初期の疎外論を彼の後期において発展させていたという主張は、空がからりと晴れているときに、「空が晴れている」という主張が真理であるのと同様に、真理であるとみなさなければならないのであるが、ここからさらに次のような結論がえられるであろう。すなわち、さまざまな仕方でマルクスが疎外論を放棄したと唱えてきた人々はすべて、空がからりと晴れているのに、さまざまな仕方で「雨が降っている」と大声をあげてきたようなものである、と。私たちはここにイデオロギーというものがどのような働きをするものであるかを目の当たりにしているのであるが、このように考えてみれば、非常にはっきりしてくるように、マルクスが疎外論を放棄したと唱えてきた人々が書いてきた膨大な量の文章は、マルクス研究とマルクス主義の発展を阻害するものでしかないのである。実際に新旧のスターリン主義者の書いたマルクス主義の書いたマルクスについての論文や著書のほとんどすべてがそのようにみなされるのがふさわしいだけではない。それよりももっと極端な主張をくりかえしていたフランスのルイ・アルチュセールや日本の廣松渉の文章のすべても同様なのである。アルチュセールの『マルクスのために』（邦訳『甦るマルクス』）は『マルクスに反対する』（『マルクスを葬る』）であり、『資本論』を読む』は『資本論』を誤読する』であったのであり、さらに、「疎外論から物象化論へ」という嘘偽りを繰り返し主張し、そのために膨大な文章を書き残した廣松のマルクスに関わる文章にいたっては、そのかなりの部分が障害物のごときものであったといっても過言ではないであろう。

ところで、マルクスがその後期においても疎外論を存続させていたということは、彼が彼の生涯の何処かで疎外論を放棄してしまったなどということはありえないということを意味している。したがって、例えば「『ドイツ・イデオロギー』における疎外論の超克」などということもありえなかったのである。したがって、そうした超克などは存在しないことを親切に教えた者にたいして、なんとか反批判を展開しようとする努力などは、結局のところ、空がからりと晴れているときに天に向かって自分の唾を吐き、それを見せて「雨が降っているぞ」と騒ぎ立てているようなもので、滑稽でもあれば哀れでもある。しかし、ここで登場した『ドイツ・イデオロギー』研究の現状などをみるならば、そうした「天に向かいて唾を吐く」ような態度をただ軽蔑して笑ってすませるわけにはいかないであろう。というのは、この著作における疎外論の超克を証明しようとして、つまりは道理を引っ込ませ無理を通そうとして、唾が吐き散らされてきたおかげで、この著作やその前後の諸著作の研究領域が、人が近づきにくい危険な荒野にされてきたからである。

すでに述べてきたように、ソ連型社会主義のイデオロギーとして機能してきたマルクス主義哲学が凋落していることは、それがマルクスの名前を騙ってきたものでしかなかった以上、大いに歓迎しなければならないのであるが、しかしそれとともにスターリン主義によって創作され広められてきたマルクスについての諸神話もまた大いに凋落させなければならないのである。つまりそれらの神話を打ち砕き、マルクスについての適切な理解が発展させられなければならないのであるが、しかしマルクス主義哲学思想の現状をみるかぎり、ここで指摘した障害物が積み重ねられていて、そうした方向で研究が着々と進められているようには見えない。特に私たちの社会ではスターリン主義による汚染が甚だしく、したがってまた、まともなマルクス研究の発展を妨げる障害物の量も厚みを持っているようにみえる。さしあたってマルクス哲学思想の復権ということを考えるならば、この障害物を取り除く作業をもっと真剣におこなわなければならないのではないであろうか。

4　マルクス哲学思想の発展

伝統的マルクス主義やそのカリカチュア化としてのスターリン主義が本質的には実証主義であったのにたいしてマルクスのマルクス主義は、人間の疎外の諸形態を暴きだしそれらの克服を訴える革命的なヒューマニズムであった。このヒューマニズムをマルクスの未発表の著作が発表されるとともにただちに、したがってまだマルクスについてのスターリン主義の神話が創造される以前に、少なからぬ人々が見出していた。彼らは、新たに発表された諸著作におけるマルクスの思想をかなり適切に把握するとともに、他方では、この思想とエンゲルスから始まった伝統的マルクス主義が異質なものであることにもいちはやく気付き、その点についても的確に指摘していた。そして、この方向はその後さまざまな人々によって発展させられて行くが、しかしやがてマルクス主義者のあいだでスターリン主義の影響力が圧倒的なものになり、マルクスについての神話も広められたので、そうした方向を辿った人々はあくまでも例外的なケースにとどまらざるをえなかった。だがそれにもかかわらず、一九五〇年代になるとこの新しい方向は、それをマルクス主義内部の改革運動と結び付けようとする人々が現れてきて、飛躍的に発展させられる。彼らのなかでもとりわけ際立っていたのが、ユーゴスラヴィアの哲学雑誌『プラクシス』のもとに結集して活動したので『プラクシス』派と呼ばれた人々であるが、彼らこそは二〇世紀後半のマルクス主義哲学思想史においてもっとも注目に値する潮流を形成してきたのである。

ユーゴスラヴィアにおいても第二次世界大戦直後はソ連から輸入されたスターリン主義が大きな影響力をもっていた。しかし、一九四八年にスターリンとユーゴスラヴィアが衝突したおかげでこの国の若いマルクス主義者たちはいちはやく、しかも決定的にスターリン主義の呪縛から解放されることになった。スターリンの権威失墜とともに、その他の諸国に先んじて同国ではマルクス主義全体を批判的に検討する作業が押し進められ、かなり早い時期に若い哲学者たちは、スターリン主義の理論的正統性をきっぱりと否認するような新たなパラダイムを共有するにいたっていた。それは、要するに、人間の疎外の諸形態を暴きだしそれらの疎外の止揚の諸可能性を明らかにすることをめざす哲学、つまりは、すでに見てきたように、マルクスが開発し発展させていたが、長い間マルクス主義者たちによって無視されてきた、そしてスターリン時代にはいってから神話が創作されて遠ざけられてきたマルクスの疎外論にほかならなかった。彼らの考えでは、この理論こそが、世界の革命的な変革に向けて実践的エネルギーに方向付けをあたえる批判的時代意識の創造に真に寄与することができるのであった。

ところで、資本主義社会における人間の疎外にたいする批判はマルクスによって基本的には十分におこなわれていただけではなく、マルクス以後の人々によってもさまざまに発展させられてきた。したがって、『プラクシス』派の考えによれば、疎外論を発展させることによってマルクス主義をいっそう発展させるチャンスは、今やこの理論と社会主義の現実との対決にあったのであり、まさにこの対決を『プラクシス』派はその他の諸国のマルクス主義者たちよりも早くから、しかも非常にラディカルに押し進め、まさにこの点で他の追随を許さない群を抜いた業績をあげてきたのである。

すでに見てきたように、スターリンは収容所群島が発達していたスターリン時代のソ連を社会主義の理想が実現されたエデンの園であるかのように描き出してみせたが、ポストスターリン時代にはいるとこのようなあからさまな弁護論はさすがに姿をみせなくなる。しかしスターリン主義の信奉者たちは、とりわけ疎外概念が足元の現実に適用されることにたいしてバリアーを張り巡らし、社会主義においては疎外の問題はもはや重要性をもたないということを強調してきた。それにたいして、『プラクシス』派は、そうした主張が原理的に間違っていて、実は疎外の問題は社会主義においてこそ初めて真に重みをもつにいたるのであるということを強調してきた。彼らの考えによれば、疎外の問題の解決はそもそも資本主義の課題ではありえなかったのにたいして、まさに社会主義においてこそそれが中心的な問題になるのである。こうした観点から彼らはマルクス社会主義論を理論的に深めてきたが、しかしたんに疎外と社会主義との関係の原理的な考察にはとどまらず、さらに現存していた社会主義における疎外の諸形態の批判的分析も押し進めてきたのであり、まさにこの作業においてスターリン主義の水準をはるかに超えてマルクス主義に新しいものを付け加えてきたのである。

彼らがいち早く共有するにいたったのは、彼らが「国権主義的社会主義」、「官僚主義的社会主義」あるいはたんに「国権主義」と呼んでいたソ連型社会主義においては、生産者としての人間にとっては資本主義における資本家の支配が国家の全面的支配によって取って代わられただけのことであって、彼は再び自分が「雇用労働という疎外された状況」に置かれ、資本主義におけるよりもさらに甚だしく疎外されることになることに気付かざるをえない。そして、こうした労働における疎外を基礎にして国権主義的社会主義においてはその他の諸々の形態の経済的および政治的疎外、さらには文化的疎外がそれらの解決を迫ってくるのである。新旧のスターリン主義が疎外概念を遠ざけただけではなく、ソ連型社会主義においては疎外の問題は基本的には解決されているというような弁護論を唱えていたのにたいして、『プラクシス』派がそうした弁護論を超えてマルクスの疎外論を真剣に受け止め議論を発展させようと努めていたのであるが、さらに興味深いのは、彼らが、国権主義的社会主義における疎外の基礎について発展させていた議論である。彼らによれば、それは、革命後の社会において、社会の最も重要な諸問題にかんする他の人々の決定権を次第に奪い取り、政治的および経済的権力を独占的に所有する人々の集団が形成され、この集団が政治的主体になるとともにその他の人々が政治的客体の位置に貶めるということに求められるのである。この集団が官僚層に他ならないことはよく知られているが、この層については彼らによって次のような概括が行われてきた。

「政治的官僚層とは、第一に専門的に政治に従事し、第二に大衆によるあらゆる統制から自由であり、そして第三に、対象化された労働の分配にかんする無制限な自由処分権のおかげで多かれ少なかれ巨大な物質的利益を自身に保証している、恒常性をもち凝集力のある社会集団である。」

要するに、官僚層こそはポスト資本主義社会における部分化原理、物象化原理、そしてさらに搾取原理の担い手になるということであり、まさにこのような社会集団が存在しているということが、国権主義的社会主義における諸々の形態の疎外の存在を規定しているのである。ソ連型社会主義における新たな支配階層についてのこうした議論は、スターリン主義によって汚染されていた諸国のマルクス主義者たちのところではほとんど見出だせない画期的なものであったが、さらに以上から自ずから導き出されうる当然の結論もまた同様であった。つまり、『プラクシス』派によれば、生産手段の私的所有を廃止し、階級としてのブルジョアジーを廃絶することは、たしかに疎外克服の途上における決定的な歩みであるが、しかしあくまでも第一歩でしかなく、ポスト資本主義社会でひとたび官僚層が形成されこの集団が社会に君臨することになれば、今度はこの障害物を取り除く作業を本格的に展開しなければならないのである。

さて、以上の簡単な紹介だけからでも『プラクシス』派の哲学者たちがマルクスの疎外概念についてのスターリン主義的神話を退けて、この概念を本格的に受容しただけではなく、この概念を生かしてどれほど国権主義的社会主義の批判を発展させていたかは十分に伺い知られるであろう。彼らは、ソ連型社会主義がすでに理想的な状態に到達している、あるいは着々とそうした状態に近付いているというような直接的弁護論から、社会主義にも疎外の残滓はあるが、しかしもはや疎外の問題はそれほどの重要性をもたないなどという多少洗練された弁護論にいたるまでのあらゆる種類の弁護論が隠蔽してきた国権主義的社会主義の真の問題に光を当ててきたのである。［この点での彼らの功績はどれほど高く評価しても高く評価し過ぎるなどということはないであろう。］だが、彼らが批判の矛先を向けたのは国権主義的社会主義だけではなかったのである。

スターリンとの衝突後ユーゴスラヴィアが新たな社会主義を模索し独自な自主管理社会主義を採用し発展させてきたことはよく知られているが、『プラクシス』派はこの社会主義を現代の資本主義のラディカルな否定として、そしてまたソ連型の国権主義的社会主義の弁証法的否定として、高く評価し、その理論を発展させようと努めてきた。彼らはこの社会主義の理論をマルクスの労働疎外の止揚と自己決定の概念によって基礎づけ、自国の社会主義運動の経験を総括しながら発展させようと努めてきたが、この点での彼らの業績は真に特筆に値するもので、おそらく二〇世紀後半のマルクス主義の最高の成果のうちに数えいれられて然るべきであろう。問題は彼らが到達した高みからみたときに、その他の諸社会はもとより彼らの社会の現実も満足すべき状態からはほど遠いところにあったということである。彼らにとっては、ユーゴスラヴィアの現実は、すでに自主管理が実現されているかのように語る同国の政治的リーダーたちの言葉とは裏腹で、ようやく自主管理に向って第一歩が踏み出されたばかりの社会であって、この社会には諸々の経済的疎外から始まってさまざまな形態の疎外が存続していて解決を迫っていたのである。自主管理を錦の御旗にしていたユーゴスラヴィアはたしかにその他の国権主義的な社会主義諸国よりは先に進んでいたとしても、しかし彼らの目からみればその現実はその理想から遠く離れていたのである。彼らは、ユーゴスラヴィア社会の現実の諸問題を早くから実に的確に把握し、率直に表明していた。後年『プラクシス』派の活動を回顧しつつ、マルコヴィチは次のように書いていた。

「一九六三年までに『プラクシス』派の哲学者たちは次のようなことを確認していた。すなわち、ユーゴスラヴィア社会には依然として経済的および政治的疎外の両方の形態が存在している。勤労者階級はまだ搾取されているが、今度は新しいエリート、つまり官僚層とテクノクラート層によってである。市場関係は不可避的に資本-賃労働関係を再生産するであろう。自主管理はまだ諸企業と地域的な諸コミュニティおよび諸組織のミクロの次元において存在しているにすぎない。したがって、そのいっそうの発展は専門的政治の暫時的消滅を必要とし、地域、共和国および連邦の次元における労働者評議会の形成を必要としている。真に参加する民主主義のための基本的な前提条件は最初はラディカルな民主化であり、次に政党の消滅である。」

『プラクシス』が刊行されるのは一九六四年であるが、それ以前に、この雑誌に結集した哲学者たちが以上のような諸点について確認していたというのである。一九六〇年代の初めの二、三年といえば、彼ら以外のマルクス主義者たちのところでは、すでに見てきたように、本来のスターリン主義から新スターリン主義への移行がさまざまな軋轢を伴いながらおこなわれていた時期であった。まさにそのような時期に『プラクシス』派の哲学者たちはすでにソ連型社会主義にたいする原理的な批判を仕上げたうえで、さらに自国の自主管理社会主義の現実にたいしてもこれほど容赦のない批判を展開していたのである。「ベルリンの壁」が崩壊する遥か以前、ユーゴスラヴィアで悲劇的な戦争が勃発する遥か以前に、ソ連などよりも比較にならないほど民主化が進んでいたユーゴスラヴィアで「ラディカルな民主化」、さらには「政党の消滅」、つまりは共産主義的諸政党の消滅が真の参加民主主義の基本的な前提条件であると考えられていたというのであるから、まことに驚嘆に値するといってもよいのではないであろうか。

スターリン主義を明確に超えた新たなパラダイムを共有していたこの派は一九六四年から『プラクシス』を刊行して、世間に打って出る。幸い東西両陣営の多数の優れた哲学者、社会学者などの協力が得られ、彼らは雑誌を中心にしてまことに目覚ましい活動を展開し続けるが、しかし、ここで見てきたようなユーゴスラヴィアの現実に対する徹底的な批判的姿勢が同国の政治的リーダーたちの反発を引き起こし、弾圧を招くことになり、一九七五年には雑誌が廃刊に追い込まれ、ベオグラード大学の八人の教員がパージされる。しかし、彼らはこれに屈せず、しばらくの中断の後に、今度は国外で世界を舞台に雑誌『プラクシス－インターナショナル』を刊行して、国内で戦争が勃発するまで、理論的活動を続けてきた。もとよりここで『プラクシス』派の歴史に立ち入ることなどはできないが、しかし、長期にわたる彼らの活躍ぶりは、彼らが『プラクシス』の刊行以前に到達していた思想的パラダイムがどれほど優れていたかを如実に物語っているといってもよいであろう。たしかにこのパラダイムは、『プラクシス』派が政治的に孤立化させられ敗北したために、彼らの国の社会主義運動のなかで直接に影響力を発揮することもなかったのであるが、したがって、思想として実際にその価値が現実の中で試されるということころまでは進まなかったとみなさなければならないのであるが、しかし、このパラダイムのおかげで彼らがマルクス主義を時代の高みに引き上げるという課題に真剣に取り組み、貴重な成果をあげることができたことは明らかであるように思われる。

さて、以上で見てきたように、『プラクシス』派はソ連型の国権主義的社会主義をその理論においても現実においても徹底的に批判すると共に、ユーゴスラヴィアの自主管理社会主義の現実にたいしても容赦のない批判を展開してきた。彼らの目からみれば、それらの社会主義は、しばしば考えられてきた程度よりもはるかに大きな限界をもっていたのである。ここから導き出されうる結論は、当然、それらの諸国の社会主義的システムがいつ崩壊を遂げてもおかしくはないということであり、したがって、それらのシステムの自己崩壊も可能性のひとつとして早くから予測されていたということになる。では、実際にソ連や東欧の国権主義的社会主義の崩壊を目の当たりにして、『プラクシス』派はそれをどのように受け止めたのであろうか。はるかに以前から崩壊の可能性も考えていたとすれば、それが実現したからといって特別にショックを受けたりするはずはないのであるが、ソ連と東欧の激変からしばらくしてマルコヴィチは次のように書いている。

「五〇年代の初めから私たちは、ソ連型の官僚主義的社会主義には未来がないと確信してきた。一九八九年~一九九〇年に意外であったのは、崩壊があまりにも急速に、そしてまたあまりにも完全に、訪れたということであった」。

意外であったのは、いつ生じてもおかしくない崩壊があまりにもあっけなく訪れたということだけであったということであるが、さらにマルコヴィチは崩壊したソ連型社会主義とマルクスの革命思想の基本的諸理念を比較検討して、そこから次のような結論を導き出している。すなわち、そもそも両者のあいだに共通するものがほとんどまったく存在しなかったのであるから、「現実的社会主義」の崩壊は「マルクスのプロジェクトの瓦解を意味してはいない」。そして彼は、さらに伝統的な社会主義的諸理念とを比較検討して、ソ連型社会主義は最初からそれらの理念を実現しようと努めてはこなかったのであるから、「社会主義的諸理念の瓦解を意味しているのではないことはいうまでもない」と付け加えている。こうしたところから容易に想像できるように、マルコヴィチによれば、ソ連型社会主義の崩壊は次のように受け止められなければならないのである。すなわち、「社会主義の官僚主義的形態が崩壊した後の今こそ民主主義的な、ヒューマニズム的な社会主義が東側に出現するための地盤がきれいに片付けられたのだと主張するだけの十分な理由が存在するのである。」これは、『プラクシス』派が発展させてきた社会主義の理論からの当然の結論であるが、ソ連型社会主義の崩壊を目の当たりにして、彼らはこの崩壊を歓迎することができたのであり、さらにその廃墟のうえに、それほど可能性が大きいとは考えてはいないが、新たな社会主義の未来を構築することが可能であると確信していたのである。

問題は、一九九一年後半から始まった旧ユーゴスラヴィア内諸民族の激しい対立と戦争を通じての同国の瓦解を『プラクシス』派はどのように受け止めたのか、であろう。この派もふくめて同国の民主主義的左派は民族主義的、分離主義的運動にたいしてユーゴスラヴィアを維持しようと努めた人々であったが、国の瓦解にたいして直接的な責任はないが、マルコヴィチの報告によれば、悲劇的な戦争が続けられてきた時期においても民権主義的社会主義のための闘いがおこなわれてきたのであり、セルビアとモンテネグロにおいては実際に一九九〇～一九九五年の時期に「住民の大多数の断固とした支持を得て民主主義的社会主義的システムが構築された」のである。では、彼らがスターリン主義者たちと対決し、さらにはチトー主義的イデオローグたちと対決しながら擁護し発展させてきた自主管理の理念についての理解には変化はもたらされなかったのであろうか。この問題についての一九九五年のマルコヴィチの解答は次の通りである。

「今や私たちは、私たちが『自主管理社会主義』と呼んでいたものが遠大なヴィジョンに止まっていて、私たちが生きているあいだに実現されうるモデルではないことを理解している。しかしながら、今日でもそこに向かって何歩かを歩むことはできるであろう。すべての企業における非雇用者は経営委員会に彼らの代表をもち、会社のすべての意志決定と純収益の分配に参加することができるようになっている。」

今回の悲劇的な戦争を通して自主管理社会主義の実現のためにはもっと多くの媒介と長い時間が必要だということを痛感させられたということであろうか。たしかに最初の文章には悲痛な気分が表明されているが、しかし、それでも続いている文章が自主管理社会主義の理念が依然として生きていて健在であることを示していることは疑いの余地がない。ここでもまた、『プラクシス』派がスターリン主義と訣別しマルクスに依拠して発展させてきたパラダイムがどれほど優れたものであったかが示されているとみてもよいのではないか。

おわりに

現代の哲学思想の世界における主要な変化として挙げられるのは、ソ連型社会主義の自己崩壊とともに生じたマルクス主義の凋落であるが、このマルクス主義はしばしばマルクス主義そのもの、つまりマルクスに由来するマルクス主義と受け取られている。しかし、マルクス主義の歴史を顧みながらはっきりさせてきたように、この歴史はマルクスによってではなく、彼とは異質な思想の持ち主であったエンゲルスによって開発された哲学思想が出発点になっていたのであり、それがプレハーノフやレーニン等々によって発展させられ、さらにスターリンとスターリン主義者たちによって継承され仕上げられてきたのである。このマルクス主義はスターリンの時代以来国権主義的社会主義のイデオロギーに変質退化させられていたので、その土台であった国権主義的システムの自己崩壊とともに凋落せざるをえなかった。したがって、スターリン主義と呼ばれてきたこのマルクス主義の凋落は当然であったとみなされなければならないのであるが、問題はマルクスに由来するマルクス主義も凋落の運命を迎えるのが当然ということになるのか否かということである。

マルクス自身の哲学思想は、そもそも発表されていた哲学的諸著作が著しく不十分であったために、そしていよいよそれらの著作が発表されてからは、ほぼ同時期に支配的な潮流になったスターリン主義によって神話が創作されて排除され、一度としてマルクス主義の歴史において影響力を発揮するほどの潮流になったことなどはなかった。したがって、スターリンやスターリン主義者のマルクス主義と凋落の運命を共有しなければならない理由は当然少しもないことになる。このマルクスの思想も彼の初期の諸著作が発表された一九三〇年代の前半から注目されはじめ、スターリン批判前後からは、スターリン主義とそこにストレートに流れ込んで行った伝統的マルクス主義に抗して、この思想を復権させようとする個人や集団の活動が活発になってくる。ここで簡単に見てきたように、彼らのなかでもとりわけ際立っていたのが『プラクシス』派であったが、彼らがマルクスの思想を社会主義批判にまで発展させることによってそれを時代の高みにまで引き上げようと努力をし、大いに成果を挙げてきたのである。エンゲルスが開発しレーニンを経てスターリンとスターリン主義者たちによって発展させられたマルクス主義の凋落が、マルクス自身の思想とそれを発展させようと努めてきた『プラクシス』派などの思想が広く受け入れられるための道を掃き清めてくれたのだとみることも不可能ではないのである。

注

（1）この点についてはアダム・シャフが次の著書で早くからきわめて的確な問題提起をしていた。Adam Schaf : Marxismus und das menschliche Individuum.Europa Verlag,1964,S.9. この箇所は次の訳書に含まれている。花崎皋平訳『マルクス主義と個人』（岩波書店）および河野健二監訳『若きマルクスと現代』（合同出版）

（2）Friedlich Engels : Ludwig Feuerbach und der Ausgang der klassischen deutschen Philosophie.In : Mark, Engels Werke.Dietz Verlag.Bd.21,S.272.

（3）Ebenda,S.292.

（4）Ebenda,S.293.

（5）Ebenda,S.296.

（6）スターリン『弁証法的唯物論と史的唯物論について』、国民文庫、四二頁。

（7）マルクス『直接的生産過程の諸結果』、岡崎次郎訳、国民文庫、三二～三三頁。
MEGA, II-4-1,S.64-65.

（8）マルクス『資本論』、『マルクス＝エンゲルス全集』、大月書店、第二三巻、八一一頁。MEW,Bd.23,S.649

（9）アルチュセールにたいしてはアンリ・ルフェーブル、ジョン・ルイス、アダム・シャフなど多数の人々が批判を加えてきたが、批判は概ね適切で、アルチュセールにはそもそもマルクスの文章にそくした議論がほとんどなく、マルクス解釈としても最低の水準にあるとみなさなければならない。廣松渉氏のマルクス解釈にたいしても多数の人々が批判を加えてきていて、それは今日にいたるまでにほとんど完膚なきまでに粉砕されている。筆者も今から二〇数年もまえに詳細な批判を展開したことがある。「マルクスの疎外概念とマルクス主義」、『現代の理論』一九七三年四~九月号所収。廣松氏は私の批判の一部分にたいしてだけ反論しているが（彼は、弁証法について語っていても、部分と全体との関係については気の毒なほど理解が欠けていた）、およそ反論にもならないほど非論理的かつ感情的な議論で、イデオロギーに囚われた人間の愚かさが示されていて興味深いものがある。田上孝一「廣松渉哲学の虚妄性」、『カオスとロゴス』第五号（一九九六年）所収、参照。

（10）どういうわけか、『ドイツ・イデオロギー』には疎外論批判があると思い込んでいる者が少なくない。この思い込みをなんとか証明にまで格上げしたいという願望が、実に奇怪で馬鹿げた議論を呼び起こしてきたようにみえる。私の批判にたいする廣松氏の反批判を参照せよ。なお、筆者の次の論文参照。「『ドイツ・イデオロギー』における疎外論の発展」、『唯物論』第四八号所収。

（11）『プラクシス』派については岩淵慶一、三階徹編『マルクス哲学の復権』（時潮社）参照、またマルコヴィチ『コンテンポラリィ・マルクス』（亜紀書房）も参照せよ。

（12）例えばプレドラグ・ヴラニツキー「社会主義と疎外の問題」参照、フロム編『社会主義ヒューマニズム』所収、紀伊国屋書店。

（13）マルコヴィチ「自主管理の意味」、岩田昌征、岩淵慶一訳『実践の弁証法』（合同出版）所収。

（14）前掲『マルクス哲学の復権』、三三三頁。

（15）前掲『コンテンポラリィ・マルクス』、Ⅵ頁。

（16）Mihailo Marković ; The Meaning of Recent Changes in Eastern Europe. "Praxis" Vol.10,Nos,3/4.p.216
（17）前掲『コンテンポラリィ・マルクス』、VII頁。

2章

マルクスの唯物論とは何であったか

はじめに

「ベルリンの壁」崩壊後まだ僅か数年しか経っていないにもかかわらず、近頃では、一時声高に論じられてきた「社会主義の破綻」「共産主義の終焉」、さらに「共産主義の終焉の後に」などの議論もあまり聞こえてこなくなった。これは、今や、大方の人々が早くも、二〇世紀の社会主義運動はすでに完全に過去の歴史に属する事柄になってしまって、「社会主義」や「共産主義」なども図書館や学者の書斎などで永眠するのがふさわしいと考えるにいたったことの結果なのであろうか。おそらくそれほどひどいところにまで到達してしまったわけではないとしても、しかし、マルクス主義的な諸思想の地盤はすでに著しく低くなってしまっているにもかかわらず、その低下が今もなお続いていることは疑いの余地がない。興味深いのは、この過程において、マルクス自身の思想の適切な諸解釈の歴史はほとんど顧みられてこなかったのにたいして、スターリン主義的な古い諸マルクス主義を生き延びさせ、それらをさまざまな欠陥とともに縮小再生産するために少なからぬ努力が費やされてきたことである。それらの古いマルクス主義を支えてきた諸見解には理論的には批判し尽くされてきたものもあるが、そうした諸見解さえも容易には歴史の闇のなかに消えて行ってしまわないだけではなく、しばしばそうした諸見解に限って延命のための支援がさまざまに提供されたりしている。例えば、本来のマルクスの思想を葬り去るためにスターリン時代に誕生した、まったくの神話でしかなかったマルクス疎外論超克説を主張してきた著者たちの本や論文が大小の出版社によって競って出版されたりしている(1)。おそらくある思想潮流が興隆期にあるときにはそこに参加する人々は真偽をみきわめ、虚偽を排除し真実を発展させていくことに真に関心を抱くものなのであろう。それにたいして、衰退期にあるときには人々はもはや真偽を見分けることに関心を抱けず、虚偽に纏い憑かれつつ、それらを振り払うこともできないまま、滅びの道を歩むものなのであるかもしれない。

さて、このように見てくると、今更何をいっても無駄なのではないかということになるようにみえるが、しかし、やはり思い起こすべきは、すでに繰り返しいわれてきた当たり前のことであろう。それは、地盤低下が続いてきたのは、何よりも先ず、スターリン主義的な諸マルクス主義であったということであり、このことは、それ自体としては少しも嘆き悲しむには値しないということである(2)。そして、たしかにマルクス主義の地盤低下は全般的でもあるので、楽観的に過ぎる展望を持つことはできないとしても、現在進行中のスターリン主義的な諸々のマルクス主義の後退が、マルクスに由来する本来のマルクス主義の発展のための道を掃き清めることになるのではないかという可能性も閉ざしてしまったわけではないということである。それどころか、スターリン主義的諸マルクス主義の凋落の時期であるがゆえにはっきり見えてくるものもあって、本来のマルクス主義の復権の可能性に目を向けているものにとって有益なところがないわけでもないのである。それらのうちでも特に注目に値するのは、マルクスに関わってきた人々が、マルクスの唯物論を根本的に誤解してきて、彼らの大部分のところでその誤解が今もなお改められていないということであろう。この誤解は、主に晩年のエンゲルスに由来するもので、実ははるか以前に訂正されていてしかるべきであったのであるが、訂正されるどころか、逆に、諸々の理由からスターリン主義とそれを支えてきた政治的な諸力などによって支持され通用させられてきた。その結果、マルクスの唯物論の理解におけるこの間違いの方が広範に流布させられ、彼の唯物論そのものの方は覆い隠されてきたのであるが、スターリン主義的なマルクス主義が躓いて、衰退してきている主要な原因の一つもここに求められるように思われる。そこで、以下、その間違いがどのようなものであったのかを、そしてまた、その間違いのおかげで隠されてきた真のマルクスの唯物論とは何であったのかを、もっとも基本的な二三の論点にそくして明らかにしておきたいと思う。

1　エンゲルスの誤解とその聖化

マルクス主義の歴史においてマルクスの哲学は、『反デューリング論』や『フォイエルバッハ論』（一九二〇年代の後半からは、『自然弁証法』が付け加えられる）において提案されていた晩年のエンゲルスの解釈を模範として理解されてきた。そして、「ベルリンの壁」崩壊後のマルクス主義の本格的な退潮期においても、このエンゲルスの解釈は、マルクス主義のさまざまな潮流のなかにそのこだまを響かせていて、百歳を越えてもなお元気に生き延びてきていることがわかる（1）。そこで、先ず最初に、エンゲルス的解釈がどのようなものであったのかを『フォイエルバッハ論』にそくして簡単に思い起こしておくことにしたい。

この著作のなかでエンゲルスは、ヘーゲル学派の分裂と解体の過程を顧みながら、マルクス以前にフォイエルバッハによって、ヘーゲル的な観念論に抗して唯物論的な方向が最初に切り開かれたことを指摘し、そのあとでこの唯物論の限界を超えるもう一つの方向としてマルクスの唯物論が登場したことを論じている。

エンゲルスの考えによれば、ヘーゲル主義と訣別してフォイエルバッハが到達した洞察は唯物論にほかならなかったのであるが、そのもっとも重要な主張は次のようなものであった。

「……『絶対理念』のヘーゲル的先世界的現存、世界が存在する前の『論理的カテゴリーの先在』は、世界外的な創造者への信仰の空想的な名残以外のなにものでもない。われわれ自身が属している質料的な、感性的に知覚可能な世界（die stoffliche, sinnlich wahrnehmbare Welt）が唯一の現実的なものであり、われわれの意識および思考は、いかに超感覚的にみえるとしても、質料的な、物体的な機関である脳の産物である……。物質が精神の産物ではなく、精神自身が物質の最高の産物にほかならないのである」(2)。

フォイエルバッハが到達したこのような観点を「純然たる唯物論」と呼び、この唯物論の価値を高く評価した後にエンゲルスは、ただちに今度は、この唯物論が自然観において前世紀の古い唯物論の限界を超えることができなかっただけではなく、さらに人間社会とその歴史の把握においては基本的には観念論に止まっていたことを、明らかにして行く。そして、フォイエルバッハの観念論的傾向が、彼の宗教および道徳についての理論においては際立っていたことを強調し、彼は宗教を克服するのではなく、むしろそれを、人間相互の愛を讃美する新しい宗教によって完成させようと試み、倫理学をヘーゲルにくらべてもはるかに貧弱で抽象的なものにしてしまったと酷評している。そして最後にエンゲルスは、フォイエルバッハが成し遂げたのは宗教から「抽象的人間の礼拝」への移行にすぎなかったと嘲笑してみせた後に、フォイエルバッハにたいする彼の批判を次のような文章で締め括っている。

「フォイエルバッハの新しい宗教の核心をなしていた抽象的人間の礼拝は、現実の人間およびその歴史的発展の科学によって置き換えられなければならなかった」(3)。

エンゲルスによれば、フォイエルバッハを超えるこの置き換えがマルクスによっておこなわれたのであるが、この移行は「一八四五年〔実はその前年〕にマルクスによって『聖家族』のなかで始められ」たのであり、一八四五年の春に書かれた「フォイエルバッハについての諸テーゼ」はすでに「新しい世界観の天才的な萌芽が記録されている最初の文書」と特徴づけられたものになっている(4)。「萌芽」「最初の文書」などの言葉から知られるように、エンゲルスはまさにここでマルクスがフォイエルバッハを超える新しい地平を切り開らくにいたったと考えていたとみなすことができるであろう。では、マルクスが到達した新しい世界観とはどのようなものであったのか。この問いにたいするエンゲルスの解答は次の通りである。

「ここでもまたヘーゲル哲学からの分離は、唯物論的観点への回帰によって行われた。すなわち、人々は、現実的世界――自然と歴史――を、まえもって受け入れられた観念論的な気紛れ(idealistische Schrullen)なしにそれに近付くものであれば誰に対してもそれが自己を現すままに、把握しようと決心した。人々は、空想的な連関においてではなくそれ〔現実的世界〕自身の連関において把握された諸事実に自己を一致させていないあらゆる観念論的な気紛れを容赦なく犠牲に供しようと決心した。そして唯物論とは一般にこれ以上のことを意味してはいない。まさにここで初めて唯物論的世界観が真剣に取り扱われ、この世界観が、問題になった科学のすべての領域で——少なくとも大体は——首尾一貫して貫かれた」(5)。

ここからエンゲルスが、マルクスの新たな世界観とは何よりもまず唯物論であり、この唯物論とは、観念論的な気紛れを排除して、検証可能な科学的知識を発展させることを最大の関心事とする世界観であったと把握していたことがよくわかる。このようにマルクスの唯物論をもっぱら科学と関連させて規定した後に、続いてエンゲルスは、この唯物論がフォイエルバッハの諸限界をこえて、一方では「自然の連関の弁証法的性格」を、つまりは「自然の弁証法」を明らかにするとともに、他方では、フォイエルバッハの「抽象的人間の礼拝」を克服して、「現実の人間およびその歴史的発展の科学」を発展させ、「人間社会の歴史において支配的なものとして自己を貫く普遍的な運動諸法則を発見する」ことをめざしたことを強調している。とりわけ注目に値するのは、自然の歴史と社会の歴史の相違について論じつつ、エンゲルスが、前者とは違って後者の歴史が人間によって作られることを指摘しつつも、こうした相違が「歴史の経過が内的な普遍的な諸法則によって支配されているという事実」を少しも変えるものではないと主張していることである(6)。こうした観点に立てば当然のことであるが、この「歴史の経過」なるものは基本的には変更の余地がないことになり、そうした過程においては諸選択肢のなかから一つを選び取る必要もなくなる。したがって、また、そうした選択に不可欠の基準を提供したり、実践的変革を方向づけたりする規範的な理論を発展させたりする必要もなくなり、歴史の普遍的諸法則にかんする知識だけで十分にやって行けるということになる。そこで、さらにエンゲルスが論ずる必要があると考えて述べているのは、いわゆる史的唯物論として仕上げられて行くことになる、歴史における生産様式の規定的役割、生産諸力と生産諸関係の関係、階級闘争、国家権力と諸々のイデオロギーなどについての概略的な議論である。

以上でマルクスの唯物論をエンゲルスがどのようにとらえていたかを見てきたのであるが、この解釈は、何よりも先ずエンゲルスが獲得していた圧倒的な権威のおかげで疑いの余地のない正当な解釈として広範に受け入れられてきた。それはプレハーノフやレーニンなどによってそのようなものとして受け入れられただけではなく、伝統的マルクス主義をいっそうカリカチュア化したスターリン主義においても、そして、つい最近まで続いたポスト・スターリン時代のマルクス主義、すなわち新スターリン主義と呼ばれてきたマルクス主義においても、基本的には同様に受け入れられてきた。そして、さらに注意すべきは、マルクス主義者たちのあいだでスターリン主義の克服が真剣に受け止められ始めていた一九六〇年代後半から、資本主義諸国で多少洗練されたスターリン主義が構造主義や物象化論などの形態で流行するようになり、それらの擁護者たちによってエンゲルス的マルクス解釈の合唱が試みられてきたことである。彼らの努力のおかげもあってエンゲルス的解釈のこだまが、今日もなおいたるところに響いているように思われる。

さて、このようにみてくると、マルクスの唯物論のエンゲルス的解釈にたいするマルクス主義者たちの態度は、エンゲルスが彼の晩年に哲学的諸著作を書いて以来今日にいたるまでほとんど変わらなかったことになる。しかし、実は、マルクス主義におけるスターリン時代の開幕の時期を境に、同じようにエンゲルス的解釈を受け入れていたように見えても、その意味はまったく異なったものになっていたのである。というのは、この時期を境にエンゲルス的解釈はたんなる間違った理論ではなくなり、いわば神話として特徴づけられるのがふさわしいものに変わったからである。

ここで私たちは、マルクス主義の歴史におけるきわめてユニークな事実を思い起こさなければならない。それは、まさにその創始者を理解するうえで決定的に重要な諸著作が長期にわたって刊行されないままでいたということである。さしあたってここでは、マルクスによって一八四三年の春から夏にかけて書かれたと推定される『ヘーゲル国法論批判』が一九二七年に、一八四四年の夏に書かれた『経済学・哲学草稿』と、一八四五〜四六年に書かれたエンゲルスとの共著『ドイツ・イデオロギー』の全文が一九三二年に初めて発表されたことを思い起こすだけでも十分であろう。こうした事実に、『経済学批判』や『資本論』のための諸草稿などがさらにもっと後になって初めて発表されたという事実がつけ加えられなければならないが、しかし、ここで挙げた初期の諸著作を思い起こすだけでも、それらの著作が発表される以前の時期のマルクス主義者たちの彼らの師についての知識がいかに不十分なものであらざるをえなかったかは、よくわかるはずである。マルクス主義の歴史において大きな役割をはたしてきた人々、例えばカウツキー、プレハーノフ、レーニン、グラムシ等々は、彼らにとってやむをえない知識不足のおかげでマルクスの思想形成過程や彼の新たな哲学的パラダイムの特質を適切に理解することがきわめて困難であったとみなされなければならない。したがって、彼らがマルクスについてのエンゲルスの解釈をそのまま鵜呑みにしたとしても、彼らの限界は歴史的なものであって、彼らをあまり責めるわけにはいかない。しかし、他方、初期マルクスのそれらの著作を読むことができるようになった世代のマルクス主義者たちは、マルクスの思想形成過程についても、彼が切り開いた新たな地平についても、したがって、エンゲルスの解釈の諸欠陥についても十分に理解することができるようになったはずである。したがってまた、彼らはマルクスについてのエンゲルス的解釈を従来通りにそのまま受容してはならなかったはずなのである（こうした問題を考えるうえで、ルカーチが彼の自伝において『経済学・哲学草稿』との出会いについて書いている箇所などは教えられるところが多い。ルカーチによれば、この出会いによって彼は初めて真のマルクスを見出すとともに『歴史と階級意識』の諸限界を知ることができたのである）(7)。

さしあたってここでは、エンゲルスの解釈の諸欠陥のうちでももっとも容易に把握されえたはずの、マルクスにおける哲学的パラダイムの転換の時点についての理解から検討して行くことにしよう。少し前で見てきたように、エンゲルスはこの時点を、「フォイエルバッハにかんする諸テーゼ」が書かれたと推定される一八四五年春に求めていた。しかし、新たに発表されたマルクスの『ヘーゲル国法論批判』に目を通してみれば、それよりも二年も前に彼が、フォイエルバッハの『哲学改革のための暫定的提言』を読んだことが契機の一つになって、明確に唯物論的観点に到達し、そこからヘーゲル主義的パラダイムを徹底的に突き崩そうと試みていたことがわかる。まさにこのことを、マルクスの次の文章は異論の余地がないような仕方で凝縮して表明している。

「〔ヘーゲルにあっては〕理念が主体化されていて、国家にたいする家族および市民社会の現実的関係がその内的な想像上の活動として把握されている。家族および市民社会こそはその諸前提なのであり、それらこそは本来活動的なものなのである。しかし、思弁においてはそれが逆立ちさせられている」(8)。

ヘーゲル哲学と原理的に訣別した観点からこの哲学にたいする根本的な批判が展開されていることは一目瞭然であるが、さらにここで著者が、国家にたいする(家族および)市民社会の関係についておこなっている積極的な主張が、やや大袈裟にいうならば、以後のマルクスの歴史哲学的な議論のすべてがそのコメンタールであったといってもよいほどの重みをもったものであることも明らかであろう。というのは、ここにマルクスの新たな歴史観、つまり唯物論的歴史観のもっとも基礎的な命題が早くもくっきりとその姿を現しているからである。そして、さらにこうした方向にそのヘーゲル哲学批判を発展させることができなかったところにフォイエルバッハの原理的な限界があったとすれば、ここにはまた、マルクスが明確にフォイエルバッハの哲学思想の限界をも超えていたことも示されていたとみなすことができる。したがって、この短い一節から、要するに、一八四三年の春以後のマルクスが、たんにフォイエルバッハのヘーゲル批判を媒介としてヘーゲル観念論を超えていただけではなく、さらにフォイエルバッハの限界をも超えた新たな唯物論の地平を切り開いていたとみなさなければならないことがわかる(9)。

ここでは『ヘーゲル国法論批判』の一節を検討してきたのであるが、こうしたことは、『独仏年誌』に掲載された二つの論文、「ユダヤ人問題によせて」と「ヘーゲル法哲学批判序説」をみれば、さらに『経済学・哲学草稿』や『聖家族』を少しでも読んでみれば、いっそうはっきりしてくる。たしかにフォイエルバッハにたいする批判はまだ黙示的であったが、マルクスがヘーゲルの観念論と訣別していただけではなく、フォイエルバッハの唯物論の限界も超える独自な唯物論の地平を拓いていたということは、疑いの余地などはまったくありえない。したがって、マルクスの新たな思想的パラダイムが一八四五年の春に誕生したかのように考えていたエンゲルスは、完全にマルクスを誤解していたとみなされなければならないのである（より一層立ち入った論証は筆者の論文「エンゲルスの誤解」のなかで与えられている）（10）。

こうしたことは、『ヘーゲル国法論批判』が発表された一九二七年以後には、さらに『経済学・哲学草稿』が発表された一九三二年以後にはもっと確実に、把握することができたはずである。では、当時のマルクス主義者たちはこの可能性をとらえ、それを現実性に転化させ、それまでのマルクス解釈を根本的に改善する方向に向かったのであろうか。今日から振り返って見て、明らかなことは、そうした方向に向かったのはごく僅かな、したがって例外的な、人々だけであったということである。『経済学・哲学草稿』が発表されたのは、すでにマルクス主義の歴史におけるスターリン時代が始まっていた時期であり、この時代を支配したスターリン主義は伝統的マルクス主義をカリカチュア化したものであって、哲学の領域ではエンゲルスが権威として崇め奉られ続けていた。そしてこの時代は、一般にマルクス主義者たちのところで批判的思考が退化し、権威を無批判的に信仰する傾向が著しく増大していた。そこで、新たに発表されたマルクスの諸著作にもとづいてエンゲルスの間違いが訂正されるどころか、スターリンへと通ずるところをもっていたエンゲルスの間違いの方が聖化され、マルクスの初期の諸著作の方が若気の間違いに満ちた、未熟なものとして退けられることになったのである。こうしたことの結果として、それまではたんにマルクスについての間違った見解の一つでしかなかったエンゲルスの一八四五年説が、今や、この時代に作られたその他の諸神話とならぶ神話としての地位を獲得するにいたったとみなすことができるであろう。

スターリン時代の終焉はこの神話にも危機をもたらすはずであっが、しかし、今日ではよく知られているように、ポスト・スターリン時代においても、旧スターリン主義をなしくずし的に継承した新スターリン主義が主要な潮流になり、そこでこの神話もそのまま維持された。しかし、当然のことであるが、この新しい時代にはエンゲルスの間違いを指摘し、それを訂正すべきだと考える人々も増大してきて、この神話を守るために大変な努力が傾けられることになる。注目すべきは、こうした努力で特に目立ったのは、フランスの構造主義的マルクス主義やわが国の物象化論のようなスターリン主義の変種の擁護者たちの活躍であったということである。神話の信奉者として彼らが、道理を引っ込ませて無理を通そうとしてきたために、マルクス研究は計り知れないほどの大きな被害を受けてきた。「ベルリンの壁」の崩壊後、新旧のスターリン主義がそのイデオロギーにほかならなかったソ連型社会主義システムが自己崩壊を遂げてしまったが、このイデオロギーはさまざまな仕方で生き延びてきているように、エンゲルスに由来する神話もマルクスについての諸々の議論のなかでそのこだまを響かせている。最近の例としては、一八四五年断絶説を熱狂的に強調していた故アルチュセールの弟子の一人エティエンヌ・バリバールが、マルクスにおける疎外論存続説を採用しながらも、他方、『ヘーゲル国法論批判』については何も語らず、この師の断絶説について「私には否定し難いように思われる」と書いているのが、挙げられるであろう(11)。これは、彼がスターリン主義的神話に依然として執着していることを示しているが、訳者によれば、こうした人物が書いた本がフランスで大きな成功を収めたそうである(12)。もしもこの話が本当であるとすれば、訳者が考えていることとは逆に、この話は、アルチュセールやこの本の著者などのおかげでフランスにおけるマルクス理解が今もなおどれほど低いところを彷徨っているかを示しているだけのことでしかないのである。

2　マルクスの唯物論とは何であったか

マルクス唯物論の形成過程についてのエンゲルスの解釈がいかに間違っていたか、そして旧スターリン主義が、さらに諸々の新スターリン主義が従来の間違いを訂正するどころか、逆にそれをいかに金科玉条にまで高め、神話に祭り上げてしまったかをみてきた。こうしたことが真実であったとすれば、ここから誰しも、当然、それらのマルクス主義がマルクスの唯物論そのものについても適切な理解を発展させてきたのではなく、むしろ不適切な理解を再生産してきたのではないかと推測してみざるをえない。実際に、それらのマルクス主義の、マルクス唯物論についての議論を少しでも立ち入って検討してみるならば、その通りであって、この唯物論についての理解はきわめて問題のあるものであった、というよりは、まことに惨澹たるものであったことがわかってくる。

ここでもまた問題の出発点は、何よりも先ずマルクスについてのエンゲルスの晩年の解釈に見出されるが、この解釈は、エンゲルスのフォイエルバッハ批判に密接に関連していた。そこで、先ず最初に、エンゲルスがフォイエルバッハの唯物論をどのように批判していたのかをみておかなければならない。

すでに見てきたように、フォイエルバッハの唯物論についてコメントしつつエンゲルスは、一方では、ヘーゲル主義的観念論をしりぞけ、「われわれ自身が属している質料的な、感性的に知覚可能な世界」を唯一の現実的なものと認めたフォイエルバッハの観点を「純然たる唯物論」として高く評価していた。しかし、このフォイエルバッハが成し遂げた宗教批判についてのエンゲルスの評価は結局のところきわめて低く、この宗教批判の結論としてフォイエルバッハが提起していた積極的主張にいたっては、エンゲルスによって新たな宗教の提案、「抽象的人間の礼拝」の要求にほかならないと酷評されていた。そして、エンゲルスがこの礼拝にたいして対置したのは、現実の人間とその歴史的発展についての科学であり、現実的人間についての科学的知識であった。ここに、今日にいたるまでマルクス主義者たちによってくりかえされてきたフォイエルバッハ批判の模範が提案されていたのであるが、この批判ははたして適切な批判としての資格をもっていたのであろうか。

だが、この問題について検討するためには、その前に、そもそもフォイエルバッハの宗教批判とはどのようなものであったのかを、そしてさらに、エンゲルスが「抽象的人間の礼拝」と呼んだときに考えていた「抽象的人間」とは何であったのかを思い起こしておかなければならないであろう。そこで、先ず最初にこれらの問題を簡単に顧みておかなければならない。

フォイエルバッハの宗教批判がどのようなものであったかがよく示されているのは、彼がその批判を通して宗教というものをどのように把握するにいたっていたかを語っているところであろう。そこで、ここでは彼がそのような結論を積極的に展開している箇所を選んで引用しておくことにしたい。彼は『キリスト教の本質』にたいする批判に応えた評論の一つの中で、次のように述べている。

「ただ自己の宗教的な感情および欲求を検査する勇気をもっている人間だけが真に倫理的な人間であり、真に人間的な人間である。自己の宗教的感情の奴隷である人は、また政治的にも他ならぬ奴隷として扱われるのは当然なのである。自己自身を意のままにすることができない人は、自己を物質的および政治的な抑圧から解放する力も権利ももっていない。自己自身において自己を暗い、疎遠な存在によって支配させている人は、外的にもまた疎遠な諸力への依存という闇のなかに座ったままでいる」(1)。

フォイエルバッハにとって宗教を信じている人間は、「自己の宗教的感情の奴隷である人」であり、「自己自身を意のままにすることができない人」であり、「自己自身において自己を暗い、疎遠な存在によって支配させている人」である。このような人は、フォイエルバッハによれば、「政治的にも他ならぬ奴隷として扱われるのが当然であり」、「自己を物質的および政治的な抑圧から解放する力も権利ももたず」、「外的にもまた疎遠な諸力への依存という闇のなかに座ったままでいる」ことになる。ここからフォイエルバッハが人間の内面の意識の世界における疎外の問題を考えていただけではなく、人間の外面的な現実的生活における疎外の問題も視野に収めていたことが、そしてまた人間があらゆる形態の疎外から全面的に解放されなければならないと考えていたこともわかる。問題は、フォイエルバッハが前者の人間の意識の世界における疎外が後者の彼の現実の生活における疎外を規定すると考えていたことである。二つの領域における疎外の関係をそのように考えれば、当然、人間が全面的に解放されるためには、何よりも先ず諸悪の根源にほかならない宗教が徹底的に批判されなければならないということになる。フォイエルバッハにとって何よりも先ず宗教と神学、さらには神学的観念論の批判が主要な課題にならざるをえなかったのである。

では、フォイエルバッハにとってもっとも規定的な疎外にほかならなかった宗教的な疎外はいかにして克服されうるのか。この問題にたいするフォイエルバッハの解答はよく知られているが、念のために、大事なところを『キリスト教の本質』から引用しておくことにしよう。この著書の最後の章のなかで彼は次のように述べている。

「宗教にとって第一であるもの、すなわち神、これはそれ自体としては、すなわち真理に従えば、第二のものである。というのは、神とはたんに人間の自己対象的な本質にほかならないからである。そして、宗教にとって第二であるもの、すなわち人間、これこそが、それゆえに、第一のものとして定立され表明されなければならない。……人間の本質が人間の最高の存在であるならば、また実践的にも最高で第一の法則は人間の人間にたいする愛でなければならない。Homo homini deus est.［人間が人間にとって神である］――これこそは最上の実践的な原則であり、世界史の転換点である」(2)。

フォイエルバッハにとっては、宗教的疎外の止揚は、神が人間にとって最高の存在であるというテーゼを、人間こそが人間にとって最高の存在であるというテーゼによって取り替えることを意味していた。つまり、いわば神最高存在論から人間最高存在論すなわちヒューマニズムへの転換を意味していたのである。フォイエルバッハは、このような転換が成し遂げられ、宗教的疎外が克服されるならば、その他のあらゆる形態の疎外も克服されることになり、人間の全面的解放が成し遂げられることになるであろうと考えていたのである。

さて、ここまで来れば、もはや改めていうまでもないが、ここに登場してきた最高存在としての人間の概念、これこそは、エンゲルスが従来の神にかわってフォイエルバッハの新たな宗教の礼拝の対象になったと批判していた「抽象的人間」にほかならなかった。エンゲルスは、この人間の礼拝が現実の人間およびその歴史的発展の科学によって置き換えられなければならなかったと主張していたのである。このエンゲルスの批判ははたして適切なものであったのか。

ここで直ちに問題になるのは、フォイエルバッハの最高存在としての人間の概念がそもそもどのような種類の概念であったのかということであろう。ここで引用した文章からも知られることであるが、それは人間についてのたんなる記述的概念ではなく、人間についての規範的概念であったのである。そして、フォイエルバッハも「できるということ抜きのなすべきであるということは、私には無縁である」(2)ということを強調していたので、彼のところでも、これこれであるべきだという諸文章は、これこれでありうるという諸文章と調和していなければならなかった。したがって、人間についてのフォイエルバッハの規範的概念も、それでありうるし、またそれであるべき人間を表していたのである。

さしあたってここで思い起こすべきは、今日ではよく知られていることであるが、アインシュタインのような人がしばしば語っていたように、「何であるかということについての知識が、何であるべきかということに直接通ずるドアを開くわけではない」ということである(3)。これこれであるという文章から、これこれであるべきだという文章に通ずる論理的な道は開かれていないのである。つまり、人間はこれこれであるという文章をいくら増加させても、人間についてどれほど知識を積み重ねても、そこから人間はこれこれであるべきであるという文章を、つまりは人間についての理想を、演繹することはできないし、また後者を前者に還元することもできないのである。アインシュタインがしばしば強調していたように、「客観的な知識は、ある種の目的を達成するための強力な道具を提供してくれるが、究極的な目標そのもの、およびそれに到達しようとする憧れは、他の源泉から生まれなければならない」のであり、「われわれの生存や活動は、そのような目標とそれに相応する諸価値を設定して初めて意味をもつことができる」のである(4)。要するに、最高存在としての人間というフォイエルバッハの規範的な概念は、人間についての記述的概念、人間についての知識からは導き出されえないし、またこの知識には還元されえないのである。

エンゲルスが軽蔑して「抽象的人間」と呼んだ概念がどのような種類の概念であったのかは明らかであるが、彼は、この規範的概念を人間について科学に、人間にかんする記述的概念に還元することが可能だと考えて、フォイエルバッハにたいする批判を展開していたのである。エンゲルスが、人間にかんする規範的概念の独自な質やその機能について適切な理解を欠いていたことは疑いがない。したがって、「抽象的人間の礼拝」を人間についての科学によって取り替えなければならないというエンゲルスの批判はまったく的外れであり、批判としての資格を欠いたきわめて不適切なものであったとみなさなければならない。人間についての規範的概念にたいする信念を「抽象的人間の礼拝」などと揶揄し、そうした信念なしでも現実の人間たちと彼らの歴史についての科学だけで十分にやって行けるかのように主張していたエンゲルスの議論は、完全に間違っていたのである。まことにアインシュタインが語っていたように、「真理そのものの知識は素晴らしいものであるが、それは案内人の働きをほとんどすることができないので、真理の知識そのものへ向かう熱意の正当さおよびその価値をさえ証明することができない」(5) のである。

フォイエルバッハは、超自然的存在としての神を退けて、感性的に知覚可能な世界に真のリアリティーをみとめる唯物論に転換したのであるが、この転換は、神を人間にとっての最高の存在とする宗教からの、人間にとって人間こそが最高の存在であるというヒューマニズムへの転換と重なっていたのである。したがって、フォイエルバッハの立場を『聖家族』のなかでマルクスが「ヒューマニズムと合致する唯物論 (der mit dem Humanismus zusammenfallenden Materialisums)」(6) と規定していたが、これは、彼の唯物論のきわめて適切な命名であったといわなければならない。このようなフォイエルバッハがおこなった転換における不可分の二つの側面をエンゲルスは、完全に切り離し、一方の「純然たる唯物論」を際立たせるとともに、他方をフォイエルバッハにおける否定的で後進的な側面として、それをひたすら否認し退けてしまったのである。これによって、フォイエルバッハがおこなった価値転換の意義は完全に否認され、彼から遺産として継承するに値するものとして残されたものは、きわめて貧弱な、やせ衰えさせられた唯物論だけということになってしまったのである。そして不幸なことに、こうしたフォイエルバッハ解釈が、エンゲルスの帯びていた権威と結び付けられて、マルクス主義の歴史において文字通りの模範として受け入れられ再生産されることになったのである。いっさいは規範的なものについてのエンゲルスの誤解、というよりは無理解、から生じたのであるが、長い時が流れたにもかかわらず、マルクス主義者たちのところでは今もなお、エンゲルスの間違いが訂正されたとはいえないように思われるし、またフォイエルバッハ解釈も適切なものに改められたとはいえないように思われる。

さて、エンゲルスによるフォイエルバッハの唯物論の理解がどれほど不適切なものであったかは、明らかであるが、こうした態度がフォイエルバッハのところに止まっていたとすれば、エンゲルスがもたらした被害もたいしたこともなくて済んだにちがいない。しかし、彼はたんにフォイエルバッハの唯物論についてだけではなく、まさにマルクスの唯物論についても最高の権威の保持者として語り、この唯物論についての独特な解釈を提供して、その後のマルクス主義に甚大な災いをもたらすことになったのである。

そこで、先ず最初に、マルクスの唯物論がどのようなものであったのかを彼自身にそくして顧みておくことにしよう。晩年のエンゲルスとは違って、ここで見てきたばかりのように若いマルクスがフォイエルバッハの唯物論を「ヒューマニズムと合致する唯物論」と適切に命名していたことは、彼がこの唯物論を正当に評価し、それをまともな方向に発展させようとしていたことをうかがわせるが、彼の当時の著作を読んでみれば、実際にそうした方向で彼がどれほどの努力をしていたかがよくわかる。

マルクスによって一八四三年の秋から一八四四年の一月に書かれた「ヘーゲル法哲学批判序説」は、エンゲルスの影響下にあったマルクス主義者たちのおかげで、マルクスがまだ本来のマルクスになっていなかった時期の未熟な著作とされてきて、しばしば著しく軽く扱われてきた。しかし、最初の節で述べておいたように、この論文はマルクスにおけるヘーゲル主義からのパラダイム転換の後の著作であり、ここには彼がフォイエルバッハの宗教批判を、晩年のエンゲルスの総括とはまったく違う仕方で受け止めていたことが、明確に表明されている。さしあたって最初に注目すべきは、この論文のなかでマルクスが、ドイツにおいては宗教批判が本質的には果たされていることを確認した後に、「宗教の批判はあらゆる批判の前提である」と主張していることであろう。この主張についてマルクスは、フォイエルバッハの宗教批判の結論を引き合いに出しながら、ややわかりやすく次のように説明している。

「ラディカルであるということは、事柄を根本において把握することである。だが、人間にとっての根本は人間自身である。ドイツの理論がラディカリズムである明白な証明、したがってその理論の実践的エネルギーの明白な証明は、その理論が宗教の決定的な、積極的な止揚から出発したところにある。宗教の批判は、人間が人間にとって最高の存在であるという教説をもって終わる。したがって、人間が貶められ、隷属させられ、見捨てられ、蔑視された存在となっているような一切の諸関係……を覆せという定言的命令をもって終わるのである」(7)。

ここにはマルクスが、ドイツにおける宗教批判をきわめて高く評価し、まさにこの批判のおかげでドイツの理論がラディカルに、つまり真に革命的になることができたとみなしていたことが示されている。注目すべきは、そのさいにマルクスが念頭に置いていたのが、宗教批判が超自然的存在である神を否認して感性的世界を唯一の現実的なものと認める唯物論に結びついて行ったことではなく、この批判が、神ではなく人間こそが人間にとって最高の存在であるという結論に到達したことであったということである。すでに見てきたように、エンゲルスは、フォイエルバッハにおけるこの人間最高存在論を「抽象的人間の礼拝」を勧めるものとして徹底的に非難していたが、マルクスはまさにその人間最高存在論こそは、自分たちが継承すべき最高の価値をもつもので、批判をさらに発展させていくうえでの前提になるものだと考えていたのである。

若いマルクスがフォイエルバッハのどのようなところを高く評価し、自己の理論的活動の前提に据えようとしていたかは、明らかであるが、もとよりマルクスはこの時期にはすでにフォイエルバッハの限界を超えていた。フォイエルバッハは、何よりも先ず宗教的幻想を破壊し、人間最高存在論を、つまり新たなヒューマニズムを採用することを訴え、人間の内面の意識の変革をめざして努力をしていた。ここで、マルクスはさらにこの反宗教的ヒューマニズムを発展させて、それを、「人間が貶められ、隷属させられ、見捨てられ、蔑視された存在となっているような一切の諸関係」に、つまりは人間が創り出した地上の神々に対置させ、人間を圧倒しているそれらの諸関係、それらの神々を実践的に廃絶し、人間が現実において最高の存在になるように現実を変えなければならないと訴えているのである。つまり、マルクスは、フォイエルバッハにおける「最高の存在」としての人間の概念を「抽象的人間の礼拝」として放棄するのではなく、その規範的概念そのものを発展させることによって現実的生活における人間の疎外にたいする批判を発展させるとともに、この疎外を克服して人間が最高の存在として扱われるように現実的世界を変革することを訴える方向に向かったのである。

要するに、マルクスの新たな唯物論はフォイエルバッハの唯物論の諸限界を超えていたが、しかしマルクスは、彼の人間最高存在論すなわちヒューマニズムを高く評価し、それを文字通り止揚していた、つまりたんに否認したのではなく発展させていた。先に見てきたように、マルクスは、フォイエルバッハの唯物論を「ヒューマニズムと合致する唯物論」、すなわちヒューマニズム的唯物論あるいは唯物論的ヒューマニズムとみなしていたが、結局、マルクスは、このフォイエルバッハの唯物論を、人間がそこにおいて疎外されている世界の実践的変革を訴える実践的ヒューマニズム的唯物論あるいは実践的唯物論的ヒューマニズムの方向に発展させたのだとみなすことができるであろう。フォイエルバッハのヒューマニズム的側面をまったく理解し評価することができなかったエンゲルスは、マルクスがフォイエルバッハのまさにそうした側面を高く評価しそれを発展させたことも理解することができなかったのではないであろうか。

そして、エンゲルスが把握していたマルクスの唯物論とは、諸々の観念論的な気紛れを駆逐して、自然や社会の現実の世界についての諸科学を発展させようとする世界観であり、この観点は弁証法を重視し、人間社会の歴史が「普遍的な運動諸法則」、「内的な普遍的な諸法則」によって支配されていることを主張する(8)。エンゲルスが強調している普遍的な諸法則が支配している世界では、当然のことながら、複数の選択肢のなかからの選択も、したがってまたその選択を規定する諸規準も不要であり、それらの規準にかかわる概念や理論も必要がないことになる。その結果、一方では検証可能な知識が著しく強調されるとともに、他方では規範的な概念や理論が排除されてしまっているので、エンゲルスの解釈によるマルクスの唯物論なるものは、結局のところ、あからさまな実証主義でしかなかったということになる。だが、これは「本質的にマルクスの名前に結び付いた」唯物論を適切に解釈したものであったのか。すでに見てきたところから明白であるように、この問いにたいする答えは否でしかありえないのである。エンゲルスはフォイエルバッハの唯物論についてその肝心のヒューマニズム的側面をまったく評価しない、というよりも新たな宗教の創造にほかならないと徹底的に否認するような態度を取ってきたように、マルクスの唯物論からもそのもっとも大事な側面も切り捨てて、その結果完全に痩せ細らせて似ても似つかぬものにしてしまった唯物論を、マルクスの名前をつけて提供していたのである。

3　マルクスの理想

フォイエルバッハにおける規範的概念――エンゲルスがまったく注目しなかった、否、注目して、徹底的に葬り去る必要があると考えた側面――をそれ自体として発展させるということが、マルクスにとってどれほど重要な意味をもっていたかは、すでに以上だけからも明らかになったといってもよいであろう。ここでマルクスにおける規範的概念の発展を詳細に追うことはできないが、彼はこの概念を『ヘーゲル国法論批判』、『独仏年誌』誌上の二つの論文から始まって『経済学・哲学草稿』、『経済学ノート』を経て『聖家族』にいたるまで絶えず発展させ明晰にしようと努めていたことは、よく知られているといってもよいであろう。こうした努力の成果の価値はどれほど高く評価しても高く評価し過ぎるなどということはなく、まさにそれらの成果こそはマルクスが今日もなお乗り越えられていないということを、もっともよく示しているといってもけっして過言ではないのである。

問題は、そうしたマルクスの努力が、ここで挙げたいわゆる初期マルクスの諸著作において、つまりエンゲルスの解釈によれば、まだマルクスが「フォイエルバッハ主義者」であった時期において、なされていただけであって、いわゆる後期マルクスのところではもはや見出されないのではないか、ということである。こうしたことは、新旧のスターリン主義の信奉者たちや、スターリン主義の構造主義的諸変種の擁護者たちによって似たり寄ったりの仕方でくりかえし強調されてきたが、はたして、彼らの主張にはそれなりの正当性があったのであろうか。そこで、以下、この問題をやや立ち入って検討しておくことにしたい。

先ず最初に、エンゲルス以来の伝統にもとづいてここで挙げた人々が後期マルクスの出発点に置いてきた「フォイエルバッハにかんする諸テーゼ」に目を向けて見よう。実は、この短いテーゼ集のなかには、彼らにはとうていまともには処理することができなかった非常に重要なテーゼがふくまれていたのである。それらのテーゼは次の通りである。

9　観照する唯物論、すなわち感性を実践的な活動として把握しない唯物論、が到達する最高の高みは、個々の諸個人と市民社会の観点である。

10　古い唯物論の観点は市民社会であり、新しい唯物論の観点は人間的社会あるいは社会的人類（die menschliche Gesellschaft oder die gesellschaftliche Menschheit）である」（1）。

ここでマルクスは「観照する唯物論」、「古い唯物論」という言葉で一般化して語っているが、これらのテーゼが含まれているテーゼ集全体のコンテクストからみて、彼が、何よりも先ずフォイエルバッハの唯物論を念頭に置いていたことは疑いがない。たしかにフォイエルバッハも、「人間の本質を共同体（Gemeinschaft）のうちにのみ、人間と人間との統一（Einheit des Menschen mit dem Menschen）のうちにのみふくまれている」と主張し、人間の「共同体性（Gemeinschaftlichkeit）」ということを強調していたので(2)、彼が到達した「最高の高み」を市民社会の観点であったとみなしてもよいか否かについては、疑問が残らないわけではない。しかし、マルクスが念頭に置いていたこの哲学者の宗教批判および観念論批判に注目する限りでは、その基本的な主張ははっきりしていて、要するに、宗教的および観念論的幻想と訣別して、新たなヒューマニスティクな唯物論あるいは唯物論的ヒューマニズムの観点に立つべきだということであった。したがって、フォイエルバッハにしたがって市民社会で生きている人間が宗教的幻想と訣別し、人間こそが人間にとって最高の存在であると主張する立場に立ったとしても、彼の意識を変えるだけで市民社会の実践的変革を訴えることもせず、この社会を少しも現実的に変えるのではないとすれば、その人間はまた別の意識をもって前と同じ市民社会で生きている自己を見出すことにならざるをえない。したがって、彼の観点は結局のところ個々の諸個人と市民社会の観点であったということになるであろう。

それにたいして、この市民社会において人間が疎外されていて、まだ人間が最高存在になってはいないことを明らかにし、この市民社会を覆して、そこにおいて人間が最高の存在になるような社会を創造することを訴えるとすれば、このような唯物論が前者の唯物論とは質的に異なった新しい立場になることもいうまでもないであろう。したがって、ここで引用したマルクスの文章には彼がフォイエルバッハを超えた新しい唯物論の立場に立っていたことが明確に表明されていたことになるのであるが、問題はここに登場してくる「人間的社会あるいは社会的人類」である。

マルクスが、この概念が表している社会が過去に存在したことがないし、また現在も存在していないと考えていたことは、そしてまた、この社会が未来において存在することが可能だと考えていたことも、自ずから明瞭である。しかしまた、マルクスがこの社会が歴史の必然的発展の結果としてもたらされるものではないと考えていたことも明瞭だといってもよいであろう。というのは、ここで引用した二つのテーゼの後に続いているのが、大事なことは世界を変えることだと主張している有名なテーゼだからである。もしもマルクスが「人間的社会あるいは社会的人類」が必然的に到来するものと考えていたとすれば、そもそも世界の変革を訴える必要もなかったはずである。まさにそうではなかったからこそ、つまりその未来社会が必然的にやってくるわけではないと考えていたからこそ、したがってたんなる可能性の一つであって、もしもその実現のために行動するのでなければ、実現されえないと考えていたからこそ、わざわざ世界の変革を訴えたのだとみなさなければならないであろう。したがって、マルクスにとってそれは、たしかに未来において可能な社会、それでありうる社会であったが、しかしまた彼がそれであるべきだと信じていた社会でもあったのだとみなすのが、適切な解釈だということになるであろう。もしもその通りであるとすれば、マルクスにとって「人間的社会あるいは社会的人類」はたんなる記述的概念ではなく、未来においてそれでありうるし、またそれであるべきである社会を表す概念であり、つまりは社会にかんする規範的概念であったのである。

このような種類の概念は、これまでエンゲルスの圧倒的な影響下にあったマルクス主義者たちによって、マルクスに先行した諸哲学、とりわけフォイエルバッハの哲学の残滓であって、本来のマルクスのところには登場する余地がなかったものとされてきた。しかし、問題の「人間的社会あるいは社会的人類」が、マルクスが、黙示的には以前からおこなっていたフォイエルバッハ哲学批判を明示的に展開している最中に登場してくる概念である。したがって、そこに登場してくる規範的概念がフォイエルバッハの哲学の残滓だなどということは、マルクスを首尾一貫して考える論理的思考能力をもたない愚者扱いすることになるであろう。まして、マルクスがほとんど同時に書いた短いいくつかのテーゼを分類して、一方はたしかにマルクス的であるが、他方はまだフォイエルバッハ的であるなどと勝手に決めつけたりするのは、マルクスの理論が完全に破綻しているとみなすのに等しいことを自覚しなければならない。もしもマルクスにたいしてそうした侮辱的な態度でのぞむのではなく、マルクスの諸文章と調和するような仕方で真剣にマルクス解釈を発展させようとすれば、マルクスをつまらない実証主義者に仕立て上げてしまったエンゲルスをきっぱりと退け、マルクスにおける規範的諸概念の存在とそれらの重要な意義を認めなければならない。そして、ひとたびそのような観点に立てば、すべては非常に無理なく整合的に解釈されうることがわかってくるのである。しかし、議論をそうした方向に移す前に、ここで論じてきた問題がマルクス研究にとっては過去の問題ではなく、生きた現実の問題でもあるので、一つの例だけを挙げておきたい。

すでに一度登場しているフランスの哲学者バリバールは、一九三〇年の前後にマルクスの初期の哲学的諸著作が初めて発表されたという事実やその意義について何一つ論ずることなく、そしてまたそれらの初期諸著作を少しも立ち入って検討することなく、師のアルチュセールが強調していた一八四五年説をそのまま採用している。ここからもマルクス解釈における理不尽な乱暴狼藉を野放しにしてきたフランスのマルクス研究の低水準ぶりが伺われるが、ともかくバリバールは、マルクス哲学の出発点を「フォイエルバッハにかんする諸テーゼ」に設定して議論を展開している。そして、彼はこのテーゼ集から半分ほどを抜粋してそのまま引用しているのであるが、ここで引用した第九、一〇番目のテーゼは省かれていて、規範的な概念である「人間的社会あるいは社会的人類」は登場させられていない(3)。多少洗練されたスターリン主義のフランス語版のスポークスマンであったアルチュセールの弟子であったバリバールが、何故このような省略をおこなったのかについては容易に推測することができると、最初は思わせられる。どのような形態であれ、エンゲルス的実証主義の継承者としてのスターリン主義は規範的なものを論ずる枠組みをもたないので、引用しないで無視して通り過ぎただけのことであろう、と。ところが、しばらくしてからバリバールは、今度は「フォイエルバッハにかんする諸テーゼ」について次のように述べているのである。

「『テーゼ』がわれわれに語っている革命的実践とは、あるプログラムを、社会のある再組織化計画を実現すべきものではないし、やはりそれは……哲学的および社会学的な理論によって提起された未来のヴィジョンに依存すべきものでもない」(4)。

マルクスにおける世界の変革の訴えは、先に指摘しておいたように、現実の市民社会を覆して「人間的社会あるいは社会的人類」を実現するための現実的な活動の訴えであった。そして、この規範的概念で表現されていたのは何らかの計画などというものではないとしても、「哲学的および社会学的な理論によって提起された未来のヴィジョン」の一つであったことは疑いがない。したがって、バリバールは、マルクスが未来の理想社会について語っていたテーゼを無視しただけではなかったのである。彼は、未来の理想社会が語られているテーゼを引用しないでおいて、読者に向かって、マルクスのテーゼ集では未来のヴィジョンが語られていないかのように、そしてこのヴィジョンの実現のための行動として世界の変革が語られていたのではないかのように、書いているのである。これはどこの国においても、したがってまたフランスにおいても、正真正銘の詐欺的行為ではないであろうか。もともと著者はアルチュセールとともにスターリン主義に結びついてマルクス主義の革新にブレーキをかけ、道理を押さえて無理を通そうとして、マルクス研究の領域を荒廃させてきた人物であるが、こうした箇所などをみると、まことに落ちるところまで落ちたものだと感心せざるをえない。訳者が書いているように、このような著者の書いた、国辱ものといってもよいような本がフランスで人気があるとすれば、誰しも同国の知識人たちの世界ではマルクスについてのまともな議論が廃れてしまっているのではないかと想像せざるをえないであろう。

マルクス主義のスターリン主義的変種をフランスで説いてきたバリバールのケースは、要するに、マルクスにおける規範的概念が、スターリン主義によって汚染された人々のところでは、今もなおどのように取り扱われているかを教えてくれていた。たしかに彼らも、エンゲルスに敬意を表して「フォイエルバッハにかんする諸テーゼ」が本来のマルクスの出発点になるものだと主張しているのであれば、そして首尾一貫して思考しようと努力しているのであるとすれば、当然、その本来のマルクスが規範的概念を不可欠のエレメントとして含む唯物論を発展させていたのだと考えなければならないはずである。だが、もしもそのように考え直すことが容易にできるのであれば、やはり、およそイデオロギーなどというものも存在しえないということになるであろう。スターリン主義もまたイデオロギーであったのであり、それと訣別できないかぎり、バリバールのようにスターリン主義に汚染された人々は自分たちの都合でマルクスを勝手に利用することしかできないのだと考えなければならないのではないか。

さて、スターリン主義とその諸変種の擁護者たちがどのように解釈しているかにかかわりなく、「フォイエルバッハにかんする諸テーゼ」についての考察からはっきりしてきたのは、要するに、ここにおいてもマルクスが規範的概念をふくむ唯物論を発展させていたということである。マルクスの新たな唯物論はフォイエルバッハの唯物論の諸限界を超えていたが、しかし「人間的社会あるいは社会的人類」などの概念を不可欠の要素として組み込んでいて、そうした側面においても後者の唯物論を止揚していた、つまりたんに否認したのではなく発展させていた。エンゲルスはフォイエルバッハの立場が「ヒューマニズムに合致する唯物論」、ヒューマニズム的唯物論あるいは唯物論的ヒューマニズム、であったことについての理解を示していなかったのであるが、ここではっきりしてきたことは、このフォイエルバッハの唯物論を発展させたマルクスの新たな唯物論――人間がそこにおいて疎外されている世界の実践的変革を訴える実践的ヒューマニズム的唯物論あるいは実践的唯物論的ヒューマニズム――にたいしてもエンゲルスは適切には理解していなかったということである。

「フォイエルバッハについての諸テーゼ」において市民社会にたいして規範的概念が対置されていたところからも知られるように、マルクスはまさにこの概念を発展させながら資本主義にたいする批判を発展させるとともに、他方ではそれらの概念を前提にして彼の未来社会論を発展させていた。バリバールのところで生きた例をみてきたように、伝統的マルクス主義やスターリン主義によってマルクスは理想の未来社会について語らなかったかのようにみなされたきた。たしかに、マルクスは可能性がないような未来社会についてはは当然語らないように努めたし、未来について語るときにはその現実的な可能性をはっきりさせなければならないと考えていた。まさにこの点で彼が社会主義を「空想から科学へ」と発展させたのだとみなすことは、けっして不当ではない。しかし、それではマルクスは理想の未来社会については語らなかったのかといえば、それは完全な間違いで、実際のマルクスは、饒舌というほどではないとしても、さまざまな箇所で理想の未来社会について語っていたのである。「フォイエルバッハにかんする諸テーゼ」における「人間的社会あるいは社会的人類」は、それ以前の『経済学・哲学草稿』や『聖家族』などで発展させられてきた疎外の止揚としての共産主義の理想が簡潔に表現されたものであったが、この理想は、少し後の『ドイツ・イデオロギー』においてはいっそう発展させられている。そして、この理想はやがて『共産党宣言』のなかで次のように明確な表現を獲得するようになる。

「ブルジョア社会では生きた労働は、蓄積された労働を増大させるためのたんなる手段でしかない。共産主義社会では蓄積された労働は、労働者の生活過程を拡大し、豊かにし、促進するためのたんなる手段でしかない」(5)。

「諸階級と階級諸対立をともなった古いブルジョア社会のかわりに、各人の自由な発展が万人の自由な発展のための条件であるようなアソシエーション(eine Assoziation die freie Entwicklung eines jeden die Bedingung für die freie Entwicklung aller ist)が登場する」(6)。

あまりにも有名な文章ばかりであるが、ここでマルクスが描き出している「共産主義社会」や「アソシエーション」が、過去に存在した社会でも現に存在している社会でもなく、彼が未来において存在しうるし、また存在すべきであると考えていた社会、つまりは社会についてのマルクス(とエンゲルス)の理想であり、規範的な社会概念であることは、まったく異論の余地がないであろう。マルクスとマルクス主義は理想を語らないなどと主張してきた人々は、いったいこれらの文章をどのように読んできたのであろうか。そしてまた、ついでに注意をしておくならば、これらの文章は、今日もなおバリバール のような人々がマルクスにおける未来のヴィジョンの欠如について語ったりするときに、どれほど破廉恥なことをしているかということも、改めて明らかにしているのである。

さて、ここで引用したような文章を挙げ始めたらまさにきりがないということになるであろう。そこで、ここでは、後期のマルクスの理想の未来社会について議論のうちからもっともよく知られたものをもう一つだけ引用するにとどめなければならない。そのような例としてもっともふさわしいのは、『資本論』の商品論の最後の節に書かれている次の言葉であろう。

「共同体的な生産諸手段でもって労働し、彼らの多数の個人的諸労働力を自覚的に一つの社会的な労働力として支出する自由な人間たちの連合」(7)。

ここで描き出されているのは、マルクスが理想としていた共産主義社会の骨格であるが、キー・コンセプトとして登場しているのは、中央におかれている「自由な人間たちの連合」そしてそれを支える「生産諸手段の共同体的所有」と「生産の計画化」である。いずれも規範的な性格をもった概念であることはいうまでもない。さらに『資本論』の他の箇所ではマルクスはこの未来社会における「必然の国」の彼方の「真の自由の国」について語ったりもしているが、そこでは「自己目的として認められる人間的な力の発展」などという概念さえも使われている(8)。社会科学者にとっては頭痛の種の一つでしかなかったが、この「自己目的」(あるいは「目的」)がマルクスによって規範的性格をもった概念として人間の「尊厳」(「品位」)と結び付けられて使われていたことは、異論の余地がない。マルクスが、この未来社会がどのように段階的に発展して行くかということについての興味深いシナリオを考えていたことも知られているが(9)、それらのいずれの段階のものであってもマルクスの共産主義的な未来社会の概念は、非常に明確に規範的な性格をもった概念によって構築されていて、それ自体が規範的な性格をもっていた。したがって、ここから導き出すことができる結論は、要するに、マルクスの疎外論的な資本主義批判が規範的諸概念なしにはありえなかったように、彼の共産主義的な未来社会論も規範的諸概念なしにはありえなかったということなのである。

その晩年にいたるまでマルクスが絶えず規範的諸概念を明晰にし、それらの概念に基づいて人間と社会の理想を明確に描き出そうと努めていたことは、以上から明らかであるが、彼がその実現のために生涯を捧げた理想は、彼の死後一一〇年以上も経つにもかかわらず、未だに乗り越えられていない。たしかにマルクスも理想の未来社会についてエンゲルスと同様に歴史の必然的発展の成果として把握していたように見えないわけではないところもある。しかし、そうした箇所でさえも、注意深く検討するならば、もしも人々がその実現のために行動するならば、成果として理想社会が到来するにちがいないと考えていたことがわかる。ここで「もしも」が使われているが、この言葉についてユーゴスラヴィアの哲学者ミハイロ・マルコヴィチが次のように述べたことがある。すなわち、このような意味での「もしも」抜きのマルクス主義なるものは、マルクスの哲学と共通するものをまったくもたない（10）。ソ連型の社会主義システムの不様な自己崩壊を目の当たりにしてきて、そのイデオロギーの本質的な諸欠陥について考えてきた者であれば誰しも、ここで主張されていることの重みを十分に受け止めることができるのではないか。

おわりに

かつて日本の稀有な独創的思想家の一人が、エンゲルスの『空想から科学へ』を検討して、そこに潜んでいた躓きの石を見出したことは、あまり知られていない。この思想家は大杉栄であるが、彼は一九一四年に発表した一評論のなかで次のように述べている。

「経済的行程が道徳をつくるということをあまりに大まかに主張した社会主義の哲学の前には、あらかじめ各個人の道徳的性質を説くがごときは、もとより無駄事であったのであろう。しかし、社会主義が躓いたのは結局この石であった。……社会主義はその数十年間の苦戦苦闘の後に、その理論においても運動においても、ますますその最初の目的と遠ざかり去った。……かつてその味方たりし真に自覚せる労働者の群が、今やかえって、これを敵視し蛇蝎視するまでに至った。そして、その主たる所因の一として観るべきものは、要するに、社会主義哲学のこの誤謬である。」（大杉栄「生の創造」）

書かれてからすでに八〇年以上も経ったのであるが、今もなお新鮮な印象を与えるのは、批判の対象になっているエンゲルスの思想が相変わらず生き延びてきているからであろうか。ソ連型社会主義の崩壊を目の当たりにして茫然自失し、いっさいの社会主義思想と別れを告げた人々はともかくとして、まだ社会主義の理想には信じるだけの価値があると考えてきた人々は、これまでの社会主義思想について否応なく批判的検討を迫られてきた。そして、この思想に少なからぬ人々が、ここで書かれているのと似たり寄ったりの石を見出してきたのではないか。

ここで見てきたように、マルクスは一八四三年の春にヘーゲル主義と訣別するとともにフォイエルバッハの唯物論の限界もこえた新しい唯物論の地平を開いたのであるが、それは、フォイエルバッハのヒューマニズム的唯物論あるいは唯物論的ヒューマニズムをたんに否認したのではなく、それを文字通り止揚していた。フォイエルバッハが、人間が人間にとって神であり、最高の存在であることを宣言するところまでしか進まなかったのにたいして、マルクスはさらに、この人間が現実の世界において最高の存在でありうるようにこの世界そのものを変革しなければならないと主張するところまで進んだ。したがって、彼の新たな観点は実践的ヒューマニズム的唯物論あるいは実践的唯物論的ヒューマニズムと呼ばれるのがふさわしいものであった。こうした観点からマルクスは、一方では、人間の内面の意識の世界における疎外をあばきだした宗教批判を前提にして、人間の現実的生活における疎外の諸形態をあばきだし、それらの疎外がいかにして生ずるのか（資本主義的生産様式においては何故人間は彼らの手が造り出したものによって支配されるのか）を明らかにしようと努めるとともに、他方では、そうした疎外が止揚され、人間が最高の存在でありうるようになる世界についてのイメージを明晰にしようと努め、そこに到達するためのスケールの大きなシナリオを描き上げようと試みていた。

このようなマルクスの唯物論にたいして、マルクスの名前のもとに晩年のエンゲルスが提供した唯物論は、空想や幻想を駆逐するとともにいっさいの規範的概念やそれらの概念に基づく理想までも否認し、いっさいを実証的な知識に還元しようとする傾向を強くもったかなりあからさまな実証主義であった。この実証主義は、当然それでやっていけるような世界についてのイメージが必要であるが、それを提供していたのが、歴史の発展についての機械的決定論的傾向をもった理解をふくむ弁証法についての理論であり、これらの二つのものは相互に相補的な関係にあったとみなすことができるであろう。エンゲルスがマルクスの名のもとに提供したこのような実証主義は、現実にたいする適切な批判的意識の発展に貢献したというよりは、むしろ批判的意識の発展の障害物になり、その退化を引き起こしてきたといってもけっして過言でないのではないか。そして、社会主義を歴史の必然的発展の産物として描き出した彼の未来社会論は、実際には、たしかにまだ力が弱かった革命的勢力の励ましになったところもあったかも知れないが、しかし実際には、理想を明晰にし、それを実現したいという憧れを強めたりするよりは、彼らの理想を不明瞭にし、憧れを枯らしてしまうことに貢献してきたのではないであろうか。つまり、エンゲルスがマルクスの唯物論の名のもとに提供したものこそは、結局のところ、――先の大杉栄の言葉をそのまま使い続けるならば――意味は多少変わってきているが、社会主義運動の躓きの石であったのではないであろうか。

たしかに、ソ連型社会主義システムの自己崩壊などのことを念頭におくならば、この石だけが社会主義運動の躓きの石であったわけではないことは明らかである。しかし、マルクス主義の歴史に与えてきたエンゲルスの影響は大きく、彼が置いた石の重みもけっして小さいものではない。この石を取り除き、長いマルクス主義の歴史においてその真価を発揮する機会にめぐまれなかったマルクスの実践的ヒューマニズム的な唯物論を復権させ発展させることこそは、今日マルクスの精神でものを考えようと思っている者にとっての最大の課題の一つであることは、疑いがない。もちろん、マルクス唯物論の真姿が見出されたとしても、まもなく過ぎ去ろうとしている二〇世紀の社会主義運動が残した負の遺産があまりにも大きいために、それが広範な支持者を見出す可能性はけっして大きいとは思われないが。

注

はじめに

（１）ここで念頭に置かれているのは、ルイ・アルチュセールの翻訳書や廣松渉の著作などであるが、彼らの間違ったマルクス解釈は、いまもなお今村仁司、浅田彰などの文章のなかにその反響を見出している。

（２）こうしたことは、かなり以前からユーゴスラヴィアの『プラクシス』派の人々によってもっとも鮮明に主張されてきた。例えば、ミハイロ・マルコヴィチ「意味」参照、『ロゴスとカオス』所収。

１　エンゲルスの誤解とその聖化

（１）エンゲルスの有名な諸著書についての最近の解説書などを参照せよ。

（２）Friedlich Engels : Ludwig Feuerbach und der Ausgang der klassischen deutschen Philosophie（1886,1888）.In : Marx Engels Werke.Bd.21,S.277～8.

（３）Ebenda,S.290

（４）Ebenda,S.264.

（５）Ebenda,S.292.

（６）Ebenda,S.296.

（7）ルカーチは、一九六七年に発表した『歴史と階級意識』序文のなかで、次のように語っていた。「マルクスの草稿を読むことによって、『歴史と階級意識』のあらゆる観念論的偏見は打ち砕かれた。たしかに、その時私に理論的に衝撃をあたえたものは、私が以前に読んでいたマルクスの著作の中にも見出されたはずだ、ということは正しい。しかし、明らかに、当時は私はそれらを頭から、当時の自己流のヘーゲル的解釈で読んでいたために、そうした衝撃を受けず、この全く新しい草稿を見てはじめて衝撃を受けたというのが、事実なのである。」伊藤成彦訳、『ルカーチ研究』所収、啓隆閣。

（8）Karl Marx : Zur Kritik der Hegelschen Rechtsphilosophie.In : Marx Engels Gesamtausgabe. I-2,S.8. マルクス『ヘーゲル国法論批判』、『マルクス=エンゲルス全集』第一巻所収、二三六頁。

（9）拙著『初期マルクスの批判哲学』第十一、十二章参照、時潮社、一九八六年。

（10）拙稿「エンゲルスの誤解」参照、東京唯物論研究会編『唯物論』第六九号（一九九五年）所収。

（11）エティエンヌ・バリバール『マルクスの哲学』（1993）、杉山吉弘訳、法政大学出版局、一九九五年、九頁。

（12）同上、一八一頁。

2 マルクス唯物論とは何であったか

（1）Ludwig Feuerbach : Zur Beurteilung der Schrift. Das Wesen des Christentums, In : Ludwig Feuerbach Gesammelte Werke. Berlin.Bd.9,S.233.

（2）Ludwig Feuerbach : Das Wesen des Christentums.In : Ludwig Feuerbach Gesammelte Werke.Bd.5,S.444.

フォイエルバッハ『キリスト教の本質』、船山信一訳、岩波文庫、下、一五三頁。

（3）Ebenda,S.68. 同前、上、九四頁。

（4）Albert Einstein : Out of My Later Years.Wings Books.p.20. アインシュタイン『晩年に想う』、中村誠太郎、南部陽一郎、市井三郎訳、講談社、三九～四〇頁。

（5）ibid.. 同前。

（6）Karl Marx/Friedlich Engels : Die Heilige Familie oder Kritik der kritischen Kritik.In : Marx Engels Werke.Bd.2,S.132.

（7）Karl Marx : Zur Kritik der Hegelschen Rechtsphilosophie.Einleitung.In : Marx Engels Gesamtausgabe. I-2,S.177.

（8）Friedlich Engels : Ludwig Feuerbach und der Ausgang der klassischen deutschen Philosophie.a.a.O.,S.296.

3　マルクスの理想

（1）Karl Marx : [Thesen über Feuerbach].In:Marx Engels Werke.Bd.3,S.7.

（2）Ludwig Feuerbach : Grudsätze der Philosophie der Zukunft.In : Ludwig Feuerbach Gesammelte Werke.Bd.9,S.339. フォイエルバッハ『将来の哲学の根本命題』、松村一人、和田楽訳、岩波文庫、九四頁。

（3）前掲エティエンヌ・バリバール『マルクスの哲学』、二四～五頁。これは恣意的引用の代表例としての資格をもっていて、アルチュセールとともに著者がマルクスの文献をどれほど蔑ろにしてきたかをよく示している。

（4）同前、三五頁。
（5）Karl Marx/Friedlich Engels : Manifest der Kommunistischen Partei.In : Marx Engels Werke.Bd.4,S.476.『共産党宣言』、『マルクス＝エンゲルス全集』、第四巻、四八九頁。
（6）Ebenda.S.483. 同前、四九六頁。
（7）Karl Marx : Das Kapital.In : Marx Engels Werke.Bd.23,S.92. マルクス『資本論』第一巻、『マルクス＝エンゲルス全集』第二三巻、一〇五頁。
（8）Ebenda.Bd.25,S.828. 同前、第二五巻、一〇五一頁。
（9）マルクス『ゴータ綱領批判』参照。問題のシナリオについての筆者の詳細な解釈は次の論文に含まれている。「マルクスにおける社会主義と市場」、岩淵他著『社会主義　市場　疎外』所収、時潮社。
（10）ミハイロ・マルコヴィチ『実践の弁証法』、岩田昌征、岩淵慶一訳、合同出版、一〇〇頁。

3章

『ソフィーの世界』のマルクス

はじめに

ヨースタイン・ゴルデルというノルウェイ人が書いた『ソフィーの世界』が世界中で信じられないほどの売れ行きを示している。日本でもその翻訳が一九九五年の六月末に出されてからまだ一年も経っていないのに早くも百数十万部も発行されたというのであるから、これは本当に驚異的である。おそらくその理由は、訳者のあとがきにも書かれているように、全体が実によくできた物語になっていること、しかも哲学の歴史がなかなか本格的に、それでいて生き生きと、理解しやすく説かれていることなどにもとめられるであろう。しかしまた、次のような問題も忘れられてはならないのではないか。それは、哲学関係の文献が増大しているおかげで、今日では誰もが哲学史についての知識を豊富にもつようになってきているが、しかしこの歴史についての全体像が欠けているために、せっかくの知識がばらばらのままで放っておかれ、その結果しばらくすると蒸気のように蒸発してしまうということである。こうした状況のなかで『ソフィーの世界』は、長期にわたる内容豊かな哲学の歴史についてのそれなりの一つの全体像を提供していて、こうした点も、その魅力の一つになっていることは疑いない。

さて、さらにその他のさまざまな理由もあって驚異的なベストセラーになっている『ソフィーの世界』について、さしあたってここで注意しておきたいのは、その発行部数の量のもつ意味である。日本哲学会の会員数の数百倍にも上る数の読者が存在しているということになれば、良きにせよ悪しきにせよ、この一冊の本はかなり強力な磁場を形成し、この磁場にわれわれの社会の哲学的教養のスタンダードが引き寄せられることになる。もしもその通りであるとすれば、何らかの哲学的なテーマについて論じたいときには、この本から出発すれば、読者とのある程度の共通の前提がえられるというメリットもあるが、しかしまた、この本にさまざまな欠陥があれば、それらの欠陥もたちまち広範に拡散させられ定着させられてしまうという問題も忘れられてはならない。われわれの社会のスタンダードの質の低下を防ぐためだけにも、この本のもつ諸欠陥をはっきりさせておくことはけっして余計なことではないどころか、大いに必要なことだと考えなければならないであろう。こうした観点から読んでみると、この本には他にもさまざまな問題があるが、そしてまたきわめて短い訳者解説にはこの本全体よりももっと問題のあるコメントが文字通りの蛇足として付け加えられているが、この本のマルクスについての説明にも、彼の思想に関わってきたものにとっては到底看過できないきわめて重要な問題がふくまれていることがわかる。この問題は、同書にみられるその他の諸問題、例えば、アリストテレスの節で彼の性差別主義については触れられていても、彼が自らの心の疚しさを癒すために捻出した奴隷制弁護論についてはまったく語られていないというような問題などと比べても、けっして些細なとはいえない問題なのである。

1

『ソフィーの世界』の「マルクス」の節には、ディケンズの『クリスマス・キャロル』やアンデルセンの『マッチ売りの少女』を利用した印象的な導入部——なぜかマッチ売りの少女が突然女性革命家に変身し、放火して、「知らなかったの、私は共産主義者なのよ」といたずらっぽく笑う——があって、読者は滑らかにマルクスとマルクス主義の世界に導かれる。そして、そこでともかくもマルクス主義の全体像を描き出すという試みが展開されている。したがって、ここでも評判の著者ゴルデルの並々ならぬ力量に感心させられるのであるが、しかし、著者によって対話形式で展開される議論にすこしでも立ち入って見るならば、ほかならぬマルクスの解釈そのものに由々しい問題が含まれていることがわかってくる。

まず最初に注目すべきは、著者がマルクスの思想の発展過程について、ヘーゲルの哲学から出発したマルクスがこの哲学を超えて本来のマルクスになったのはようやく一八四五年になってからであったかのように考えていることである。著者のゴルデルは、主人公の一人で彼の分身のごとき哲学者のアルベルトに、次のように語らせている。

「マルクスにちなんで『マルクス主義』と呼ばれているものとマルクス自身の思想は分けて考える必要がある。マルクスは、一八四五年に『マルクス主義者』になったけど、時々、自分はマルクス主義者ではない、と言い張っていたそうだよ。……のちにマルクス主義と呼ばれる思想には、マルクスの友だちで同志でもあったフリードリヒ・エンゲルスが最初からかかわっていた」(1)。

この括弧付きの「マルクス主義」についてのアルベルトのコメントなどを読んでみれば、ゴルデルが、マルクス主義の歴史のなかで、エンゲルスがその晩年に提起して以来長らく受け入れられてきた伝統的なマルクス解釈を、(留保条件付きではあるが、ともかくも)そのまま受け入れていることがわかる。したがって、あまりマルクス主義の歴史に馴染んでいない読者は、著者が問題がある議論をしていることに気付かないかもしれないが、しかし、実は彼が受け入れているエンゲルスのマルクス解釈はきわめて不適切であった、というよりも、はっきりと間違っていたのである。だが、この問題にについてはすぐ後で検討することにして、その前に、続けてゴルデルがアルベルトに語らせていることをもう少し見ておかなければならない。

では、括弧付きのマルクス主義者になる前のマルクスは、いったいどのようなマルクスであったのであろうか。一八四五年以前のマルクスといえば、今日では普通誰もが、人間の疎外の問題、とりわけ労働者の疎外の問題、に関心を向けていたマルクスを思い起こす。ゴルデルもマルクスについてアルベルトに、「共産主義者になる前の若い頃、マルクスは、働く人間に何が起こっているのか、ということに興味をもった」と語らせている。そして、アルベルトはマルクスの疎外論についてなかなか興味深く論じていて、資本主義社会では労働者がブルジョア階級の奴隷となっているだけではなく、さらに「人間としての存在をそっくり明け渡してしまっている」という総括をし、「人間の高貴のしるしであるはずの労働が、労働者を動物にしてしまったんだ」という結論を引き出している(2)。こうした議論が、一八四四年の夏にマルクスによって書かれた『経済学・哲学草稿』のなかでおこなわれていたことはよく知られているが、同様によく知られているのは、この草稿のなかでマルクスが彼独自の画期的な共産主義の構想を提起していたことである。したがって、「共産主義者になる前の若い頃」にマルクスが労働疎外に関心をもっていたというアルベルトのレクチャーは、「共産主義者」をマルクス自身の意味で受け取るならば、完全に間違った議論をしていることになる。

しかし、それにしても、この程度のことは『経済学・哲学草稿』に目を通してみれば、文字通り一目瞭然である。この一目瞭然のことを知らなかったとすれば、アルベルトは、つまり『ソフィーの世界』の著者は、このマルクスの著作を読まないで、マルクスについて語っていたということになる。おそらくここに現今のヨーロッパの知識人の世界における『経済学・哲学草稿』の価値低落とマルクスについてのまともな初歩的教養の欠如が反映されているとみなすこともできるであろう。しかし、これではあまりにも身も蓋もないので、やはりゴルデルも『経済学・哲学草稿』を読んだうえで、敢えてアルベルトに「共産主義者になる前の若い頃」と語らせていたのだとみなして、先に進むことにしよう。もしもその通りであるとすれば、ゴルデルが「共産主義者」のもとに何を念頭に置いていたかは、はっきりしているとみなすことができる。彼がマルクスについてそれなりの素養をもち、首尾一貫して語っていたとすれば、彼は「共産主義者」を、マルクス自身の意味においてではなく、先に登場していた「マルクス主義者」と同義のものとして使っていたのである。

このように考えることができるとすれば、さらにここからはっきりしてきたのは、ゴルデルが、マルクスの疎外論をなかなか魅力的に描き出してみせながら、そうした疎外論は結局のところ「共産主義者になる前の若い頃」のマルクス、つまり初期マルクスのものであって、一八四五年以後のマルクスはそれを放棄してしまったとみなしているということである。実はゴルデルはアルベルトに、マルクスの疎外概念をヘーゲルの方に引き寄せさせて、この概念がヘーゲルの疎外概念と重なっていたかのように論じさせているのであるが、そうした議論もアルベルトにとっては大いに役に立つものであることがわかる。なぜなら、『経済学・哲学草稿』のマルクスの疎外論がヘーゲル主義的なものであったとすれば、マルクスが一八四五年に疎外論を超克したのは当然であったということになるからである。

では、ゴルデルは、一八四五年に疎外論を放棄したマルクスがこの理論に代わってどのような理論を提起するにいたったとみなしていたのか。ゴルデルがアルベルトにレクチャーさせている中身を見てみると、それは、容易に想像されうるように、晩年のエンゲルス以来マルクス主義が伝統的に説いてきた理論であることがわかる。このよく知られている理論を噛み砕いて説明しているゴルデルの理解の仕方にもさまざまな問題があるが、しかし、ここでは立ち入らないことにしよう。さしあたって注目すべきは、ゴルデルが、マルクスのところで「疎外」にかわって「搾取」が登場し、疎外論にかわって剰余価値論が登場してくるかのように話を進め、さらにアルベルトに次のような議論をソフィーと交わさせていることである。

「マルクスは、資本主義の生産方式は矛盾をいっぱい抱えている、と考えた。資本主義は理性にコントロールされていない、自滅の経済システムだ、とね」

「だったら、しいたげられている人たちには都合がいいんじゃない？」

「そう言えるね。マルクスは資本主義のシステムはどのみち滅びると見ていた」(3)。

こうした種類の見解にマルクス自身がまったく責任を負っていないとはいえないかもしれないが、しかし、それが、主に晩年のエンゲルスによって強調されていたものであることは、疑いがない。エンゲルスは資本主義的システムの諸矛盾について論じつつ、その崩壊の必然性を強調し、他方、未来について論ずるさいには歴史的発展の必然的産物としての社会主義という有名な見解を提起していた。ゴルデルがこうしたエンゲルスの議論を念頭に置きながらアルベルトにソフィーに向かってレクチャーさせていることは明らかであるが、要するに、ゴルデルは、マルクスの疎外論をヘーゲル主義的なものであったかのように描いて見せ、そのうえでマルクスにこの疎外論を超克させ、そして疎外論なしでもやって行けるように、マルクスが資本主義の自滅と社会主義の必然性を考えていたかのように描き出しているのだとみなすことができるであろう。

さて、以上で、『ソフィーの世界』の著者がマルクスについてどのような議論をしているのかを見てきたのであるが、彼は、マルクスの思想が一八四五年を境にヘーゲル主義的な疎外論から資本主義自動的崩壊論へ、歴史発展の必然性の理論へ移行したという解釈を正当なものとして受け入れ、それを理解しやすいようにわかりやすく繰り返しているのである。先にも述べておいたように、こうした解釈も、初めてマルクスについての講義を聴くものにとっては当然何も問題がないように見えるかもしれないが、しかし、はたして、この解釈の中心に置かれている、マルクスが疎外論を超克したという説は彼についての適切な理解を表明しているのであろうか。そしてまた、マルクスにおける哲学思想上の革命が生じたのは、本当に一八四五年であったのであろうか。より重要な問題が前者の問題であることは明らかであるが、しかし、マルクス疎外論超克説については次の節で立ち入って検討を試みることにして、その前にここでは、ゴルデルが採用している一八四五年断絶説がたんに間違っているだけではなく、スターリン主義の神話にほかならなかったことをはっきりさせておくことにしたい。

何よりも先ず思い起こされなければならないのは、マルクスの思想形成過程を理解するうえで不可欠で重要な諸著作のいくつかが公表されたのは、ようやく社会主義運動のスターリン時代にさしかかってから、さらにはこの時代にはいってからであったということである。さしあたってここでは、『ヘーゲル国法論批判』(一八四三年)が一九二七年に、『経済学・哲学草稿』(一八四四年)と『ドイツ・イデオロギー』(一八四五〜六年)の全文が一九三二年に、さらに『経済学批判要綱』(一八五七〜五八年)が一九三五年から一九四一年にかけて、初めて発表されたことを、念頭に置いておくだけでも十分であろう。こうした事実が示しているのは、その他の諸著作とともにこれらの著作が発表される以前の時期の諸世代のマルクス主義者たちのマルクスについての知識が、きわめて不十分なものであらざるをえなかったということである。したがって、マルクス主義の歴史においてよく知られてきたような人々、すなわちカウツキー、ベルンシュタイン、ローザ・ルクセンブルグ、プレハーノフ、レーニン、グラムシ等々は、彼らにとってやむをえない知識不足のおかげで、マルクスの思想形成過程を十分に理解することができず、とりわけマルクスの哲学的見解を適切に理解することはきわめて困難であったとみなされなければならない。したがって、また、彼らがエンゲルスの権威とともに彼のマルクス解釈を受け入れたのも、ある程度やむをえなかったとみなされなければならないのである。

しかし、ここで挙げたような諸著作が発表されたことで状況が根本的に変わり、隠されていたマルクスへの通路が一挙に拡張されたのである。そして、この通路を通ってマルクスに近付いてみるならば、マルクス主義における権威主義のおかげで思考の力を退化させられてしまった人々は別として、ごく普通の理解力をもった者であれば、伝統的に受け入れられてきたエンゲルスのマルクス解釈が間違っていて、大幅に変更されなければならないことがわかったはずなのである。この問題はマルクスを理解するうえできわめて重要な意味をもっているので、一例を挙げておきたい。ここで挙げた最初の著作『ヘーゲル国法論批判』は、一八四三年の春から夏にかけて書かれたものであると推定されうるが、ここですでにマルクスは次のように述べていた。

「［ヘーゲルにあっては］理念が主体化されていて、国家家族および市民社会の現実的関係がその内的な想像上での活動として把握されている。家族および市民社会こそはその諸前提なのであり、それらこそは本来活動的なものなのである。しかし思弁においてはそれが逆立ちさせられている」(4)。

この例は、マルクスがはやくもヘーゲルの観念論的なパラダイムを徹底的に批判し、彼の新たな唯物論的なパラダイムを基礎づけようと努めていたことを、そしてまたマルクスが、宗教と哲学の領域におけるフォイエルバッハの批判の意義を十分に認めながらも、ヘーゲルの法哲学的次元における批判を発展させることができなかったフォイエルバッハの限界をきっぱりと超えていたことも、はっきりと示している。したがって、マルクスが、彼がそれに自己を結び付けてきた古いパラダイムを突き崩し、彼が新たに見出したばかりのパラダイムを明晰にしようと努めていたことを、つまり、マルクスにおいてすでに哲学思想上の決定的なパラダイム転換が起きていたことを、示しているのである。このように解釈することができるとすれば、ここから導き出される結論がどのようなものであるかは、もはや改めていうまでもないであろう。要するに、マルクスは、エンゲルスが設定していた時期よりも二年も前に哲学思想上のパラダイム転換を成し遂げていたのであり、したがって、本来のマルクスの出発点を一八四五年の春に求めたエンゲルスは完全に間違っていたのである(5)。

ゴルデルがアルベルトにレクチャーさせているマルクス解釈がどのような種類のものであるのかは、明らかになったといってもよいであろう。彼はその間違いがはっきりしているエンゲルスの解釈を受け入れ、それをそのままアルベルトに語らせているのである。しかし、ここで注意すべきは、彼がストレートにエンゲルスに結び付いているのではないということである。

そもそもエンゲルスの間違いは、それが間違いであることが明確になった時点において、訂正されて当然であったのである。しかし、『ヘーゲル国法論批判』が発表された時点はすでに社会主義運動のスターリン時代にさしかかっていたし、マルクスがすでにパラダイム・チェインジを成し遂げていたことがもっとよくわかる『経済学・哲学草稿』が発表された一九三二年はすでに本格的なスターリン時代にはいっていた。そして、この時代に哲学思想の領域で支配的に潮流になったスターリン主義は、エンゲルスに由来する伝統的マルクス主義をカリカチュア化したものであった。そこで、スターリン主義は、新たに見出されたマルクスを犠牲にしてエンゲルスを救済する方向を採用し、道理を引っ込ませて無理を通してきたのである。その結果、エンゲルスの間違いは訂正されるどころか、今や、スターリン時代に作られたさまざまな神話のなかの一つにまで祭り上げられることになったのである。この神話がどれほど大声で合唱されてきたかは、スターリン時代の数多のマルクス主義的文献が証言しているが、スターリンの権威失墜後この神話は、マルクス研究が一段と活発になってきたこともあって、いっそう大声で歌われるようになった。ポスト・スターリン時代の大合唱は、例えばフランスのルイ・アルチュセールなどのような珍種のスターリン主義者たちも（日本では物象化論者たちも）加わったこともあって、なかなか魅力的に響くところもあったのか、神話の信者の数を増大させることに大いに貢献してきた。

そうした大合唱の魅力に引き寄せられたのか否かは定かではないが、ゴルデルがそれに自己を結び付け、アルベルトに語らせていたのは、もはやたんなる間違った仮説などというものではなく、他ならぬスターリン時代以来のマルクスにかかわる神話の一つであったことは、明らかであろう。ゴルデルもまたこの神話を受け入れ、その信者として、アルチュセールなどのようにアカデミックな仕方ではなく、若い諸世代に好まれるポップス風の仕方で、あの合唱に加わっているのである。そして『ソフィーの世界』が驚異的なベストセラーとして広められれば広められるほど、生き延びてきた神話もそれだけいっそう広範に広められるということにならざるをえないであろう。もしもその通りであるとすれば、マルクスに関わっている者にとって、この本の売れ行きに驚異を感じているだけでは済まされず、この売れ行きを適切なマルクス解釈の発展にとっての脅威としても受け止めておかなければならないことになるのではないか。

さしあたってここで最後に触れておかなければならないのは、マルクスにおけるパラダイム転換が一八四五年春に起きたという説がたんなる神話であって、実際のマルクスはそれよりも二年も前の一八四三年春に新しい地平を拓いていたとすれば、彼がその翌年の夏に書いた『経済学・哲学草稿』における疎外論がまだヘーゲル主義的なものであったなどということはありえないということになる、ということである。実際にこの草稿の中でマルクスはまさにヘーゲルの疎外概念と自己の新たな疎外概念の区別を強調しているだけではなく、さらには全体としてのヘーゲルの疎外論とそれを機軸とした彼の哲学を批判している。したがって、この草稿におけるマルクスの疎外論がまだヘーゲル的であったなどという議論は、本当に話にもならない間違いだとみなさなければならないのである。こうした間違いをアルベルトに語らせているゴルデルは、一度も『経済学・哲学草稿』を読んでいないのではないかと再び推測してみざるをえないのであるが、しかし注意すべきは、こうした議論も彼にとってはそれなりに役に立つところもあるということである。すでに見てきたように、ゴルデルは、初期のマルクスの疎外論は後期のマルクスによって放棄されたと考えているのであるが、この初期マルクスの疎外論がまだヘーゲル的であったということになれば、後期のマルクスがそれを放棄してしまったのも当然だということになるであろう。したがって、問題の間違いも大いに役に立っているのであるが、しかしそのような議論を利用しなければやって行けないようなものであるとすれば、ゴルデルのマルクス解釈はその基本的なところに相当な問題があるのではないかと疑ってみなければならないことになるであろう。そこで、いよいよ、ゴルデルが考えているように、はたしてマルクスがその初期の疎外論を放棄し、歴史の必然的発展の理論に関心をもつにいたったのか否か、を検討してみなければならないのであるが、よく知られているように、この問題はすでにかなりの歴史をもつマルクス解釈におけるきわめて重要な問題の一つにほかならないのである。

2

この問題をめぐる論争の歴史は、すでにここで触れてきた、一八四四年に書かれたマルクスの『経済学・哲学草稿』が初めて公刊された一九三二年まで遡る(6)。その発表の直後からこの草稿における疎外概念とその重要性を適切に理解しようとする方向も開発されてきたが、しかし、この問題にたいする解答のうちで最も影響力が大きかったのは、『ソフィーの世界』もそれにしたがっている、疎外論に象徴される初期マルクスの思想は後期マルクスによって放棄されてしまったというもので、最近にいたるまでソ連や東欧諸国の、さらに欧米や日本の新旧のスターリン主義の信奉者たちによって、それからまた、前節で挙げたアルチュセールのようなスターリン主義の諸変種の擁護者たちによって大声で合唱されてきた。注目すべきは、スターリン主義が新しい形態に移行した頃から、このイデオロギーに抗してマルクス主義を革新させようとした人々の運動も活発になってきたことである。そのさい彼らは初期のマルクスと彼の疎外論にもどり、そこから出発してマルクス主義のパラダイム転換をはかるとともに、スターリン主義とその土台としてのソ連型社会主義にたいする批判も発展させてきた。そこで、これに応戦するためにもスターリン主義の信奉者たちは、マルクスが彼の初期の疎外論を克服したという歌をいよいよ大声で合唱するようになってきたのである。そして、この歌には、社会主義社会には基本的には疎外が存在する余地がない、疎外が存在するなどと言う者は社会主義を中傷し誹謗しているのだという歌詞が付け加えられていた(7)。

マルクスの疎外論はヘーゲル主義的であって後期においては放棄されたと説いているアルベルトがどのような思想的潮流の影響下にあったのかは、もはや改めていうまでもないであろう。すでにソ連型社会主義が自己崩壊を遂げていた時期にヨーロッパの北辺の知識人が書いたマルクスについての記述のなかに、スターリン主義者たちの議論の痕跡、というよりもそれによる汚染の跡がありありと残されていたのである。そして、このアルベルトが大活躍している本が世界中で翻訳され広められていて、日本でも百数十万部以上も売られているとすれば、それによってまたスターリン主義者たちによる汚染が大変な規模で拡散させられるということになる。まことにこれは由々しきことではないであろうか。そこで、以下、このスターリン主義の影響下にあってアルベルトを創作したゴルデルが間違いを犯していて、訂正の必要があることをはっきりさせておくことにしたい。

議論を広げて曖昧なものにしてしまわないために、焦点をできるだけ絞って検討を進めて行くことにしよう。問題は、新旧のスターリン主義者たちとその同調者たちの大合唱が歌ってきたように、初期のマルクスの疎外論は結局のところ後期のマルクスによって超克されてしまったのか否かということである。この問題にたいして肯定的に答えてきた人々の見解を疎外論超克説と呼んでおくならば、問題は、要するに、疎外論超克説は正当であるのか否かということである。ところで、この説が正しいとすれば、後期のマルクスはもはや疎外論を説かなかったということになる、というよりは、そもそもこの説は後期のマルクスが疎外論を説いていないということを前提にしている。したがって、後期のマルクスが疎外論を説いているとすれば、当然、この前提が崩れてしまい、したがってまた疎外論超克説も間違っているということにならざるをえない。そこで、ここでは、実際に後期のマルクスがまったく誤解の余地の無い仕方で疎外論を主張していたことをはっきりさせようと試みておくことにしたい(8)。

先にみてきたように、アルベルトは、初期のマルクスが資本主義を賃金奴隷制として把握していたということを強調しているが、実際にマルクスはまさにその点を明確にし、この奴隷制がその他の奴隷制や農奴制などにたいしてどのような特殊性をもっていたのかをはっきりさせようと絶えず努めていたといってもよい。問題は、いったいこの奴隷制、すなわち労働者にたいする資本家の支配の本質はどのようなところにあるのかということである。この問題についてマルクスは、明らかに彼の後期に属する一八六〇年代前半の著作のなかで、彼が若い時にしばしばそうしていたように、宗教的自己疎外を引き合いに出しながら、次のように特徴づけている。

「労働者にたいする資本家の支配は、人間にたいする物件の支配、生きた労働にたいする死んだ労働の支配、生産者にたいする生産物の支配である。なぜなら、実際に労働者にたいする支配の諸手段……となる諸商品は生産過程のたんなる諸結果であり、その過程の諸生産物であるからである。これは、イデオロギーの領域で宗教においてあらわれる関係、すなわち主体の客体への転倒およびその逆の転倒という関係とまったく同じ関係が、物質的生産において、現実の社会的過程——というのは、それが生産過程であるのだから——においてあらわれているのである」(9)。

マルクスが労働者にたいする資本家の支配、賃金奴隷制の本質をどのようにとらえていたかが、明確に示されているが、このような文章を読めば誰しも、まさに資本主義の本質を規定するというもっとも重要な問題を論じている箇所で彼が初期の疎外概念が維持していたことを認めざるをえない。しかも、実際にマルクスは、この箇所に続けて、ここで描き出されている過程を労働者自身の労働の「疎外過程」と呼んでいる。このような用語の使い方が彼の初期の労働疎外論のなかに登場してくるものと基本的にはまったく同一であることは明瞭であって、ここからまた誰もが、後期のマルクスが彼の初期の疎外論を維持していただけではなく、「疎外」という用語さえもそのまま存続させていたことを認めざるをえないのである。

このように疎外概念が登場してくる箇所は後期マルクスの諸著作にはいくらでも見出すことができるのであるが、ここで挙げた一例は、まさに後期マルクスの思想が端的に表明されている典型的な例とみなされうるものである。この例がきわめて明確に、誤解の余地などがないような仕方で証言していたのは、要するに、マルクスが疎外論をその後期においては放棄してしまったと主張してきた新旧のスターリン主義者たちやそのさまざまな種類の同調者たちすべてがまったく間違った説を唱えてきたということである。これはまことに興味深い現象だといってもよいであろう。彼らは、イデオロギーというものがどのような働きをするものであるかということの生きた見本を提供してきたのである。彼らは、雨が降っているはずだと考えて、しかもそれが強い確信になってしまっていたので、空がからりと晴れ渡っているのに、雨が降っているぞと大声で叫んできたようなものなのである。さらに驚くべきは、そのような彼らのなかには、雨が降っていないことを親切に教えた者にたいして、目くじらをたてて反論し、それがうまく行かないと、天に向かって自分の唾を吐いて、雨が降っているぞと大騒ぎしているものもいたことであろう(10)。そうした人物たちの唾のおかげで、例えば、『ドイツ・イデオロギー』の研究がどれほど停滞させられ、さらには荒廃させられてきたかは、ここ二〇数年間のこの著作の研究史を顧みるならば、異論の余地はない。

ところで、以上で明らかになったのは、マルクス主義の歴史のなかで猛威をふるってきた、そして『ソフィーの世界』までも汚染してきた疎外論超克説が完全に間違っていたということであるが、他方では、それとは反対の見解、すなわちマルクスがその後期においても疎外論を維持し発展させようと努めていたという見解が正しかったということである。そして、この後者の見解が、とりわけスターリン時代に幕が引かれてから、理論的に深められ発展させられてきているのであるが、しかし、ここでさらに注目すべきは、今日にいたるまで疎外論超克説の信奉者たちはもとより、マルクスにおける疎外論の連続性を主張してきた人々によっても適切には把握されてこなかっただけではなく、しばしばほとんど無視されてきたといってもよいようなマルクス疎外論の根本問題が存在したということである。『ソフィーの世界』のもう一つの問題に関わっているので、この点についても簡単に触れておかなければならない。

マルクスが、その初期において人間の疎外の止揚として未来の理想を描き出そうと努めていたことは、よく知られている。しかし、「知られているからといって、必ずしも認識されている」とはかぎらないもので、それが規範的な種類の概念で表されるものであったということは、ほとんど理解されてこなかった。マルクスにおけるそうした概念の存在は、『経済学・哲学草稿』における「人間の自己疎外としての私的所有の止揚としての共産主義」についての概念などを思い起こせば、きわめて明瞭ではないか、と思われるのであるが、しかし、実際には、奇妙なことに、この概念でさえも、マルクスに関わってきた人々は規範的なものとして適切に理解してはこなかったのである。さらに彼らが理解できず、困惑させられてきたのは、そうした種類の概念がいわゆる後期マルクスのところでも頻繁にというほどではないとしても、大事なところではしばしば明確に登場させられていたということである。実際に後期マルクスが、資本主義を批判するさいにも共産主義的な未来社会を描き出すさいにも、たえずそうした規範的な概念を発展させようとしていたことは文字通り明明白白であったといってもよいであろう。しかし、マルクス主義の伝統に自己を結びつけてきた人々は、そもそもマルクスの思想のなかにそのような概念の存在を認めることにたいしてさえも大変な抵抗を感じてきたのである。したがって、そうした概念を適切に理解し、それをいっそう発展させたりすることなどは、とても期待できることなどではなかった。

いったい何故そのようなことになってしまったのか。他にも諸理由が挙げられうるが、しかし先ず第一に挙げられるべきは、エンゲルスに由来する伝統的マルクス主義が、世界にかんする諸々の幻想を否認し実証的知識の価値を強調してきただけではなく、さらに進んで空想を否認するとともに理想までも否認してきたことである。こうした思想を一種の実証主義とみなすことができるが、こうした性格は、伝統的マルクス主義をカリカチュア化したスターリン主義の影響下で一段と強められてきた。そこで、非常に長期にわたって、規範的概念を排除した実証主義の観点に立ったマルクス主義者たちによって習慣的にマルクスまでも実証主義者に仕立て上げられてきたが、その結果、マルクス自身の思想における規範的諸概念を理解する通路も閉ざされてしまったのである。そして、忘れられてはならないのは、こうしたことが、さらにもう一つの大きな問題と関連していたことである。

それは、実証主義者に仕立て上げられたマルクスは、論理的必然的に、規範にもとづいた理想を掲げて社会変革を訴えることができないので、どうしても資本主義の自動的な崩壊や歴史の必然的発展の産物としての社会主義などというものを考えていたということにならざるをえないということである。これは、歴史についてのきわめて機械的決定論的な理解を前提にした議論で、実践を強調したマルクスの哲学思想とはまったく相容れないものであったが、あたかも彼自身の見解であるかのように語られてきたのである。先に見てきたように、『ソフィーの世界』の哲学者アルベルトもマルクスについて語りつつ、マルクスが資本主義を「自滅の経済システム」だなどとみなしていたかのように論じていたが、これはこの本の著者もマルクスを実証主義者として、したがってまた機械的決定論者として理解していることを示しているとみてもよいのである。それにたいして、実際のマルクスは、一方では、資本主義的生産様式の諸矛盾について、この生産様式の崩壊の可能性について、理論を発展させていたが、他方では、人間についての規範的な概念を前提にして資本主義を批判し、さらにはそれらの概念を前提にして彼の共産主義的な未来社会論を考えていたのである。彼がその後期においても、資本主義の自動崩壊論を説いたりなどはせずに、社会についての規範的概念とそれにもとづく批判的意識が資本主義の変革においてもいかに重要な役割を演ずると考えていたかは、彼の諸著作のさまざまな箇所から知られうるが、その代表例はつぎのものであろう。彼は一八五〇年代後半の『経済学批判要綱』のなかで、それからまた、ここで引用してきた彼の後期の経済学草稿のなかで次のように述べている。

「生産物を労働能力［の担い手としての労働者］自身のものであると認識すること、そしてその実現の諸条件からの分離を不正なこと［eines Unrechts］——強制関係——であると評価することは、法外な意識であり、それ自身が資本主義的生産様式の産物であり、またその滅亡に向かう凶兆でもあるが、それはちょうど、自分が第三者の所有ではありえないという奴隷の意識とともに、奴隷制はなお引き続き辛ろうじて生き延びただけで、生産の土台として存続することができなくなってしまったのと同じである」(11)。

さしあたってここで注目すべきは、マルクスが、資本主義の変革においても、労働者が労働疎外を克服することが大事であり、労働が疎外されていることを「不正なこと」、人間にとって不適切であると認めることが、決定的に重要であることを強調していることである。「不正なこと」、不適切なことについての意識は、人間についての規範的諸概念が前提されてはじめて形成される批判的意識である。したがって、ここでマルクスは資本主義崩壊にはそうした規範的諸概念の発展とそれらにもとづく批判的意識の発展が不可欠であることを主張しているのである。ちなみに、マルクスは、先に引用した「労働の疎外過程」についての議論の続きで、労働者がそうした批判的意識を獲得することが相対的に容易であることを指摘し、その理由として、労働者の方が「最初から資本家よりも高いところに立っている」ことを強調している。彼の考えでは、資本家の方が「その疎外過程に根を張り、そこに彼の絶対的な満足を見出す」のにたいして、労働者の方は「資本家の犠牲として最初から反逆的な関係に立っていて、その過程を奴隷化過程として感じている」のである。これが、革命の担い手としてのプロレタリアートを見出したときの、そしてこの階級がそのような担い手としての潜在的能力を備えているという信念を確かめていたときの、初期のマルクスの議論の延長線上の議論であることは、改めて指摘するまでもないであろう。

伝統的なマルクス主義をいっそう極端化したスターリン主義もそのさまざまなヴァリアントも、そもそもからマルクスの疎外論を理解せず徹底的に排除しようと努めてきた。したがって、当然、この理論に含まれていた規範的諸概念や、労働者がそうした諸概念にもとづいて批判的意識をもつことの重要性についての主張を理解できるわけもなかったのである。ここで引用したマルクスの文章などを念頭に置いて読むならば、例えば、フランスのアルチュセールの『マルクスのために』[邦訳『甦るマルクス』]の真実の題名は『マルクスに反対して』であり『マルクスを葬る』であったことに気付くであろう。さらに、スターリンの権威失墜後、マルクスにまで戻り、疎外論の価値を認めるところまできた人々の大部分でさえも、今日にいたるまで、ここでマルクスが資本主義の凶兆になる「法外な意識」と呼んでいる批判的意識について理解するところまでは進むことができなかった。エンゲルスと伝統的マルクス主義に由来する、そして、スターリン主義のところでいっそう極端なものにされた、たんなる空想とともに理想までも否認してきたあからさまな実証主義がもたらした被害はすさまじいものであり、おそらくその被害総額は想像を絶しているが、その被害の及ぶ範囲から出られなかった人々は、結局、マルクスの疎外論にふくまれている規範的諸前提を理解することができなかったとみなしてもよいであろう。すでに指摘してきたように、『ソフィーの世界』の著者もまた、残念ながら、そのような人々のなかの一人であったのである。

おわりに

これまでにみてきたところから明らかなように、マルクスは、働く人間の疎外の問題に、たんにその初期においてだけではなく、その後期においても関心をもち、この問題をはっきりさせようと大変な努力を積み重ねていた。マルクスが一貫して考えていたのは、要するに、資本主義的生産様式においては働く人間が疎外されざるをえない、つまり客体化させられ手段化させられざるをえず、人間としての主体性が奪われ、人間としての尊厳が剥奪されざるをえないということであった。この労働の疎外の研究の成果が、『資本論』に代表されるような彼の経済学的諸著作であったが、マルクスはそれらの著作で、結局のところ、労働が疎外されるようなことが何故生じたのかを考えたのだといってもよいであろう。そして、彼の考えによれば、まさにこの労働の疎外こそは時代の諸悪の根源であり、働いている人たちが、彼らが疎外されている状態を不適切であり不正であると認め、そのような生産様式を実践的に変革することが大事なことであったのである。このようなマルクスの批判的で革命的な思想が伝統的マルクス主義によって理解されてこなかったのは、ある程度やむをえなかったとしても、一九三〇年前後に『経済学・哲学草稿』その他のマルクスの諸著作が発表されてからは、それが理解されるための通路は十分に広げられたとみなすことができる。しかし、この通路は通行が禁止され、現実には伝統的なマルクス主義の方がスターリン主義においていっそう極端な仕方で発展させられてきて、新たに見出されたマルクスの思想の方が排斥されてきた。そして、それだけではなく、疎外論を中心とするマルクスの思想は後期マルクスによって放棄されたという神話が創られ広められてきた。その結果、最近になって発表された『ソフィーの世界』のような本のなかにまでそうした神話がまだ顔をのぞかせていて、スターリン主義による汚染との闘いがヨーロッパの知識人のなかでも依然として大きな課題であることが示されていたのである。幸いというべきか、一九八九年の秋のベルリンの壁の崩壊後、東欧およびソ連の社会主義システムが音を立てて自己崩壊を遂げ、それまでそれらの諸国で公認のイデオロギーとして支配的な影響力を保持してきたスターリン亡き後のスターリン主義、いわゆる新スターリン主義も脇に投げ捨てられてきた。そこで、そうしたことの結果として、今日、疎外論をふくむ本来のマルクスの思想を復権し、さらには発展させるための道がきれいに片付けられたのだとみることもできるであろう。こうした可能性は、マルクスの旗のもとに展開されてきた運動の残した負の遺産があまりにも大きいために、実際には非常に小さいものでしかないかもしれない。しかし、ソ連型社会主義の崩壊後僅かに数年しか経っていないにもかかわらず、とりわけ先進資本主義諸国では、資本主義は所詮資本主義という意識が強まってきていて、『ソフィーの世界』のなかの的確な文章をそのまま借りるならば、「働く人間に何が起きているか」という問題がクローズアップされてきている。もしその通りであるとすれば、まだ歴史上一度も晴れの舞台に登場したことがなかったマルクスの革命思想にもその本格的な出番が回ってくることが期待できるのではないか。

（1）ヨースタイン・ゴルデル『ソフィーの世界――哲学者からの不思議な手紙』須田朗、池田香代子訳、NHK出版、五〇一頁。
（2）同上、五〇九頁。
（3）同上
（4）マルクス『ヘーゲル国法論批判』、『マルクス=エンゲルス全集』、大月書店、Vol.1,p.236. MEW. Bd. 1,S.206
（5）拙稿「エンゲルスの誤解」、『唯物論』六九号（一九九五年）所収、東京唯研編。
（6）この問題については次の諸文献を参照せよ――アダム・シャフ『マルクス主義と個人』花崎皋平訳、岩波書店。拙稿「マルクスの疎外概念とマルクス主義」『現代の理論』一九七三年四号所収、同「『経済学・哲学草稿』と現代」『唯物論』六八号（一九九四年）所収。田上孝一「『経済学・哲学草稿』の運命」同上『唯物論』所収。
（7）ソ連の新スターリン主義の旗手の一人テ・イ・オイゼルマンの著書が何冊か邦訳出版されているので、それらを読めば、さまざまなところで弁護論的テーゼが主張されているのが、よくわかるはずである。
（8）この証明を筆者はすでに二〇年以上もまえに次の論文の中でおこなっている。「マルクスの疎外概念とマルクス主義（3）」『現代の理論』一九七三年八号所収。
（9）マルクス『直接的生産過程の諸結果』岡崎次郎訳、国民文庫、三二頁、MEGA,II-3-6,S.64-65.
（10）今から二〇数年もまえに筆者は、この問題で一研究者を親切に批判したことがある。その結果、返ってきたのは詳細な反批判であったが、これはまさに「天に向かって唾する」の典型的なケースになっていたように思われる。廣松渉「『ドイツ・イデオロギー』における自己疎外論の超克」参照、『廣松渉コレクション』第三巻所収。そもそも『ドイツ・イデオロギー』における自己疎外論の超克などということはまったくありえなかったのであり、著者は何が何でも道理を引っ込ませて無理を通そうとしたのである。これは、イデオロギーにとりつかれた人のふるまいであるが、『ドイツ・イデオロギー』の研究史を振り返って見るならば、論争相手の灰色のものを真っ黒に塗りつぶし、白いものまで灰色に塗り替えてしまうやり方が、真面な研究の発展にとっていかに有害無益であるかがよくわかる。なお、筆者の再批判参照。「疎外論超克説批判」『現代の理論』一九七五年五号。

(11) マルクス『資本論草稿集』第九巻、五七八頁。MEGA. II-3-6,S.2287.

4章

現代哲学思想の基本的諸傾向

古在由重『現代哲学』の批判的検討

はじめに

「ベルリンの壁」が崩壊してから早くも十年近くの歳月が流れたが、この間に、ソ連型社会主義のイテオロギーとして機能してきたマルクス主義哲学の特殊な形態が、その土台の自己崩壊によってその凋落の速度を一段と速めてきたことは、広く知られている。この特殊なマルクス主義哲学の一層の急速な地盤低下こそはこの世紀末の哲学思想上の最大の変化であったことは疑いがない。この主要な変化はさまざまな副次的な変化を引き起こしてきたのであるが、とりわけ注目すべきは、それがマルクス主義哲学に対立してきた諸哲学思想の急速な地盤上昇をもたらしたということであろう。この間に新旧の多様なブルジョア哲学がいわば傍若無人に蔓延ってきている。

このような状況のなかで、私たちが今何をなすべきであるのかは明白であるように思われる。何よりもまずマルクス主義の歴史の粉飾なしの決算報告書を作成し、マイナスの遺産を放棄するとともにプラスの遺産を確保し、それに基づいてマルクス主義の真の発展をはかること(1)。こうした方向での試みはすでにさまざまにおこなわれてきているが、――残念ながら、未だに満足の行くような成果が生み出されているとはいえない――必ずしも十分に注意が向けられてきたとはいえないのは、この決算報告書のなかには、これまでのブルジョア哲学批判の報告書も含まれなければならないということである。そして、そうした課題に目を向けてみるならば、過去のマルクス主義哲学に非常に多くの問題があったように、そのブルジョア哲学批判にもさまざまな問題があり、その歴史を批判的に検討することなしには一歩も前に進めないのではないかということが、わかってくる。そこで、ここでは、さしあたって問題をはっきりさせるために、日本におけるブルジョア哲学批判の歴史において古典的な位置を与えられてきた、あのあまりにも有名な古在由重『現代哲学』を取り上げて批判的に検討しておくことにしたい。この本が書かれてからすでに六〇年以上も経っているが、そこで提案されていた批判の構図は最近にいたるまでマルクス主義の研究者たちによって模範として利用されてきたので、今もなお取り上げて検討するだけの価値が十分にあるとみなしてもよいであろう。

1　ヘーゲルからマルクスへ

ヨーロッパと日本でファシズムが席巻し第二次世界大戦を目前にしていた一九三七年に発表された『現代哲学』は、時流に乗っていたファシズムの諸哲学とそれらの哲学に養分をあたえてきた諸ブルジョア哲学にたいする激しい批判、取り扱っている哲学的文献の量の大きさなどから、当時の第一級の哲学的著作として高く評価されてきた。今日から顧みて批判的に検討しても、たしかに著者が採用していた哲学的パラダイムの限界のなかではこれ以上望めないほどの高い水準に到達していたことは認めざるをえないのではないかと思われる。しかし、それにもかかわらず、この著書のなかに立ち入ってみるとただちに看過できないさまざまな問題があることがわかってくる。そして、主にその哲学的パラダイムによって規定されたさまざまな欠陥のゆえに、この著書は今日ではやはり過去の歴史に属するものとみなされざるをえないのではないかと思われてくるのである。

まず最初に注目しておかなければならないのは、現代哲学についての議論が、その没落から始められているヘーゲル哲学によって代表されるカント以後のドイツ観念論について古在が「保守的なものがその観念論的契機によって、進歩的なものがその弁証法的契機によって代表されてきた」(四一頁。三笠書房改定版頁数。以下同様)ことをくりかえし強調していたことである。これは、エンゲルスによって主張されレーニンなどによって継承され、一九三〇年代にはいってからはスターリン主義によって操り返し強調されてきた議論であったが、はたしてこのような仕方でヘーゲル哲学における進歩的なものが適切に把握されえたのであろうか。

近代ヨーロッパの哲学思想の歴史においてブルジョア民主主義革命の理論が発展させられてきたが、この理論の土台になるものとして自律的個人の理想が発展させられてきたことは、そしてまたこの理想がカントのところで、狭く限定されてはいたが、いっそう発展させせられ自律的諸個人と彼らによって構成されるシステムとしての「諸目的の国」の理想が提起されていたことなども、よく知られている。これはきわめてラディカルな理想であったが、この理想がドイツ観念論の哲学者たちによって発展させられ、特にヘーゲルのところでは、独特な観念論的外皮によって包まれていたが、自律的個人と彼らの連帯の理想として仕上げられている。そしてこのヘーゲルの革命的な理想こそは、彼の哲学の信奉者の左派が、とりわけ若きマルクスなどが、一八四〇年代の前半のドイツにおいて革命的民主主義者でありえた所以になっていたものであり、さらにマルクスが新たな共産主義の理想を基礎づけて行ったときにその源泉の一つにさえなっていたものなのである(2)。エンゲルスにならっていわゆる弁証法を強調してきた解釈ではヘーゲルにおけるこうした側面が軽視され、したがってまたヘーゲル主義時代のマルクスが何故革命的でありえたのかということも理解されなくなり、その側面がマルクスの共産主義の理想に通じていたことなども完全に見失われてきたように思われる。

だが、『現代哲学』の著者が適切な理解を欠いていたのはヘーゲルにおける進歩的なものについてだけではなかった。ヘーゲルはいちはやく、イギリスを中心としてヨーロッパで本格的に発展し始めていた近代資本主義社会がその諸成員をアトム化させ階級的な分裂を拡大再生産する社会にほかならないことをきわめてリアリスティクに理解していたのであるが、しかし、時代の制約もあってこの資本主義社会の諸限界を超える新たな社会主義的な社会の理想を見出すことなどはできなかった。そこで、この社会の土台としての市民社会を存続させたままでいわばその諸限界を国家によって超えて行く独持な国権主義の構想に到達し、結局のところそれを当時のプロイセンの絶対主義と結びつけこの絶対主義を肯定する方向を採用することにならざるをえなかった(3)。これこそがまさにヘーゲル哲学におけるもっとも「保守的なもの」の一つであり、これもたしかに彼の「観念論的契機」に結び付いていなかったわけではなかったが、しかしむしろ、その「保守的なもの」と結びついていたよりいっそう重要な契機は、彼の疎外論に、マルクスが『経済学・哲学草稿』のなかで批判したように、対象化概念と疎外概念とが未分化であったことに、求められるのである。この未分化によって人間の諸活動の対象化と同様にその疎外もいわば人間の永遠の条件に転化させ疎外の現実的止揚は最初から不可能にさせられざるをえなかった。したがって、ヘーゲルは近代市民社会における人間の諸活動の疎外を確認していたにもかかわらず、この疎外の止揚を市民社会の変革と結びつけて考えることができなかったのであり、したがってまた彼自身の哲学をプロイセン絶対主義と結びつけて行かざるをえなかったのである。

ヘーゲルは人間の活動の対象化と疎外を区別できなかったために、資本主義を直接的にではなくて媒介的に肯定する弁護論の一変種を提供していたのだとみなすことができるであろう。それこそが彼における「保守的なもの」を理解するうえできわめて重要な契機であったのであるが、古在は、すでに『経済学・哲学草稿』を読み、マルクスによるヘーゲル疎外論批判にも目を通していたはずであったにもかかわらず、そして、少し前に発表していた論文では疎外概念を受容する方向で努力していたにもかかわらず、ここ『現代哲学』ではその成果を少しも生かしていなかったのである。

だが、残念なことに、『現代哲学』の著者がマルクスの新たな古典をまったく無視していたのは、ヘーゲルについて触れていた箇所だけではなく、まさにこの著作の全体を通じてであった。そして、このことは、当然のことながら、マルクスの哲学の理解を歪め、さらには現代哲学の理解のすべてにも由々しい結果をもたらさざるをえなかったのである。

さしあたって直ちにみておかなければならないのは、マルクス主義の哲学についての理解であるが、『現代哲学』において古在が『経済学・哲学草稿』はもとよりその前後の時期のマルクスの哲学的諸著作も重視していなかったことは、一目瞭然である。たしかに著者は『聖家族』から「自己疎外」が含まれている文章も引用しているが（一二〇頁）、それは、労働者の疎外と彼らによるその止揚についてのマルクスの理論に光を当て、彼の哲学思想をはっきりさせるためではなく、マルクス主義の哲学における理論と実践、科学性と世界観性との統一ということを例証するためでしかなかった。そしてマルクス主義の哲学について語っていたときに著者が念頭に置いていたのはもっぱらエンゲルスの晩年の周知の哲学的諸著作であり、それらの著作において叙述されている弁証法的唯物論にほかならなかったのである。この弁証法的唯物論について著者は「自然、社会、思惟の——世界認識の最も一般的な発展諸法則についての唯一可能な哲学的科学」(五五頁)であると強調し、さらにスターリンの文章を引用しながら、ジェームズやデューイのプラグマチズムに「弁証法の鉄則に従う唯物論的思惟」を対置していた。こうしたことから明らかなことは、当時新たに見出されたマルクスの哲学を葬り去ってスターリン主義哲学がマルクス主義において支配の座についていたのであるが、古在がきっぱりとこの流れに棹さしていたということなのである。

スターリン主義のその他の信奉者たちと同様に、マルクスの哲学を理解することができなかった古在は、ヘーゲルにおける「進歩的なもの」についてだけではなく、また「保守的なもの」についても適切には理解していなかったのであるが、彼がこのヘーゲルをマルクスがどのように超え出たのかという点についても適切な理解をもちえなかったことは、いうまでもないであろう。ヘーゲル主義的パラダイムから新たなパラダイムに移行したマルクスは、いちはやく市民社会と国家の全面的な変革を考えていたのであが、特に彼が力を入れたのは、ヘーゲルにおいて未分化であった対象化と疎外の概念を分化させ、疎外された労働の概念を発展させて資本主義に対する批判を深めるとともに疎外の産物としての私的所有の止揚としての共産主義の理論を発展させることであった。この作業を推し進めることによってマルクスは、一方ではヘーゲル哲学における「保守的なもの」を徹底的に粉砕するとともに、他方ではこの哲学における真に「進歩的なもの」であった自律的個人と彼らの連帯という理想を共産主義の理論のなかに組み入れて発展させて行ったのである。新たに見出されたマルクスを葬り去ってしまったスターリン主義のパラダイムを受け入れた古在は、同じ方向を歩んでいた他の人々と同様に、このようなマルクスの理論の新しい質を結局理解することができなかったのだとみなさざるをえない。

要するに、古在は、支配の座についたばかりのスターリン主義に同調してしまったことによって、マルクスの新しい理論を、とりわけその疎外論を受容しなかったのであるが、しかしマルクスが問題にしていた人間の疎外は資本主義のまさに根本的な問題であり、したがって資本主義の時代の哲学にとっても基本的な論点にならざるをえない問題であった。したがってマルクスの疎外論を放棄してしまうことは、まさにこの時代の哲学の基本的論点を摑み損なうことに通じていたのであり、したがってまた現代の諸哲学にたいする批判もどうしても底の浅いものにとどまらざるをえないことを意味していたのである。

実際に、ヘーゲル哲学の没落から始まっている現代哲学の叙述を順を追って読んで行くと、直ちに気づかざるをえないのは、ヘーゲル以後の一九世紀半ばのドイツのブルジョア哲学についての著者の理解と評価も不適切であったのではないかということである。

よく知られていることでもあるが、ドイツで一八四八年以後、自然諸科学の発展を土台として生じた俗流唯物論とともにショーペンハウアー哲学やその影響下にあった諸哲学が流行するのであるが、それらの哲学のペシミズムについて古在は「観念論の痛ましい挽歌のようにひびいた」（二六頁）という評価をあたえていた。しかし、それらの哲学は、疎外論的観点からみれば、実はきわめて重要な新しいパラダイムを提供していたのであって、けっして滅び行く観念論の葬送の歌をうたっていたのではなかったのである。すでにヘーゲルが市民社会における人間の疎外を認めながら、それを国家の領域で止揚するという理論を、つまり実際にはそれをそのまま放置しておくことになるような新しい資本主義弁護論を開発していたが、ショーペンハウアーもこの疎外を疎外として、つまり人間にとってのきわめて不適切な状態としてはっきりと認めていた。しかし彼は、この疎外を何らかの仕方で止揚することなどはまったく考えずに人々がそれと付き合って生きて行くことができるような新しいパラダイムを提案していたのである。資本主義の発展とともに人間の疎外がますます深刻な問題になってくることは避けられないが、そしてまた、他方、その現実に対するさまざまな反資本主義的反乱が生じてくることも避けられない。このような歴史的発展のなかで資本主義の直接的な弁護論がますますその有効性を失ってくるが、まさにそうした状況のなかで、今度は直接的なものではなく間接的であるような弁護論を、つまり新しいタイプの弁護論をショーペンハウアーと彼の信奉者たちは提案していたのである。それが具体的にどのようなものであったかは、次節で簡単に検討するが、古在は、ショーペンハウアーたちがうたっていた歌が実際は新たな資本主義弁護論の生成の歌であったことに気づいていなかったために、その調子だけから悲しい葬送の歌であるかのように聞き違えてしまったのである。

しかし、さらに読み進んで行くと、『現代哲学』にはよりいっそう由々しい問題があることに気づかざるをえない。歴史的な事実として、ここでみてきたショーペンハウアーたちの歌もそのベースの一つにして、やがて帝国主義時代のブルジョア哲学において生の哲学の合唱がますます大きくなり、そこからファシズムの哲学も生み出されてくるのであるが、古在がその経過もファシズムの哲学の正体も適切に摑むことができなかったのではないかという疑問が生まれてくるのである。

著者がこの時代のブルジョア観念論哲学について適切に、その内部で科学性と世界観性との分裂が生じ、最初前者に優位が与えられていたが、時とともに後者に優位があたえられ、ますます神秘化していた生の哲学が支配的になってきたと捉えていたことはよく知られている。問題は、何よりもまずこの分裂がいかにして生じたのかということであるが、著者が提供している答えは、「ブルジョアジーの内部にいよいよ深刻化して行くところの理論と実践との分裂」（一一九頁）ということであった。著者はこの解答をくりかえし主張しているのであるが、しかし分析が深められているわけでもなく、納得ができるような説明があたえられているわけでもない。前の時代よりも人間の疎外の問題が一層深刻になってきたことと、さらにまた社会主義運動がますます強力になってきたことと関連させて説明があたえられるべきではないかとみなされるところでも、当然のことながら、そのような方向には議論が進められていない。したがって、著者の叙述から生の哲学が流行するようになる経過を知ることはできるのであるが、いったい何故そうした変化が生じたのかということについては、説明らしい説明は見出されえない。したがって、読者としてはどうしても著者がそれらの現象について適切に把握してはいなかったのではないかと考えてみざるをえないのである。

さらに、こうした説明の不十分さはファシズムの哲学について論じている部分ではいっそうはっきりしてくるように思われる。著者は、当時ナチス・ドイツの看板哲学者として活躍していたハイデッガーとヤスパースについては所詮は「ナチス的世界観となることはできぬ」と断定しながら、次のように確認していた。「キールケゴールとニーチェとはナチス・ドイツにおける二人の寵児である。……しかし、ナチス下の観念論にとってではなくまさにナチス的観念論にとっては、帝国主義の使徒ニーチェこそはほとんど唯一の思想的権威となりうる資格を所有する人であらう」(一六一頁)。ナチス的観念論にとってはニーチェこそがほとんど唯一の思想的権威となりうる資格を所有していたのではないかという把握は卓見であったといってもよい。したがって、ここでもまた古在は、事実の指摘としては適切なことを語っていたのであるが、しかし大事なことはやはり、何故ニーチェなのか、という問題であった。そこで、この問題にたいして著者がどのように答えていたかを知ろうと努めてみると、直ちにわかってくるのは、ここでもまた解答らしい解答が見出されえないということなのである。古在はこのニーチェから「知のための知」を排撃している文章を引用しながら、彼を権威としてかつぎ上げていたナチス哲学について次のように書いている。

「ナチス的世界観もまた理論と実践の統一について語る。しかし、……ファシズム支配のもとにおいては、理論は自己の真理性を放棄することによって初めて実践となる。『知は力である』という事実は『力が知である』という事実によって代位される。」「かくて観念論はファシズム的世界観において完全に無内容な一個の世界観へ、哲学における一つの実践主義へ転化する」(一六八頁)。

著者がナチス的世界観にとってのニーチェについてあれほど断固として語っていたのであるから、何故ニーチェかという問題にたいする解答になるような議論もそれなりに展開していたのではないかと思われるのであるが、実際に語られていたのは以上のようなことだけである。要するに、「完全に無内容な世界観主義」「哲学における実践主義」ということである――そして、これに僅かに付け加えられているのは人種主義の話だけである――が、もしもその通りであるとすれば、一体何故そのような無内容な世界観がともかくも一世を風靡することができたのかという問題が改めて提起されることにならざるをえない。しかしもとより古在はそのような問題を提起することも解答をあたえることもせず、真に世界観の名前に値するのは、当時ソ連で仕上げられつつあった弁証法的唯物論のみであるという議論を付け加えるだけで終わっているのである。したがって、著者がファシズムの哲学を適切に捉えていたのかという問いにたいしても否定的に答えざるをえないという印象は、ますます強められざるをえないのである。

2　疎外と現代哲学

古在は、帝国主義期のブルジョア哲学が基本的には観念論であらざるをえず、しかもこの観念論の内部において科学性と世界観性との分裂が生じざるをえないとみなし、さらに時とともに科学性を放棄して世界観性を確保しようとしてきた生の哲学が優勢になる傾向があると捉えていたのであるが、私たちが注目してきたのは、彼がこうした哲学の二つの側面の分裂とそれらのバランスの変化を引き起こしてきたのは、この時期の支配階級における理論と実践との分裂であったとみなしていたということであった。そこで、古在がブルジョアジーにおける理論と実践との分裂ということをどのように捉えていたのかを突きとめようと考えて、彼の著書を見て行くと、たしかに相変わらず分析を深めているわけではないが、しかしともかくもこの分裂をもう少しはっきりさせようと努めている箇所がないわけではないことがわかってくる。

理論と実践との関係を論じているところで古在は、「静止および観想の星サターン」と「行動の星ジュピター」との連結についてのベーコンの有名な話を引き合いに出しながら、次のように書いている。

「このような待望はただ市民社会の勃興期においてのみ、しかもベーコンのやうな唯物論者にとってのみ合理的であつた。なぜならば、『知は力である』といふ彼の信条はもっぱら自然に対する人間の技術的支配を意味していたからである。しかし、『市民社会』の歴史的発展はさらに、社会のうちにその盲目的威力をふるふところの『自然力』に対する人間の支配といふ新しい課題を提出する。この意味における理論と実践との連結はもはや現代唯物論を除くいかなる哲学的世界観にとっても可能ではない。」（一六二頁）

「自然に対する人間の技術的支配」、文字通りの外的な自然諸力にたいする支配という課題を解決するためにブルジョアジーが理論と実践とを結び付けようと努めたのはその勃興期においてだけではなかったことは、改めていうまでもないであろう。彼らはまた産業革命期はもとよりその後の資本主義の本格的な発展期においても、さらには帝国主義期においてさえも基本的には理論と実践とを連結させようと努めてきたのである。したがって、著者はここで「市民社会」の支配階級の対自然関係をかなり歪めて描き出し、間違った方向に考えを進めてしまっていたとみなさなければならない。

しかし、著者がよりいっそう由々しい間違いに陥っていたのは、「社会のうちにその盲目的威力をふるふところの『自然力』」に対する支配という課題についての議論においてである。そもそもここで古在が強調している「自然力」とは何であったのか。それは、資本主義社会の諸個人の制御されざる社会的な力、何よりもまず彼らの疎外された労働の力にほかならなかったのである。したがって、そうした「自然力」を支配するということは労働疎外を止揚するということにほかならなかった。この「自然力」の猛威にたいする批判はブルジョア哲学の側からもしばしばおこなわれてきたが、しかし、それを支配するという課題を真に解決するということが、資本主義的システムをまったく別な社会主義的システムによって取り換えることによって初めて可能になることは明白である。したがって、ブルジョアジーはそもそもそのような仕方で課題を設定してはこなかったし、そうした課題を解決しようなどとも考えてこなかったのである。したがってまたその解決のために彼らのところで理論と実践とを連結したりすることがおこなわれるわけもなかったし、また両者の分裂が生じてくることもありえなかったのである。まさにこの分裂に古在は固執して繰り返しそこに戻って行っていたのであるが、彼が問題を根本的に誤解していたことは明白であるように思われる。

そこで、さしあたって大事なことは、本来の自然諸力の支配をめぐっても、また社会における脅威にほかならない「自然力」の支配の問題をめぐっても、ブルジョアジーのところで理論と実践との分裂が生じてくるなどということが原理的にはありえなかったということになれば、この分裂に、古在が強調してきた帝国主義期のブルジョア哲学における科学性と世界観性との分裂の原因を求めるなどということもできないということになる。もしその通りであるとすれば、そして、たしかに帝国主義時代のブルジョア哲学における二つの側面の分裂ということが事実であるとすれば、この分裂とその意義は古在とは別の仕方で説明しなければならないということになるであろう。では、それはいかにしておこなわれるべきであるのか。

さしあたってここで思い起こすべきは、古在が用いていた概念をそのまま使い続けるならば、この時代になると「社会のうちにその盲目的力をふるうところの『自然力』」が人間にとってきわめて脅威的なものになってきたことが、誰の目にもはっきりしてきたということであり、また、この力にたいする支配を主張する社会主義的勢力がますます増大してきていたということである。マルクスの疎外概念を導入して言い換えるならば、要するに、資本主義社会における疎外がその深刻さの度合いを増してくるとともに、この疎外に対する社会主義的な反逆もますます大きくなってきていたということである。こうした変化に直面したブルジョアジーにとっては、当然、新しい現実に応じた新しい対応が必要になっていたが、それに応じてブルジョア哲学もまたそれなりの対応が迫られていたのである。そして、こうした変化に注目するならば、古在が適切に強調していたブルジョア的観念論における二つの潮流の分裂という問題にも新しい光が当てられることがわかってくる。こうした方向は、マルクスの疎外論を導入して帝国主義期のブルジョア哲学を批判するということになるが、すでに少なからぬマルクス主義者たちによって開発されてきているので、彼らの成果を参考にしながら、以下、問題を簡単に検討して行くことにしたい。

先に引用した古在の文章で論じられていたことを生かして行くならば、近代の初めから、何よりもまず外的自然に対する支配を発展させ生産力を高める必要性からブルジョアジーにとっては自然科学を発展させることが重要な課題であり、したがってまた、ブルジョア哲学の主流にとって科学性の確保はつねに中心的な課題であった。古在が強調していたように、帝国主義段階においてこの哲学のなかで科学性と世界観性の分裂が目立つようになってきてからも、生の哲学者から「実証科学の侍女」に身をやつしてきたと揶揄された新カント主義、経験批判論などはもとより、第一次世界大戦後から生成してきた新実証主義（ウィーン学団など）においても科学性の確保は最大の課題にされてきた。

他方、社会のうちにその力をふるうところの「自然力」にたいしてはブルジョア哲学は科学性を確保しつつ、最初のうちはそうした自然力を解放する方向で、つまり「譲渡」（＝「外化」）を発展させる方向で活躍しブルジョア民主主義革命に貢献してきた（ロック、ルソー等々）が、やがて資本主義における疎外が深刻になってくるとともに、そしてまた社会主義的勢力が台頭してくるとともに、その弁護論的傾向を強めてくる。この時期から古在のいうところのブルジョア哲学内部の分裂が本格的に始まるのであるが、科学性を旗印に掲げた潮流が辿った方向がどのようなものであったかは、この潮流のもっとも極端な代表的ケースをみれば、その特徴がよく摑める。それは、一切の形而上学的な無意味な概念を排除するとともに、同時に、人間にかんする一切の規範的な概念を、したがって人間が疎外され、社会のうちなる「自然力」によって翻弄されているような状態を批判することを可能にさせるような規範的な概念も排除してしまうべきであると説いていた。それがどれほど徹底的におこなわれてきたかは、古在の『現代哲学』の一年前に出版されたアルフレッド・エアーの有名な『言語　論理　真理』のなかの議論をみれば、一目瞭然であろう。そのなかで著者はつぎのように論じていた。

「別の人は盗むことが悪いことであるということについて私に賛成しないかも知れない。……しかし、厳密にいって彼は私のいうことを否定はできない。何故なら、あるタイプの行動が善いとか悪いとか言う時、私は事実的な陳述はしていない……私はただある道徳的な心情を表現しているにすぎない。……それ故、われわれのどちらが正しいのかを問うことは、明らかに意味がない。何故ならば、われわれのどちらもほんものの命題を確言しているのではないからである。……」(10)。

「われわれが論証せず、また論証できないのは……道徳的原則の有効性についてである。われわれはただそれをわれわれの感情にしたがって褒めたりけなしたりするだけなのである」(11)。

「道徳的な徳行へのすすめは全然命題ではなく、読者をある種の行動へと駆り立てるために為された叫びまたは命令である。それ故それは哲学や科学のいかなる部門にも属さない」(12)。

これらの文章が発表された一九三〇年代の半ばといえばヨーロッパでファシズムが席巻していた時期であり、したがって哲学思想に関わっていたまともな人間にとってファシズムの諸主張が真であるか否かだけではなく、またそれらの主張が政治的および倫理的観点から見て適切であるか否かをはっきりさせることが、緊急な課題になっていたはずである。そうしたことを念頭において読むならば、まことに信じられないような文章ばかりであるが、しかし、明らかなことは、ここで一般的に倫理的概念や倫理的判断が哲学の領域からから追放され、人間が疎外され手段にまで貶められていても、ファシズムの嵐が吹き荒れていても、そうした現実に煩わされずに生きて行けるような哲学が提案されていたということである。エアーは、要するに、人間が疎外されている現実にたいして理論的な批判の矛先が向けられることを阻止するための哲学的バリアーを構築していたのだとみなすことができるのである。

科学性を強調していたブルジョア哲学がたんに「科学の侍女」に身を窶していただけではなかったことは明らかであろう。この哲学はまた資本主義社会における人間の疎外にたいして無批判的な、したがって現状肯定的な哲学であろうと努めてもいたのである。ちなみに、たしかにここで挙げたエアーの例はいささか極端すぎて、必ずしも典型的なものではなかったかもしれないが、しかし、科学性の確保を看板に掲げてきた現代ブルジョア哲学の主流は疎外の問題にたいする態度では、若干の例外的ケースを除けば、基本的にはこの例と似たり寄ったりのものでしかなかったとみなすことができるのではないか。

さて、エアーの例を通してみてきた無批判的実証主義の潮流は、いわば気楽に人間疎外の現実から目を逸らしていれば、それで事足れりというところがあったのであるが、しかし資本主義の本格的な発展が始まった一九世紀の半ば頃からブルジョア哲学思想にとっても疎外の問題はますます無視できない大きな問題になってきていた。前節でみてきたように、ドイツにおいて四八年革命の後にショーペンハウアーの人気が高まるのであるが、彼とその信奉者たちの哲学はまさにそのような脈絡のなかにおくときに、はじめてその意義がはっきりしてくる。たしかにその徹底的なペシミズムは、古在が彼と彼の信奉者たちの哲学について感じていたように観念論の挽歌のひびきのように聞こえないわけではない。

しかし、同じ時期に、遅れて産業革命が始まったドイツにおける資本主義の発展とそれがもたらす人間の疎外の問題が広く注目されるようになってきたことを考慮するならば、すでに簡単に指摘しておいたように、ショーペンハウアーなどは、ますます深刻になってきた新たな疎外とどのように付き合うべきであるかを説く新たな観念論の生成の歌を先取りしそれを辛辣にうたっていたのだということがわかる。発展しつつあった資本主義社会において新たな疎外に苦しめられていた人々にとってショーペンハウアーの次のような文章がどのような意味をもつことになったかは、容易に想像することができるであろう。

人生の指針たるべきたしかな磁石をいつも手に携えていようと思えば、またけっして迷うことなしに人生をいつも正しい光のもとに凝視していようと思えば、そのために何よりも役立つことは、この世を償いの場所として、したがって、いわば一種の刑務所、徒刑地として観ずる習慣を身に付けることである。すでに最古代の哲学者たちがこの世を労務所「エルガステリオン」と呼んでいたし(アレクサンドリアのクレメンス)、キリスト教の教父たちのあいだではオリゲネスが同じことを驚嘆に値する大胆さをもって言い放っている(アウグスティヌス『神の国』、第二、二三章)。こういう人たちのこういう見解は、実はその理論的保証をただ私の哲学だけではなく、一切の時代の知恵のうちに、すなわちバラモン教や仏教、さらにはエンペドクレスやピタゴラスのうちに見出しているのである(13)。

これによって新たな哲学思想の正体が、それからまたショーペンハウアーが自分の思想の歴史的系譜をどのように考えていたかということもよく理解できる。いうまでもなく、刑務所に入れられたり、徒刑地に追いやられることは人間にとっては最悪の生活を送るということを意味している。したがって、ショーペンハウアーは、資本主義の発展とともに深刻になってきた疎外によって悩まされ苦しめられている人々に向かって、そもそも人間は最悪の生活を送るように強いられている、最悪の生活こそが人間の永遠の定めなのだと説き、疎外を変更不可能なものとして、したがってをそれを受け入れて生きて行く以外には生きる道はないのだと説いていたのである。

ショーペンハウアーのところでは、要するに、資本主義とともに深刻化してきた人間の疎外は人間の生活の永遠の条件に転化させられ、疎外された人間に残されているのは、もはや疎外の現実によっては煩わされない悟りの境地に到達することだけであるとされていたのである。したがって、一見単純なペシミズムと宗教的悟りの勧めが説かれているだけでしかないようにみえるが、しかし、もちろん、それだけではなかったのである。当然のことながら、疎外の止揚の方向に現実的な活路を見いだすことなどは最初から無意味なことにされ、そこにおいて人間が疎外されているシステムそのものの革命的な変革などが儚い夢でしかないことが説かれていたのであり、さらに、そうした根本的な変革の手前のところの諸々の改良的活動さえも無意味なことであることも大いに説かれていたのである。

彼は次のように述べていた。

「いかなるところでも、またいかなる時代にも、政府や法律や公共施設には多くの不満があったものだ。しかしその大部分は、ひとがいつでも惨めさをそれらの政府や法律や公共施設のせいにしようと構えているからのことにほかならない。いったい、その惨めさは、神話的ないいかたをするなら、アダムが受けた、そしてアダムとともにアダムの全種族が受けた呪いなのだから、人間の生存それ自体に切り離しがたくこびりついているものであるのに」(14)。

階級的諸関係や政治的諸制度がもたらす人間的悲惨がアダム以来の「人間の生存それ自体に切り離しがたくこびりついている」悲惨にすり替えられ、したがって、そうした悲惨を取り除くことは生存そのものの否定に通じているということにされ、その上で、政府や法律などの改良をせまっても無意味なことではないかということが説かれているのである。もはやこれ以上の引用は必要がないであろう。ショーペンハウアーは古い観念論の挽歌をうたっていたのではなく、資本主義の発展とともに深刻になってきていた人間の疎外を経験して苦しんでいる人々に向かって、彼らが資本主義に反逆することなく、それどころか改良を要求することもなく、資本主義と付き合って行けるような新たな弁護論的思想の歌をうたっていたのである。この歌はたしかに、先にみてきた実証主義者たちのところにもまだ残されていたストレートなものではなく、疎外の問題を組み込んだ新たな間接的なものであったが、しかし同じ弁護論の歌であったことは明白である。

こうして新たな弁護論が開発されたのであるが、しかしこの弁護論はその信奉者たちがどうしても、そこにおいて人間が疎外されている現実の世界に対して消極的に、そこから逃避するような仕方で関わりあうような方向に導かざるをえない。したがって、資本主義がさらに発展して疎外の問題がますます大きな問題になり、労働運動や社会主義運動が本格的に始まると、ブルジョア・イデオロギーにおける主要潮流の直接的弁護論にこの消極的な間接弁護論が付け加えられるだけでは十分ではなくなってくる。ヨーロッパの歴史においてこのような限界がはっきりさせられることになったのがパリ・コミューンであり、この出来事から出発してショーペンハウアーを超えて間接的弁護論を飛躍的に発展させたのがニーチェであった。ここでは、この哲学者にかかわる細々した事柄は一切省き、彼が最終的に到達した哲学思想の本質がどこにあったのかだけを簡単にみておくだけに止めなければならない。

かつてホッブスは、人間の事実上の平等性を主張し、人間の精神的諸能力の平等性を信じがたくしているのは「人間が自分の知恵について有する自惚れ」にほかならない、と考えていた(15)。その自惚れが狂気の域にまで到達していたとしか思われないようなやり方で平等の価値を攻撃していたこの人物についてさしあたってここで注目しておかなければならないのは、そこにおいて労働する人間が搾取されている資本主義社会が本格的に発展しつつあった一九世紀の後半に彼が次のようなことをくりかえし書いていたことである。「生そのものは本質上他者や弱者をわがものとすることであり、侵害することであり、圧服することであり、抑圧すること、無慈悲なこと、自らの形式を他に押し付けることであり、摂取することであり、少なくとも、最も穏やかに見ても、搾取である。『搾取』とは退廃した社会や不完全で原始的な社会に属するものではない。それは有機的な根本機能として、生あるものの本質に属する。それは生の意志そのものにほかならぬ本来的な権力への意志の一つの帰結なのである」(16)。

ここでもまた先輩のショーペンハウアーのところでおこなわれていたのと同様な詐欺的なすりかえが行われていて、実際に目の当たりにしていた現実の資本主義的搾取が生の永遠の機能そのものとして、権力への意志としての生の意志そのものの一帰結として、神話的に描き出されている。したがって、歴史的な資本主義的搾取が人間のまさに永遠の条件に転化させられ、搾取を廃絶することがただちに人間の生そのものの否認に通じているということにされているのである。しかも、搾取が通常の意味での道徳的観点から見て悪しきこととして描かれているのであるが、まさにこの悪が厚顔無恥に徹底的に肯定されている。この箇所は、ニーチェが一連の神話を創作することによってどれほど市場経済と資本主義的搾取の露骨な擁護者として活躍していたかをまことに遺憾なく示しているとみなしてもよいであろう。

ニーチェがショーペンハウアーから学びながら師を超えて、資本主義の積極的な間接的弁護論を恥知らずに発展させていたことは、以上の一例だけからでも十分に明らかであるが、しかし彼はそこにとどまらずに資本主義の批判者たちにたいして徹底的に闘争を挑み、彼らに対して信じられないほどの悪口雑言を浴びせかけていたのである。一例だけを挙げておくならば、彼は次のように語っていた。

「このわれわれにとっては、民主主義の運動はたんに政治的機構の一つの退廃形式と見られるだけではなく、むしろ人間の退廃形式、すなわち人間の矮小化の形式と見られ、人間の凡庸化と価値低落と見なされる。……人間の全体的退化は、ついに今日の社会主義的な愚物や頓馬どもに彼らの『未来の人間』と思われ、彼らの理想と見えるものにまで下降するのだ！「このように人間の退化と矮小化が完全な畜群にまで（あるいは、彼らのいうように、『自由社会』の人間にまで）いたり、このような人間の動物化が平等な権利と要求をもつ倭獣にまでいたる可能性があるということ、このことは疑いの余地がない！」(17)。

神話を創って詐欺的に資本主義を擁護して見せたニーチェが、民主主義に対して、さらに資本主義そのものを葬り去ることをめざした社会主義に対して、どれほど敵意と恐怖を感じ、どれほど卑劣な誹謗的攻撃を浴びせていたかは明らかであろう。このニーチェが一九世紀の後半に古代ギリシアの奴隷制にあこがれ、「立派な健全な貴族制」を誉め称えていたことはよく知られているが、そうした退嬰的で貧相かつ劣悪な願望こそが人間の退化と矮小化、人間の動物化と倭獣化に通じていたことは、彼を崇め奉りその文章スタイルまでも猿まねしていたヒットラーとその徒党の悪行の数々が十分に証明して見せたのだとみなしてもよいであろう。

ニーチェについて古在がナチス哲学にとっては「ほとんど唯一の思想的権威となりうる資格を所有する人」であろうと適切に位置づけていたのであるが、しかしこのニーチェを思想的権威としたナチス哲学について彼は「無内容な一個の世界観主義」「哲学における一つの実践主義」であると規定していた。そして、それに内容があったとすれば、せいぜい「人種論」、「『人種的・北方的』イデオロギー」でしかないのではないかとつけ加えていた。今やこうした古在の把握が間違っていたことは明瞭になったといってもよいであろう。彼は、前に、ショーペンハウアーの哲学についてその新たな資本主義弁護論的性格を摑み損なっていたように、ここではニーチェが彼の先輩を超えてきわめてアクティヴな資本主義の間接弁護論を発展させていたことが理解できなかったのではないであろうか。実は、まさにこの面こそが二〇世紀の初めから、ヒットラーと彼の徒党が跳梁していた時代を経て、今日にいたるまで、資本主義の諸悪を知りつつこの資本主義を肯定して生きる方向を選択してきた人々のところでニーチェが一貫してその人気を保持してきた理由があったのではないか(18)。そして、ソ連型社会主義の崩壊後、もはや社会主義的な見通しはさえぎられたと考えるにいたった人々もここに合流してニーチェ人気がさらに大きくなってきているのではないか。このように理解することができるとすれば、ブルジョア哲学における科学性と世界観性との分裂の源泉をブルジョアジーのところでの理論と実践との分裂に求めていた古在の主張が間違いであることもいっそうはっきりしてきたとみなすことができるであろう。ここで前にみてきたエアーの哲学のような無批判的実証主義とニーチェの生の哲学のような批判的非合理主義との分裂は、資本主義社会をどのように弁護するかという点での相違でしかなかったのであり、両者はまさに分業を展開しながら同じ資本主義弁護論の歌をうたってきたのである。

おわりに

古在は『現代哲学』において広い視野をもって大量の哲学的文献にあたり全体としてファシズム哲学とそこにいたるブルジョア諸哲学の歴史を簡潔かつ的確に描き出していたのであるが、しかし、立ち入って検討してみてはっきりしてきたことは、唯物論と観念論との対立、観念論の内部における科学性と世界観性の分裂、その土台としての理論と実践との分裂などの諸概念によって構成されていたパラダイムに依拠していたために、スケッチ風に描き出した歴史を適切に説明することができなかった、というよりは間違った説明を提供せざるをえなかったということであった。彼は、結局、当時すでに支配的な地位に到達していたスターリン主義の哲学的パラダイムにもとづいて考えていて、それによって完全に囚われてしまっていたのだとみなしてもよいであろう。少し前に発表していた論文では古在が、ともかくも発表されたばかりのマルクスの『経済学・哲学草稿』の疎外概念を受容する方向で努力していたことが明らかなので、残念なことだといわなければならない。古在はマルクスの新しい哲学的文献を読んでいたにもかかわらず、彼の疎外概念を真に受容することはできず、したがってマルクス主義哲学のパラダイム転換もはかることができなかったのである。このことが、結局、彼が現代哲学思想の真の論点をつかむことを妨げ、同時代のブルジョア哲学にたいする批判を深めることも不可能にしてしまったのだとみなしてもよいであろう。ソ連型社会主義の崩壊後の現在、かつてなくブルジョア諸哲学が大流行の時代を迎えているが、それらの哲学に対する批判を首尾よく展開するためには、何よりもまず古在の『現代哲学』に表明されていた古いマルクス主義哲学の限界が超えられなければならないであろう。そしてその前提としてマルクスの疎外論を真に受容する方向でマルクス主義哲学のパラダイム転換がなされなければならないのであるが、そのためにも、何よりもまずマルクス主義に関わってきた人々によるその哲学思想の歴史の粉飾なき決算報告書が仕上げられることが待たれていることは改めていうまでもないであろう。

注

（1）こうした方向での最近の試みの一つとして次の文献を挙げておきたい。「特集　哲学思想の現在」、『経済と社会』（時潮社）第七号所収。

（2）cf.Immanuel Kant : Grundlegung zur Metaphysik der Sitten（1785）G.W.F.Hegel : Phänomenologie des Geiste（1807）. なお、拙著『初期マルクスの批判哲学』（時潮社）第八章参照。

（3）cf.G.W.F.Hegel : Grundlienien der Philosophie des Rechts（1821）。

（4）マルクス『経済学・哲学草稿』第三草稿［5　ヘーゲル弁証法と哲学一般の批判］参照。

（5）執筆順序は定かではないが、発表の順序ははっきりしていて「ヒューマニズムの発展」の方が先に発表されている（一九三六年）。そして、この論文の中では明確にマルクスの疎外論が受け入れられている。

（6）前掲『経済学・哲学草稿』第三草稿参照。

（7）明らかに、この「自然力」の概念を古在は晩年のエンゲルスの諸著作から引用している。

（8）Georg Lukacs : Zerstörung der Vernunft（1954,1962）. Istvan Mesazaros : Marx's Theory of Alienation（1970）前者にはそれぞれの版の、後者には三階徹氏などによる翻訳がある。

（9）マクス・シェーラーの言葉で古在『現代哲学』（一一二頁）より引用。

（10）（11）（12）アルフレッド・エイヤー『言語　論理　真理』、吉田夏彦訳、岩波書店、一三〇頁、一三八頁、一二三頁。

(13) ショウペンハウエル『自殺について』、斎藤信治訳、岩波文庫、六五頁。
(14) 『ショーペンハウアー全集』、白水社、十三巻、三三一頁。
(15) ホッブス『リヴァイアサン』、水田洋訳、岩波文庫、(一)一九九～二〇〇頁。
(16)(17) ニーチェ『善悪の彼岸』、木場深定訳、岩波文庫、二六八頁、一五九頁。
(18) こうした現象を素朴に代表してきたのはいわゆるポストモダニズム諸思想であったが、いっさいの社会主義への見通しが遮られてしまったと感じている人々がどのような思想に、というよりは、どのような神話に飛びつくものであるかがよく示されている。

Ⅱ　マルクスの社会主義思想

5章 マルクスの社会主義社会論

はじめに

旧ソ連と東ヨーロッパにおける社会主義的システムの崩壊をめぐってさまざまな議論がおこなわれてきたが、この議論を通じて広く認められてきたのは、問題の崩壊がまさに特殊な社会主義の構想の故に必然的に生じたのであるということであり、したがってこの構想の原理的な欠陥を白日のもとに晒して見せたのだということである。そして、同様にといってもよいであろうか、広く認められるにいたっているのは、それらの欠陥の最たるもの、したがって崩壊に導いたまさに致命的な欠陥は、社会主義社会においては市場経済が廃止されなければならないという主張であったということである。そしてさらに、ここまで認めてきた人々の多くが当然のごとく受け入れてきたのは、この由々しき欠陥がたんに新旧のスターリン主義の理論にあっただけではなく、レーニンの理論はもとより、さらにはマルクスの理論にもあったということである。その典型的な代表例はつぎのような議論である。

「ソ連、東欧の共産主義体制が音を立てて崩壊した今では、たんにスターリンの誤りだけではなく、この体制を導いてきたマルクスやレーニンの理論にも誤りがあったのではないかと疑うのは、別に新奇なことではないであろう。」「この［古典的マルクス主義の］理論の教えるところによれば、社会主義は経済的には非市場システムでなければならない」(1)。

たしかに非市場システムとしての社会主義の理論を実現しようと努め、実際に市場を圧殺したことが、自己崩壊せざるをえないような著しく国権主義的で官僚主義的な社会主義社会をもたらしたということは、そしてまたこの非市場的社会主義の理論がスターリン主義者だけではなく、レーニン、さらにエンゲルスによっても説かれていたということも、認めざるをえないであろう。問題は、この理論が、ここで主張されているようにマルクスによって説かれていたということも、真実であるか否かということである。はたしてマルクスもまた非市場的社会主義の理論を説き、それゆえに有罪の宣告をうけなければならないのであろうか。

さて、偉大な思想家と彼の友人、さらには彼の後継者たちのあいだにはしばしば大変な違いがあるものであることは、よく知られている。したがって、例えば、師の旗をかかげている弟子たちの理論のなかに致命的な誤りを見出だしたからといって、ただちに師もまた同様な致命的な間違いを犯していたのではないかなどと言い出したりしてはならないのである。ソ連型社会主義の崩壊を契機にして雨後の茸のように現われてきたマルクスについての議論をみると、はたしてそれらの議論の担い手たちがものを考えるひととして適切にふるまっているのかを疑いたくなるようなケースもけっして少なくない。それらの議論を詳細に検討することは興味深い課題であるが、この小論ではそれらのなかでもとりわけ人気のある、マルクスが非市場的社会主義論を説いていて、それが彼の理論の決定的な誤りの一つであったという議論に焦点をあてて、やや立ち入って検討しておくことにしたい。

1　マルクスのポスト資本主義社会論

周知のように、マルクスの共産主義の構想は資本主義にたいするラディカルな批判に基づいていたが、この批判の核心は彼によって書かれた第一インターナショナルの有名な規約前文の一節に凝縮されて表明されていた。そこには「労働者階級の解放は労働者階級自身の手で闘い取らなければならない」という、マルクスの名前を掲げてきた人々によってしばしば忘れられてきた彼の最重要なテーゼの一つが書き記されたあとに、続けて次のように書かれている。

「労働諸手段すなわち生活諸源泉の所有者への労働者の経済的従属が、そのいっさいの形態における隷属――いっさいの社会的悲惨、いっさいの精神的萎縮、いっさいの政治的依存――の根底にある」(一八六四年一〇月起草)(2)。

後にマルクスは『ゴータ綱領批判』(一八七五年四~五月)のなかでこの箇所に触れ、「生活諸源泉」という言葉を付け加えたことによって、土地もまた「労働諸手段」のなかに含まれていることをはっきりさせたのだと語っている。したがって、ここでの「所有者」とは資本家と地主ということになるが、マルクスの考えによれば、要するに、これらの両階級による労働諸手段の私的所有、そしてそれによって生じている両階級への労働者の経済的隷属、ここにあらゆる形態の隷属の根底が見出されるのである。そこで、続けて彼が書いている有名な文章はつぎの通りである。

「したがって、労働者階級の解放が偉大な究極的目的であり、あらゆる政治運動は手段としてこの目的に従属すべきものである」(3)。

今日にいたるまでにすでに長い歴史をもっている労働者階級の解放の運動において、ここに書かれている手段と目的との関係がどれほど不適切に、さらにはしばしば転倒させられて理解されてきたかを思い起こすならば、これが今日もなお真に興味深い文章であることは明白であるように思われる。ではマルクスは「偉大な究極的目的」のもとに具体的にはどのようなことを考えていたのであろうか。

しばしば実証主義的な傾向をもった人々によって、マルクスは実現すべき理想については語らなかったなどと尤もらしく強調されてきた。しかし彼は、未来について語るさいに可能性なきユートピアを描かないという知的誠実さを貫いていたとしても、実現の可能性があると考えた理想的な未来社会については少なからず語っていた。共産主義社会についての彼の文章の集合が、彼がそれらを書いていたときには存在していなかったが（そして、今もなお存在してはいないが）、しかし彼が、存在すべきであり、また存在することが可能だと考えていた社会の理想を表現していたことは、あまりにも明白なので、彼が理想を説かなかったなどと主張している人々は到底まともではないとみなさなければならない(4)。彼らは悪しきイデオロギーに愚かれた不幸な人々で、いわば病理学の対象なのである。そこで、彼らをそちらの方面の専門家に委ねることにして、マルクスのところに向かうならば、彼は、饒舌というほどではないとしても、さまざまな箇所で理想の未来社会について語っている。その代表的なものは、『資本論』の商品論の最後の節に書かれているつぎの言葉である。

「共同体的な生産諸手段でもって労働し、彼らの多数の個人的諸労働力を自覚的に一つの社会的な労働力として支出する自由な人間たちの連合(ein Verein freier Menschen, die mit gemeinshaftlichen Produktionsmitteln arbeiten und ihre vielen individuellen Arbeitskräfte selbstbewußt als eine gesellshaftliche Arbeitskraft verausgeben)」(5)。

マルクスにとっての未来社会の理想が凝縮されて表明されているが、ここからもあきらかなように、さまざまな要素からなるこの理想において「自由な人間たちの連合」が最高の規範としての位置を占めていたことは疑いの余地がない。ここで引用した言葉の近くで同様な社会を念頭に置きながらマルクスは「自由に社会化された人間たち（frei vergesellschaftete Menschen）」(6) という言葉も使っているが、彼の思想においてこうした規範が、それ無しでは彼の未来社会論の他のすべての要素が無意味になってしまうほどの重みを持っていたことは明瞭である。したがって、本来なら先ず、まだヘーゲル主義者であった時期からマルクスが発展させてきたこの概念に立ち入っておかなければならないのであるが、しかしこの検討は別の機会に行うことにして (7)、ここではただ、マルクスの未来社会論のこの要素が、崩壊したソ連型社会主義においては本格的に追求されたことが一度としてなかったということだけを指摘するにとどめておかなければならない。まさにこの点にこの社会主義が、マルクスの名前を掲げながらいかに彼から遠ざかっていたかが如実に示されていたといっても過言ではないのである。

さて、この自由な人間の連合ということがマルクスの未来社会論の主柱であったとすれば、引用した言葉からも知られるように、生産諸手段の共同体的所有と個人的諸労働力の計画的支出とがそれを支える二つの柱としての位置を占めていた。先ず前者についてであるが、ここで、何よりもまず含意されているのが資本主義的私的所有の廃絶であることはいうまでもない。では、この廃絶後生産諸手段が共同体のものになるということでマルクスは積極的にどのようなことをイメージしていたのであろうか。生産諸手段を共同体的なものにするということをマルクスは他の箇所で「労働諸手段の社会化（die Vergesellshaftung der Arbeitsmittel）」とも呼んでいるが、この社会化について彼は次のように語っていた。「すべての労働諸手段が、各人に、彼の労働力を使う権利および可能性が保証されるように、社会化されるべきであろう」(8)。ここから、マルクスがイメージしていたのが、生産諸手段が、共同体の成員が彼の労働力をそれらの諸手段に結合させる権利と可能性が確保されているような状態になっていることであったとみなしてもよいであろう。したがって、しばしばマルクスの社会主義的所有論はソ連型社会主義の生産諸手段国有化構想に通じていたかのように考えられてきたが、ここで引用した社会化論を念頭に置き、ヘーゲル主義との訣別後の彼の徹底的な反国権主義的見解などを思い起こすならば、少なくとも、ロシア革命以後の社会主義運動がマルクスの名のもとに生産諸手段の国有化を大規模に進め、著しく国権主義的な社会を造り上げたことにたいして彼が責任を負っているとはいえないことは、明白であるように思われる。おそらくマルクス主義の歴史における生産諸手段の国有化の思想の真の定礎者は彼の友人や後継者たちであるが、こうした問題点を立ち入って検討することも、マルクスの革命思想の規範についての前の論点と同様に、ここで中途半端に行うべきではなく、また別な機会に本格的に行うべきであろう。

さしあたって、ここでやや立ち入って論じておきたいのは、マルクスの未来社会論のもう一つの基本的な支柱に関わる問題である。先に引用した語句によれば、マルクスは彼の理想の未来社会において人々は「彼らの多数の個体的な諸労働力を自覚的に一つの社会的な労働力として支出する」と考えていたのであるが、この文章のすぐ後で彼が「労働時間の社会的に計画的な配分（ihre [Arbeitszeit] gesellshaftlich planmäige Verteilung）」(9) という言葉を使っていることからも確かめられるように、彼が念頭においていたのは生産の計画化ということにほかならない。このような計画化をマルクスがその初期以来どれほど重要視してきたはよく知られているといってもよいが、問題はこの支柱を実際に立ててみたら、結局、大事な主目的の実現が妨げられ、理想の社会とは似ても似つかぬ社会が造り出されることになってしまうのではないかということである。ソ連型社会主義の不幸な経験が教えていることの一つは、本来の市場を廃止し経済の厳密な計画化を実現しようとすれば、それだけでも困難な経済的諸問題を大量に生み出して生産諸力の発展を妨げるだけではなく、膨大な量の官僚を造り出し、民主主義的および社会主義的諸価値の実現を妨げて社会を最悪の状態に引き下げてしまうということである(10)。はたしてマルクスの計画化の概念は、その破綻が明らかになったソ連型社会主義の計画化の概念に通じていたのではなかったのであろうか。もしもそこに通じていたとすれば、たしかにソ連型社会主義の経験によってマルクス自身の理論の破綻も証明されたということになり、最初に引用しておいた議論が正当であるということになるであろう。だが、はたしてその通りであるといってもよいのであろうか。

すでに見てきたように、マルクスの未来社会の構想の柱の一つは生産諸手段の私的所有の廃止とそれらの諸手段の共有化であり、この柱が生産の計画化の前提にもなっているのであるが、またそれが本来の市場にたいしてどのような意味をもっているかも明白であろう。市場の存在の前提は生産諸手段の私有であるが、この前提がすでに廃止されているとすれば、当然、論理的必然的に市場も存在しえないということになる。そこで、マルクスは『ゴータ綱領批判』のなかで共産主義社会について立ち入って議論するまえに、次のように述べている。

「協同組合的な、生産諸手段における共有に基づいている社会の内部では、生産者たちは彼らの諸生産物を交換しない。同様にここでは生産物に費やされた労働がそれらの生産物の価値としては、すなわちそれらの生産物にそなわる物象的な性質としては、現われない。というのは、今や資本主義的な社会とは対立して個人的な諸労働がもはや回り道をしてではなく、直接的に総労働の構成諸部分として現存しているからである」(11)。

マルクスの主張は明瞭だといってもよいようにみえる。すでに生産諸手段が共有されているとすれば、労働生産物の商品化もなければ商品の物神崇拝もなく、個人的な諸労働が市場の媒介なしに直接的に、社会的総労働の諸環であることがはっきりさせられていて、すでに万事が透明になっているというわけである。したがって、ここに書かれていることだけを切り離して解釈するならば、ここからきわめて単純化された非市場的社会主義経済案が出てくることになり、マルクスこそ今日では悪名高きものになっている経済理論の元凶であったということになり、流行のマルクス批判が適切であるということにならざるをえない。だが、はたしてその通りであったのであろうか。マルクスの議論をもう少し先まで追って見ると、彼の理論がそれほど単純なものではなかったことがわかってくる。あらかじめ結論を先取りしておくならば、ここでマルクスが描いている構想は、通常「社会主義」という言葉で表される、資本主義社会の次の段階の社会としての社会主義社会のことではなく、マルクスがやがてこの社会の後に到来するにちがいないと考えていたより高次の共産主義社会のことであったのであり、流行のマルクス批判はけっして的を射ていたわけではなかったのである。

2　社会主義社会と市場

マルクスが共産主義社会を二つの段階に分けていたことはよく知られているが、彼の考えによれば、その最初の段階はようやく資本主義社会から生まれたばかりで、旧社会の母斑が残っている共産主義社会なのである。彼以後には「社会主義」と呼ばれることになる

（筆者もこの呼び方を採用している）この社会では各人にはその欲求に応じてではなく、その労働に応じて消費諸手段が分配される。まず注目すべきは、この労働に応じた分配がいかにして行われるかについてのマルクスの説明である。

当然のことながら、この社会においても社会的総生産物のうちのすべてが消費手段にまわされるわけではない。その総生産物の一部分が再び生産諸手段として使われるだけではなく、さまざまな障害にそなえる予備フォンドとしても使われるし直接には生産に属さない一般的な管理費、教育施設や衛生設備等々の費用としても使われる。それらが社会的総生産物から控除されたのちに、いよいよ各人に生活諸手段が分配されることになるのであるが、それはいかにして行われるのか。この問題に対するマルクスの解答は以下の通りである。

「個々の生産者は、したがって、彼が社会に与えるものを——諸控除の後に——正確に返してもらうのである。彼が社会に与えたものとは、彼の個人的な労働量である。たとえば、社会的労働日は、個人的労働時間の総和からなる。個々の生産者の個人的労働時間は、社会的労働日のうちの彼によって提供された部分であり、社会的労働日における彼の持ち分である。彼は社会から、これこれの量の労働（共同体的フォンドへの彼の労働からの控除の後）を提供したという証明書を受け取り、その証明書をもって消費諸手段の社会的たくわえから等しい量の労働が費やされただけのものを引き出す。彼が社会に一つの形態であたえたのと同一の量の労働、それを彼は別の形態で取り戻すのである」(12)。

資本主義社会であれば、個々の労働者は、原理的には彼の労働力の価値の貨幣的表現にほかならない賃金を受け取り、ここでのマルクスの言い回しを利用するならば、それをもって消費諸手段の私的たくわえから自分の分け前を引き出す。それにたいして、マルクスによれば、共産主義の第一段階すなわち社会主義で生産者が受け取るのは、もはや賃金ではないのである。彼は社会に一定の個人的労働量を提供する。そうすると、彼に社会から共同体的フォンドへの控除分を差し引いたうえで、これこれの量の労働を提供したというしるしになるもの、つまり証明書が与えられる。これはもはや労働力の価値には関係がなく、彼が社会にどれだけのものを与えたかを表すのである。

賃金ではなくて、このような意味での証明書を生産者が手にするということ、まさにここに彼と資本主義社会の賃金労働者との決定的な相違の一つが存在するとマルクスが考えていたことは明白である。新たな社会ではすでに階級的不平等はきっぱりと廃絶されていて、もはや搾取者は存在せず、資本主義社会における労働賃金は廃止されている。したがって、かつての賃金とは違って、生産者の労働の量が大きくなれば、それだけいっそう証明書に書かれた数字も大きくなるはずなのである。これだけでも偉大な進歩であるが、そうなればさらに労働にたいする関心が増大し、労働が生きるためのたんなる手段から目的の地位に高まる可能性も大きくなってくる。よく知られているわりには必ずしも理解されていない点であるが、マルクスが強調した、賃金から労働量を記したたんなる証明書への変化はまさに決定的な革命的な変化の表現にほかならなかったのである。

　ところで、社会から証明書が発行された後、それをもって生産者は消費諸手段の社会的たくわえから必要なものを引き出す。「彼が社会に一つの形態で与えたのと同一の量の労働、それを彼は別の形態で取り戻すのである」。そこで、生産者が証明書をもって消費諸手段を手に入れる仕方と、賃金労働者が賃金をもって消費諸手段を手に入れる仕方との共通性に注目してマルクスはさらに、彼の社会主義論を理解するうえで決定的に重要な意味をもつ議論を次のように展開している。

「ここでは明らかに、商品交換が等価物の交換である限りその商品交換を制御しているのと同一の原理が支配している。［といっても］内容と形式は変化してしまっている。というのは、変化させられた状態のもとでは誰一人自分の労働以外のものを与えることができないし、また、他面では個人的な消費諸手段以外は何も個人の所有に移行することがありえないからである。しかし、個々の生産者のもとへの消費諸手段の分配にかんしては諸々の商品等価物の交換のさいのと同一の原理が支配するのであり、一つの形態における同じ大きさの労働が別の形態における同じ大きさの労働にたいして交換されるのである」(13)。

　ここに登場してくる「商品交換が等価物の交換である限りその商品交換を制御している

原理」が価値法則のことであることはいうまでもない。したがって、ここでマルクスは、要するに新たな社会において生産者が証明書をもって消費諸手段を手に入れるさいにおこなわれる交換は価値法則と同じ原理によって支配されると主張しているのである。しかも彼は、新たな諸条件のもとではこの法則の支配の仕方が内容的にも形式的にも変化せざるをえないことを指摘しながら、重ねて分配においては商品等価物の交換のさいのと同一の原理が支配し、一つの形態における労働が別の形態における同じ大きさの労働と交換されるということを強調している。こうした説明の仕方から導き出されるのは、ここで彼が念頭においていたのが、要するに、価値法則の支配ということにほかならなかったということではないであろうか。

そこで、問題はまさにこの価値法則の支配ということが一体いかにして可能になるとマルクスが考えていたのかということである。まず注目しておくべきは、マルクスが前節でも引用した『資本論』の商品論などにおいて展開している共産主義社会についての見解である。彼は、この社会においては分配がまだ各人の労働時間によって規定されるということを前提にして議論を進めている。したがって、この社会は共産主義の第一段階すなわち社会主義ということになるのであるが、彼によれば、「ここでは人々の彼らの労働および労働生産物にたいする社会的諸関係は生産においても分配においても透明に単純である」(14)。もしもその通りであるとすれば、この社会で本質的な役割を果たす社会的必要労働の量もかなり簡単に計算されうるようにみえる。マルクス自身はこの方向で議論を展開したりはしなかったのであるが、しかしエンゲルスはそうした方向でかなり先まで話を進めている。『反デューリング論』の有名な議論によると、生活諸手段が共有化されれば直ちに個人的労働が直接に社会的労働になり、この社会的労働の量を「回り道を経なくても、日常の経験が直接に示してくれる」ようになり、それを「社会は簡単に計算することができる」ようになるのである(15)。

労働生産物の多様性とそれらの生産のために必要な社会的労働の量の変動とを考えるだけでも、これが驚くべき単純化であることは明白であるが、もし実際にそうしたことが可能になるとすれば、市場は不必要になり経済全体が厳密に計画化されうることになることはいうまでもない。エンゲルス以後こうした見解がマルクス主義的な社会主義思想のなかで主流をなすことになり、やがてそれがソ連型社会主義を生み出す理論的源泉の一つになって行ったことはよく知られているといってもよいであろう。周知のように、この社会主義は市場を実質的には廃止してしまったが、風通しがよくて気持ちのよい社会を造り出したわけではなく、その代わりに膨大な量の官僚層をうみだし、社会を人々を窒息させる牢獄にしてしまったのである。ソ連型社会主義の経済的破綻が、エンゲルスに由来するそうした見解の致命的な欠陥を明瞭に示して見せたといっても、けっして過言ではない。したがって、非市場的社会主義論と呼ばれているそうした見解にたいして激しい批判が提起されたとしてもけっして不当だとはいえないのである。

だが、さまざまなマルクス批判者たちがそうしているように、そうした批判をそのままマルクスにまで拡張することができるのであろうか。何よりも先ずはっきりさせておかなければならないのは、彼は結局エンゲルスが辿ったような方向へは歩み出さなかったのではないかということである。彼がそうした方向へ議論を進めていたことを裏づけるような文章を見出すことはできないだけではなく、彼の理論の発展を追ってみると、彼が進んだのはそれとは対立した方向であったことがわかるのである。

問題はマルクスが商品等価物の交換のさいのと同一の原理、すなわち価値法則の支配がどうしたら可能だと考えていたのかということである。たしかに彼は生産諸手段の私的所有の廃止にともなって前の時代と同一の意味での商品も貨幣も、したがって同一の意味での市場も存続しえなくなると考えていた。しかしまた、彼にとって、労働者が賃金をもって消費諸手段の私的たくわえから必要なものを手に入れるということと、新たな社会で生産者が証明書をもって消費諸手段の社会的たくわえから必要なものを手に入れるということとのあいだの共通性も明白であった。そこで、彼は両者において基本的には同一の原理が、つまりは価値法則が支配せざるをえないと考えるにいたったのである。したがって、妥当な解釈は、結局、マルクスが新たな社会においても、前の社会における市場と同一ではないとしても、この本来の市場と同様なシステムの存在を想定していたということにならざるをえない。つまり、マルクスがそうしたシステムの存在を前提にしてはじめて価値法則の、等価物の交換の原理の支配が可能になり、それによってまた適切な分配の実現も可能になると考えていたとみなさざるをえないのである。だが、市場が存在する場合と同様に、そうしたシステムが存在するということは生産者が生産過程を意識的計画的に制御しているとはまだいえない状態であり、そうした状態にあっては人間はまだ生産過程に奴隷的に従属せざるをえない。『資本論』刊行後一〇年近く立ってから書いた『ゴータ綱領批判』のなかではマルクスは、最初の段階の共産主義すなわち社会主義について、そこではまだ生産者たちがけっして十分には自らを解放してはいないことを強調しているが、これは彼にとって当然の結論であったのである。あとでもう一度引用することになるが、そこでマルクスは社会主義では、精神労働と肉体労働との対立とともに「分業のもとへの諸個人の奴隷的な従属」も消えずに残っていること、したがってまた、そこでは労働が依然として「生活のための手段」であらざるをえないことを、その社会の限界として挙げている。こうした主張は、エンゲルス的観点からみれば理解しがたいものであっても、マルクス自身においては辻褄はぴったりと合っていたのである。

ところで、その内容と形式が変わってしまっても価値法則は価値法則であるように、その価値法則が支配しているようなシステムはその内容と形式が変わっても、したがって前の時代と全く同じものであるとはいえないとしても、やはり市場以外の何ものでもないであろう。そして、その通りであるとすれば、マルクスが社会主義においても市場が存在せざるをえないと考えていたとみなすのが妥当であるということになる。したがって、ここから導き出される結論は、何よりも先ず、先の問い、すなわちエンゲルス的な非市場的社会主義論やこの理論を継承したレーニンなどの社会主義論にたいする批判をそのままマルクスにまで拡張することができるかという問いにたいして、否定的に答えなければならないということである。マルクスを非市場的社会主義論の元祖に仕立てあげ、ソ連型社会主義の破綻によってマルクスの社会主義論の欠陥が示されたなどと主張することはできないのである(16)。この点は、これまで検討してきた文章に続けてマルクスがどのような議論を展開しているかをみれば、いっそうよくわかってくる。

3　共産主義社会の第一段階から第二段階へのシナリオ

マルクスの考えによれば、社会主義における個々の生産者への消費諸手段の分配は「一つの形態における同じ大きさの労働が別の形態における同じ大きさの労働にたいして交換される」のであるが、このことはこの社会で分配が平等におこなわれ、生産者が平等の権利を保証されていることを意味している。これまでに見てきた文章の続きでマルクスはこの権利についてつぎのように語っている。

「それ故に、ここでは平等の権利は相変わらず――原理上――ブルジョア的権利である。たとえ商品交換のさいに等価物の交換が個々の場合にたいしては存在せず、ただ平均してだけ存在するのにたいして、原理と実践とがもはや摑み合いをしないとしてもである」(17)。

ここから知られるように、マルクスにとって等価交換の原理を支配させるということは、基本的にはブルジョア的なものである平等の権利を保証するということにほかならなかったのである。ここに何故彼が等価交換の原理にこだわっていたかの理由の一つが示されているのであるが、興味深いのは彼が、社会主義のメリットをこの社会では等価交換の原理が一層徹底的に実現されるが故に、この権利の方もそれだけ徹底的に実現されるはずであるという点にみていたということである。マルクスの名前を掲げてきた自称の社会主義社会がこのような思想を実際にどれほど無視し遠ざけてきたかは、改めて指摘するまでもないであろう。それらの社会は、等価交換の原理の実現の諸条件が破壊されてしまった場合に、平等の権利がどうなってしまうのかを明らかにして見せてくれたのだといってもよいのである。

続けてマルクスは、この平等の権利とそのブルジョア的諸制限についてさらに立ち入った議論を展開しているのであるが、それを読めば、ソ連型社会主義で実現された平等なるものがマルクスの思想とはいかに似ても似つかぬものであったかがよくわかる。彼はつぎのように述べている。

「このような進歩にもかかわらず、この平等な権利は常になおブルジョア的な諸制限を背負わされている。生産者たちの権利は彼らの労働供給に比例する。すなわち、平等性は平等の尺度、すなわち労働によって計られるという点に成立っている。しかし、ある者は他のものよりも肉体的あるいは精神的に優れていて、それ故に、同一の時間により多くの労働を供給したり、あるいはより多くの時間のあいだ労働することができたりする。そして、労働がものさしとして役に立つためには、延長と強度にしたがって規定されなければならない。そうでなければそれは尺度であることをやめる。この平等な権利は不平等な労働にとっては不平等な権利なのである。この権利はどのような階級的区別も承認しない。というのは、あらゆる人が他の人と同様の労働者でしかないからである。しかし、この権利は、暗々裏に労働者の不平等な個人的天分とそれ故に不平等な実行能力とを自然的な特権として承認している。それ故に、それは、すべての権利と同様に、その内容上、不平等の権利なのである」(18)。

マルクスの考えは明瞭であろう。たしかに社会主義においてはもはや生産諸手段の私的所有は廃止されているので、それによって生じる階級的不平等は消滅している。これこそは社会主義革命の最大の成果なのであるが、その結果、今やすべての人々が労働者でしかなく、労働に応じた分配という平等の権利が確立され、さらに等価交換の原理の徹底化によってそれが一層徹底的に実現されるとすれば、それが偉大な進歩であることは疑いがない。しかし、そもそもすべての権利は形式的であって、その内容からすれば、不平等の権利なのであり、このことはこの場合にもあてはまる。すなわち、人間はその才能においてもその活動能力においても不同等であり、したがって、その時間的長さと強度によって規定される労働の量の供給においてもけっして同等ではない。そして、この同等ではない量に応じて分配が行われるとすれば、その量もまた当然同等ではありえない。つまり個々の労働者が手に入れることができる消費諸手段の量も同等ではありえない。したがって、この点からみれば、労働に応じた分配は不平等の権利なのである。

ところで、ここでの不平等は消費諸手段の社会的たくわえにたいする個々の労働者の持ち分の不平等であるが、彼らと彼らが置かれている諸条件に目を向けるならば、問題が以上に止まらないことは自ずから明らかであろう。容易に想像されうるように、仮に労働者の持ち分が同等であったとしても、内容的に考えるならば、それによって平等の理想が実現されたことにはならないのである。そこで、マルクスは続けておよそ次のように語っている。すなわち、労働者の持ち分が同等であったとしても、先ずは個人として相互に同等であるわけはないが故に消費諸手段にたいする労働者の諸欲求も同等ではなく、それゆえまた満足の度合いも同等ではありえない。さらに労働者の家族の有無、彼の扶養家族の量の大小その他の諸条件によって、彼自身が消費できる諸手段はそれだけ少なかったり多かったりする。したがって、労働者の持ち分が同じであっても、「あるものは他のものよりも多くもち、あるものは他のものよりも富んでいる」のである (19)。

このような議論をみれば、マルクスの名前を掲げてきた社会主義運動のなかで広められてきた荒っぽい平等主義から彼自身の平等の思想がどれほど遠く離れていたかがよくわかる。そしてそれとともに、マルクスが念頭に置いていた共産主義の第一段階のイメージもかなりはっきりしてきたといってもよいであろう。この社会は、たしかに階級的不平等がもはや存在しないのであるが、しかし個人の才能や活動能力および生活諸条件の諸相違から生じる不平等が存在している、というよりは、個人的相違を超える階級的相違が存在しないが故に個人間の不平等がいっそう際立ってくるような、そういう社会なのである。そして、マルクスが大いに強調していることであるが、諸個人が不同等であるということは、諸個人がまさに相異なった諸個人であることの条件にほかならない。それ故に、諸個人の不同等性が際立ってくるということは、それだけ一層諸個人の諸個性がはっきりしてくることでもある。したがって、ここから導き出すことができる結論は、要するに、マルクスにとっての社会主義社会とは、階級的不平等は廃絶されているが、諸個人間の不平等が存在しそれぞれの個性がいっそうはっきりしてくるような社会にほかならなかったということである。

ところで、この社会では、社会的消費フォンドにたいする諸個人の持分が同等ではないだけではなく、同等である場合ですら彼らが実際に消費できる量は同等ではないとすれば、「あるものは他のものよりも多く持ちあるものは他のものよりも富んでいる」等々であるとすれば、そして一般に消費がより大きな消費欲求を誘発するものであるとすれば、当然、誰しも実際に消費できる諸手段の量を増やし、より多く持ち、より一層富もうと努める。そして、そのために消費フォンドにたいする自分の持ち分を大きくしようとするであろう。しかも、このような場合、普通できるだけ小さな努力でできるだけ大きな分配を得ようと考える。まして労働がまだ生活のための手段であって、それ自体が目的になってはいないとすれば、社会にたいしてはほとんど何も提供しないで、さまざまな手段を利用して他の人々の労働の成果にぶら下がったり、さらにはそれを掠め取ろうとさえするかもしれない。こうした方向で人間がどれほどの創意工夫を凝らし一生懸命になるものであるかは、長期にわたったソ連型社会主義の歴史が（勿論この歴史に限らないが）多様な例を残してくれている。そして、粗野なものから洗練されたものにいたるまでさまざまであるが、そうした工夫と努力とを一度社会が許してしまうと、社会主義社会はもとより、およそまともな社会というものが不可能になってしまうこともその歴史が教訓として残してくれたといってもよいであろう（20）。

それにたいして、そうした方向が一切閉ざされていて、たかることもぶらさがることも不可能になり、マルクスが想定しているような条件が充たされた社会主義社会が成立しているとすれば、消費フォンドにたいする生産者の持ち分を増やす方法は社会に供給する彼の労働の量を増やす以外には有り得ないということになる。では、それはいかにして可能か。労働時間の延長には限界があるので、基本的には彼の労働に関心をもち彼の労働の生産力を大きくすることによってである。一般に労働の生産力はさまざまな条件によって規定されるが、マルクス自身によれば「とりわけ労働者の熟練の平均度、科学とその技術的応用可能性の発展段階、生産過程の社会的コンビネーション、生産手段の大きさと作用能力によって、そしてまた自然状態によって規定されるのである」(21)。したがって、労働の生産力を大きくしようとすれば、労働者は、最後に挙げられている自然状態も含めて、自己の労働が実現される生産の諸条件に積極的に関わって行くとともに、彼個人の労働の熟練と強度を高めていかなければならない。そして、首尾よくそれを成し遂げることができるならば、もはや搾取階級は存在しないのであるから、その努力に応じて社会的消費フォンドにたいする彼の持ち分を大きくして行くことができるはずである。つまり労働者が社会から受け取る例の証明書の数字が一層大きくなっていき、それによって彼が引き出せる消費諸手段の量も増えるはずなのである。

こうした結果が生産者にとってだけではなく全体としての社会にとっても好ましいものであることは、明白だといってもよいであろう。このような方向は、しかし、商品交換と同様の等価交換の原理、すなわち価値法則が支配しているということが、つまりは市場が存在しているという前提があってはじめて可能になる。たしかに市場が存在し、価値法則によって制御されているということは、生産者たちが生産過程に、分業に従属していて依然として労働が疎外されていることを意味している。だからこそマルクスは社会主義が労働者階級の解放の究極的な目的を表しているのではなく、そこに至る過度的な社会の一つでしかないと考えていた。だがまた彼のシナリオでは、等価交換の法則が通用させられ平等の権利が実現されるならば、ほかならぬこの社会で生産者の労働への関心が強められ、労働の生産性が高められ、社会の生産諸力が発展させられることになり、その結果やがては社会主義社会そのものが否定されて行くはずなのである。先にすでに一部分を引用した一節であるが、社会主義社会の彼方の最高の理想社会についてのマルクスのイメージは次のように表明されている。

「共産主義社会のより高い段階において、分業のもとへの諸個人の奴隷的な従属が、それとともにまた精神労働と肉体的労働との対立も、消えてしまった後に、労働がたんに生活のための手段であるだけではなく、それ自身が第一の生活欲求になった後に、諸個人の全面的な発展とともにまた彼らの生産的諸力も増大し、協同組合的富の一切の噴泉がいっぱいに流れ出るようになった後に、――その時にはじめて狭隘なブルジョア的な権利の地平が完全に踏み越えられ、社会はその旗に次のように書くことができるのである、すなわち、各人はその諸能力に応じて、各人にはその諸欲求に応じて！」(22)。

ここに至ってはじめて、疎外された労働が克服され、どのような目的であれ労働がそのための手段であるような時代が終り、労働そのものが生活欲求に、目的そのものになり、各人はこの目的をそれぞれの能力に応じていそいそと実現して行くようになるというわけなのである。これが、労働が疎外されている時代全体を通じて最高のラディカルな理想であり続けることは明らかであるが、この一節にはまた労働の成果の享受の理想も語られている。社会が真に豊かになっているということが前提になるのであるが、そこではじめて各人は消費諸手段の社会的たくわえから彼の諸欲求に応じてそれらの諸手段を手に入れることができるようになるはずなのである。その初期以来変わらないマルクスの考えによれば、そうした状態こそが真の平等にほかならないのであるが、ここに、彼の革命思想における疎外された労働の克服の理想と並ぶ労働の成果の享受についての文字通り最高の理想が表明されているとみなすことができるであろう。こうした理想が実現された社会が共産主義の第二段階であるが、この理想郷に比べればその前段階をなす社会主義はどこか煉獄とでも呼ばれるべき様相を呈している。マルクスにとって、ここで浄化のための、つまり社会主義を活性化させ人類を理想郷に到達させるための火の役割を演ずるものこそは「商品等価物の交換のさいのと同一の原理」すなわち価値法則の支配する市場にほかならなかったのではないであろうか。このように解釈する場合にはじめて何故に彼があれほど等価物の交換の原理について語り、平等の権利について語ったのかが理解できるように思われる。

おわりに

最初にも指摘しておいたように、ソ連型社会主義が崩壊したのは、社会主義についてのマルクスの後継者たちの、とりわけスターリン主義者たちの理論だけではなく、そもそものマルクスが開発した社会主義論に原理的な欠陥があったからだという議論が声高に語られてきた。そこで、ここでは主に、マルクスが社会主義と市場の非両立性を説き、非市場的社会主義論を展開していたという流行の議論に注目し、その真偽を検討してきたのであるが、はっきりしてきたのは次のようなことであった。すなわち、しばしばマルクスのものだとされてきた社会主義社会における市場廃止と厳密な計画化の理論は実際には彼のものではなく、彼の友人のエンゲルスやレーニンのような彼の後継者たちによって作り出されたものであり、マルクス自身はそれとは異なった方向で議論を発展させていた。彼は、共産主義において生産諸手段が共有化され生産が計画化されると考えていたことはいうまでもないが、しかしその手前の第一段階の共産主義社会すなわち社会主義社会においては商品交換を制御しているのと同一の原理、すなわち価値法則が支配せざるをえず、その原理が支配しているシステムを市場と呼ぶことができるならば、市場が存在せざるをえないと考えていた(さしあたってマルクスが論じているのは消費諸手段の領域についてであるが、この領域と生産諸手段の領域とのあいだの密接な関連については誰もがよく知っている)。筆者の解釈ではマルクスはこの市場に基づいて平等の権利が実現され、さらにそれによって社会が活性化されることによってはじめて社会主義が共産主義の高次の段階に移行することが可能になると考えていたのであり、この移行とともに市場はその役割を終え、たしかに市場に類似した機能をはたすなんらかのメカニズムは存続するとしても、本来の市場そのものは歴史の舞台から退場することになるはずだと考えていたのである。

マルクスが共産主義社会の第一段階すなわち社会主義社会では人々は国家権力と付き合って行かざるをえないと考えていたことはよく知られているが、彼のシナリオによれば、要するに、この社会では人々はさらに市場経済とも付き合って行かざるをえないというわけである。マルクスの見解が以上の通りであったとすれば、彼の友人や彼の継承者たちが、必ずしも彼を適切に理解していなかったどころではなく、むしろ彼を根本的に誤解していたということになる。こうした誤解がその主要な原因の一つになってソ連や東欧の社会主義が官僚主義の癌によって蝕まれ崩壊してしまったとしても、誤解はあくまでも誤解であって、マルクスには責任がないことはいうまでもない。そしてまた、その通りであるとすれば最初に引用しておいたようなマルクス批判もまた不適切であるということになるのはいうまでもない。ソ連型社会主義の崩壊が新旧スターリン主義者たちの社会主義理論の破産だけではなくエンゲルスやレーニンの社会主義論の破産をも意味していたとしても、マルクスの社会主義論の破産までも示してみせたわけではない。むしろマルクスの名を騙ってきた社会主義の崩壊は、その骨格だけが描かれているにすぎない彼の本来の社会主義理論が改めて本格的に復権される（今のところ、その可能性はけっして大きいとは思われないが）ための道を掃き清めてくれたのだとみることさえも出来ないわけではないのである。

注

（1）田中慎一郎「マルクスの非市場的社会主義論の批判的検討」、御園生等編『今、マルクスをどう考えるか』所収、河出書房新社、一九九一年、一〇〇、一〇二頁。
（2）Karl Marx : Provisorische Statuten der Internationalen Arbeiter-Assoziation.In : Marx Engels Werke.Dietz Verlag.Bd.16,S.14. マルクス「国際労働者協会暫定規約」、『マルクス＝エンゲルス全集』、大月書店、第一六巻、一二頁（訳文は筆者が手を入れている。以下同様）。
（3）Ebenda. 同上。
（4）その責任はマルクスにも、そしてまたより多くエンゲルスにもある。
（5）Karl Marx : Das Kapital.In : Marx Engels Werke.Bd.23,S.92.
（6）Ebenda.S.94.

（7）さしあたっては拙著『初期マルクスの批判哲学』第八章参照、時潮社、一九八六年。

（8）[Aufzeichnung einer Rede von Karl Marx über das Erbrecht] : In : Marx Engels Werke.Bd,16,S,561.［相続権についてのマルクスの演説の記録］、『マルクス＝エンゲルス全集』第十六巻、五六〇頁。

（9）Karl Marx : Das Kapital.a.a.O.,S.93.

（10）例えば、次の諸文献参照。オタ・シク『新しい経済社会への提言——もう一つの可能性を求めた第三の道』、篠田勇次郎訳、日本経営出版会、一九七六年。同『クレムリン——官僚支配の実態［共産主義的権力システム］』、高橋正雄、渡辺文太郎訳、時事通信社、一九七八年。岩田昌征『労働者自主管理』、紀伊国屋書店、一九七三年。

（11）Karl Marx : Randgrossen zum : Programm der deutschen Arbeiterpartei.In : Marx Engels Gesamtausgabe.Dietz Verlag. I-25,S.13.

（12）Ebenda,S.13-14.

（13）Ebenda,S.14.この箇所の最初の文章をマルクスは何度か書き改めている。直前の文章は次の通りであった。「ここでは明らかに、商品交換が等価物の交換である限りその商品交換を制御している原理が支配している」。「原理」が「同一の原理」に変更されたのである。この興味深い変更については、拙稿「マルクスにおける社会主義と市場」参照、『社会主義　市場　疎外』所収、時潮社、一九九六年。

（14）Karl Marx : Das Kapital.a.a.O.,S.93.

（15）Friedlich Engels : Herrn Eugen Dührings Umwälzung der Wissenshaft（Anti-Dühring）.In : Marx Engels Werke.Bd.20,S.288.

（16）前掲拙稿「マルクスにおける社会主義と市場」参照。

（17）Karl Marx : Randgrossen zum : Programm der deutschen Arbeiterpartei.a.a.O.,S.14.
（18）Ebenda.
（19）Ebenda.S.15.
（20）一例として、オタ・シク前掲『新しい経済社会への提言』、一〇三〜四頁等々参照。
（21）Das Kapital.a.a.O.,S.54.
（22）Randgrossen zum : Programm der deutschen Arbeiterpartei.a.a.O.,S.15.
（23）本小論を発表してから数年後に、筆者とは異なった観点からマルクスにおける共産主義社会の二つの段階の区別に注目して議論を展開している論文が発表されている。山城むつみ「生産協同組合と価値形態」、（柄谷行人編著『可能なるコミュニズム』所収、太田出版、二〇〇〇年。

6章 レーニンにおける社会主義と市場

はじめに

ベルリンの壁が突き崩されてからまもなくソ連型社会主義の諸システムがあっけなく自己崩壊を遂げてしまったことは、まだ私たちの記憶に新しい。その後それらの崩壊してしまったシステムについての議論が活発に行われてきたが、それらのシステムを形成し維持するのに役割をはたしてきた社会主義諸理論も討論の主要な対象にされてきた。そして、ソ連型社会主義崩壊後、時が経つにつれて、その問題性がはっきりさせられなければならないということが、ますます強く要求されている対象の一つがレーニンの社会主義論ではないであろうか。というのは、その重要性が明白であるにもかかわらず、ソ連型社会主義の終焉を視野に収めた上でレーニンの社会主義論を検討し評価するという課題が十分にはたされてきているとは思われないからである。もとより短い論文でこの課題に全面的に取り組むなどということは不可能であり、ここではもっとも基本的な諸論点に焦点を絞ってレーニンの社会主義論とその諸問題について検討を試みるにとどめなければならない。そこで、以下、まず最初にロシア革命直前のレーニンの社会主義論とその基本的諸論点を思い起こすことから出発し、次にその社会主義論にもとづいて革命を指導したレーニンとボリシェヴィキがどのような破局的な事態を迎えるにいたったかを、そしてそこからレーニンが何を学び彼の政策をどのように変えて行ったのかを検討し、その後でさらに、革命後のソ連における官僚主義と発展を顧みながらレーニンの理論的転換の限界がどのようなところにあったのかをみておくことにしたい。

1　ロシア革命直前のレーニンの社会主義社会論

レーニンが社会主義の諸問題をもっとも包括的に論じているのは、ロシア十月革命の直前に短期間に書き上げられた『国家と革命』においてである。あまりにもよく知られている著作であるが、少なくともさしあたって必要なところだけは、ここで思い起こしておかなければならない。

レーニンの社会主義論にとってもっとも重要な前提の一つになっているのは、資本主義から社会主義にいたるまでの過渡期についての考察である。よく知られているように、この過渡期について、マルクスにしたがってレーニンも、「プロレタリアートの革命的独裁」

の時期にほかならないと考えていた。この言葉は、この時期の国家が、その本質においてはブルジョアジーの独裁にほかならないと考えられたブルジョア国家の対立物であって、ブルジョアジーにたいしては独裁的な権力であることを、つまり旧支配階級を暴力的に抑圧する権力であることを、意味するとともに、他方では、新たに支配階級になったプロレタリアートにとっては民主主義を、さらにこの民主主義の拡大を意味していた。マルクスとともにレーニンが考えていた構想によれば、この国家は「収奪者の収奪」を遂行し生産諸手段の社会的所有への移行を実現し、それによって階級的不平等を廃止し社会主義社会への道を切り開くはずなのであり、そしてこの新たな社会主義的な社会が発展して行き、民主主義が完全なものになればなるほど、やがて民主主義も不必要になり、国家も死滅して、共産主義社会の第二の、高次の段階が到来することになるはずなのであった。さしあたって、ここで立ち止まって注目しておかなければならないのは、過渡期の国家が民主主義を拡大するということを主張するさいに、レーニンが併せて強調していた問題である。

レーニンが依拠していたのはマルクスの共産主義論であるが、よく知られているように、このマルクスは、すでに一八四三年には市民社会と国家のトータルな社会変革を構想していた。そして一八四八〜五一年の革命の経験を総括するなかでは、「古い国家でやって行くことはできない」ということを、つまり古い国家機構を打ち砕いて新しい機構に代えなければならないことを主張していた。そして、この旧国家粉砕の必要性について彼は、パリ・コミューンの経験を総括するなかでも再び確認しているのであるが、彼が考えていたのは、結局、「自由は、国家を社会の上位にある機関から社会に完全に従属する機関に変える点にある……」（マルクス『ゴータ綱領批判』、『マルクス＝エンゲルス全集』第十九巻、二七頁）ということであったとみなすことができる。そして、レーニンが民主主義の拡大ということを考えていたときに、こうした国家についてのマルクスの洞察を念頭においていたことは、疑いがない。そして、注目すべきは、この洞察をレーニンが官僚主義の問題と結びつけて発展させようと努めていたということである。

この問題を理解するうえで大事なことは、レーニンがマルクスの思想を、エンゲルスにならって、次のように、つまり、君主制であれ、民主共和制であれ国家とは「公務員、『社会の従僕』、社会の諸機関を社会の主人に転化させるという基本的特徴を保持している」（レーニン『国家と革命』、『レーニン全集』第二五巻、四八七頁）というように理解していたということである。レーニンにとって、まさに国家のそうした基本的特徴こそは官僚主義の原型にほかならなかったのである。この官僚主義の概念を理解するうえで、カウツキーにたいするレーニンの批判は大いに参考になるであろう。

レーニンは、パンネクックとの論争のなかでカウツキーが、「われわれは、国家行政についてはさておき、党でも、労働組合でも、官吏なしにはやって行けない」と、主張していたことに注意を向け、ここにまさにカウツキーがパリ・コミューンの教訓とマルクスの学説を理解していなかったことが示されていると指摘しながら、続けて次のように主張している。

「資本主義のもとでは民主主義は、賃金奴隷制や大衆の窮乏と貧困という環境全体によって狭められ、圧縮され、切り縮められ、歪められている。このために、しかもただこのために、我々の政治組織や労働組合諸組織では役員が、資本主義の環境のために堕落して(いっそう正確に言えば、堕落する傾向をもっていて)、官僚、すなわち大衆から遊離して大衆の上にたつ特権的な人間に転化する傾向を、あらわすのである。ここに官僚主義(ビューロクラティズム)の本質があるのであって、資本家が収奪されず、ブルジョアジーが打ち倒されないかぎり、プロレタリア的な役員さえも、ある程度『官僚化』することは避けられない」(同前、五二七頁、ロシア語版、四五七頁)。

レーニンが官僚主義について語るときにどのようなことを考えていたかが、実によく表明されている。このように把握されるとすれば、この官僚主義との闘いが労働運動および社会主義運動にとって本質的な意義をもってくることも、十分に納得が行くであろう。だからこそ、レーニンは、旧国家に取って代わる新国家について考えるさいにも、この後者の国家が官僚主義の克服ということを基本的な課題にしなければならないことを強調していたのである。この点で注目すべきは、やはり彼のカウツキー批判のなかで、主張されている議論である。先に引用した議論からすれば、カウツキーの場合には、「選出される役員が引き続き存在する以上、社会主義のもとでも官吏が存在し、官僚制度が存在することになる」という帰結が導き出されうる。レーニンはそのように推理をして、次のように述べている。

「これこそ誤りである。まさにマルクスが、コミューンの実例によって明示したように、社会主義のもとでは、選挙制のほかに、さらに随時の解任制を実施し、さらにまた俸給を労働者なみの賃金の水準へ引き下げ、さらにまた議会ふうの機関を『同時に執行府でもあり立法府でもある行動的団体』に代えるにつれて、役員は『官僚』や『官吏』ではなくなる」(同前、五二七～八頁)。

ここでレーニンは、マルクスがパリ・コミューンの経験を分析し、その教訓として強調した、旧国家を粉砕した後に新政権がただちに採用すべき諸方策として挙げていたものを列挙している。その限りではレーニンはマルクスの見解を繰り返していただけであるが、しかし、いまやその見解がカウツキー批判の脈絡のなかに置かれ、いわば否定の否定として確認されている。レーニンにとっては、カウツキーはマルクスの最重要思想を理解し損なっていたのであり、したがって今やカウツキー的な解釈をきっぱりと退け、マルクスが挙げた諸方策を、まさにマルクスが主張していた通りに、社会主義政権のもとでリーダーたちが官僚に転化するのをふせぐための方策、反官僚主義的方策にほかならないものとして理解しなければならないのである。マルクスとともにレーニンも、それらの方策を実行しなければ、再び官僚を、人民の上に立つ特権的な人間集団を出現させることにならざるをえないと考えていたのである。

レーニンにとっては、パリ・コミューンが開発し、マルクスが推奨した新たな諸方策は民主主義（デモクラティズム）を拡大し官僚主義（ビューロクラティズム）を根絶する諸方策にほかならなかったのであり、したがって、革命に参加する社会主義者たちは次のように考えなければならなかったのである。

「われわれは、コミューン革命戦士からその革命的大胆さを学び、彼らの実践的方策のうちに、実践的に適切で、即時可能な方策の輪郭を見出そう。そうすれば、この道を進んで、われわれは官僚主義の完全な破壊を成し遂げるであろう」（同前、五二九頁、ロシア語版、四五九頁）

ここから私たちは、レーニンにとっては社会主義革命とはまた反官僚主義革命でもあったといってもよいほど、彼にとって官僚主義根絶の問題が最大の関心事の一つをなしていたという結論を導き出すことができるであろう。

さて、レーニンは、過渡期の新政権が旧国家機構を破壊し、新たな民主主義的で反官僚主義的な諸方策を実行し、併せて生産諸手段の私的所有を廃止して階級的不平等の廃止を成し遂げるならば、いよいよマルクスのいうところの共産主義社会の第一段階、レーニンのいうところの社会主義社会の幕が開かれることになると考えていた。そして、まさにこの社会についてレーニンがどのようなイメージを持っていたかということは、十月革命直後からのレーニンの言動に決定的な影響を与えたのは当然であるが、さらにレーニン亡き後のソ連の歴史にも大きな影響を及ぼし続けた。そこで、レーニンの社会主義の概念の徹底的な検討が要請されてきたのであるが、もちろんここでは、簡単にその本質的な特徴を取り上げるだけにとどめておかなければならない。

この問題でもレーニンはマルクスの共産主義社会論を正確に再現しようと努め、社会主義社会の段階ではさしあたって生産諸手段の私的所有は廃止され、階級的不平等は廃止されているが、しかし消費諸手段は「労働に応じて」分配されるという実質的不平等が存続せざるをえないこと、したがってまたこの不平等を是認するブルジョア的権利を保護する国家もまた死滅することなく存続せざるをえないことを強調している。そして、マルクスを引用しながら、こうした権利の狭い限界は共産主義社会のより高次の、第二の段階においてはじめて完全に踏み越えられ、したがってまた、この段階にいたってはじめて権利を保護する国家も不要になるであろうということも説いている。そこで、一見しただけでは、レーニンの努力が功を奏して彼がマルクスの共産主義論を適切に解釈しているようにみえる。そして、レーニンの社会主義概念についての圧倒的多数の議論がこの印象にしたがって展開されてきた。実際にはこの印象が必ずしも正当ではないことを私は、他の場所で簡単に指摘したことがあるが（拙稿「マルクスにおける社会主義と市場」、『社会主義、市場、疎外』所収）、さしあたってここではその点には立ち入らずに、彼の社会主義社会概念のもっとも本質的な主張のみを顧みておかなければならない。

レーニンの社会主義概念を際立たせていたのは、生産諸手段が共有され、消費諸手段が「労働に応じて」分配される社会主義社会では、事実上の不平等を是認する「ブルジョア的権利」を保護する国家――これまでに見てきた反官僚主義的コミューン型国家――が存続するということを強調していた点ではない。このような彼の一般的な議論は、マルクスからそれほど隔たっていたわけではない。特徴的であることが明らかなのは、彼の次のような諸主張である。

「記帳と統制――これが共産主義社会の第一段階を『調整』するために、これを正しく機能させるために必要とされる、主要なものである。ここでは、すべての市民は、武装した労働者である国家に雇われる勤務員に転化する。すべての市民が、一つの全人民的な国家的『シンジケート』の勤務員と労働者になる。（同前、五二頁、ロシア語版一〇一頁。原文では「単一の」「唯一の」という意味ももつ「一つの」がイタリックにされて強調されている）。

ここで「一つのシンジケート」――他の箇所では「一つの事務所、一つの工場」と言い換えられている――が使われているが、こうした言葉を使うことでレーニンが主張しているることは明瞭で、要するに、社会主義社会においては、社会全体の生産と分配がもはや市場を媒介として調整されるべきではなく、市場は廃止されなければならないということであり、今や生産と消費が、ちょうど個々のシンジケートのなかでおこなわれるように、単一の計画にもとづいて組織的に調整されなければならないということである。

これは明確な非市場的な社会主義の概念の表明であり、すでにさまざまに批判されきたように（ここでは、説得力のある二つの例のみを挙げておきたい。オタ・シク『新しい経済社会への提言』、篠田雄二郎訳、日本経営出版会。岩田昌征『労働者自主管理』、紀伊国屋書店）、この概念にたいしてはただちにさまざまな困難な問題が提起されうる。すなわち、この「武装した労働者の国家」では、それにもとづいて分配がおこなわれる個々人の労働の量はいかにして計られるのか。そしてまた彼らが受け取ることができる個々の生産物の量はどのようにして決められるのか。この国家のもとでも生産は需要に応じておこなわれるとして、その需要はどのようにして把握されるのか。社会全体の生産の計画性の必要性は異論の余地がないとしても、この計画と人間に特徴的な創造性とはどのように折合いがつけられるのか、等々。しかし、さしあたって重要な問題は、社会全体の生産と分配の統制と記帳をおこなうはずの「武装した労働者」の量が大変なものになるのではないかということである。「武装した労働者」に雇われる勤務員と労働者の人数、生産物の品目の数と個々の品目の生産物の量、需要と供給の調整などを少しでも具体的に考えてみれば、それらのすべてを記帳したり厳重に統制したりするはずの「武装した労働者」の数も膨大なものにならざるをえないことは、容易に想像することができる。その上に軍事、警察、司法、教育、道路交通、保健衛生などの諸領域にもそれぞれ大量の人員が必要である。そこで、この武装集団が実際に仕事をすることになれば、ただちに巨大な組織が生れ、大量の機関と機構が創り出されることにならざるをえないであろう。ここまで考えてみれば明らかであるが、この新たな国家は、市場が働いている社会とは比較にならない大きな規模のものにならざるをえないのである。そして、国家の諸々の機関は、それらが大きくなればなるほど、それらの機関に人間が組み込まれるとどうしても彼が——レーニンが使っていた意味で——官僚化することになるように、作られざるをえない。したがってそれはまさにその上部構造として官僚主義が繁栄する土台にならざるをえないのである。

要するに、市場を廃止していっさいの経済活動を武装した労働者が統制する社会は、どうしても官僚主義が発達するのを避けることができない社会にならざるをえず、武装した労働者集団が、資本主義とその上に乗っている官僚主義を廃止するのに首尾よく成功したとしても、ただちに別の入り口から新しい、しかもはるかに強力な官僚主義が登場してくることにならざるをえないのではないであろうか。そして、その通りであるとすれば、ここからどのような結論が導き出されうるかはあきらかである。先に見てきたように、マルクスにしたがってレーニンも社会の上位にある機関としての国家を社会に従属する機関は変えなければならず、「民主主義を拡大し官僚主義を根絶する諸方策」を採用し、「官僚主義の完全な破壊を成し遂げる」ところまで進まなければならないと考えていた。そして、この理想は彼の社会主義論の中枢的概念をなしていたのであるが、こうした官僚主義廃絶の理想が、彼の他方の理想であった非市場的社会主義経済の概念が実現されれば、おのずから粉砕されてしまうことにならざるをえないのではないかということである。この矛盾は『国家と革命』においてはたんなる理論的な矛盾にすぎなかったのであるが、まもなく彼は十月革命後の実践のなかでこの矛盾が現実的な問題として解決を迫ってくるのを経験することになる。

2　絶体絶命の危機とネップへの移行

『国家と革命』の一九一七年一一月末に書かれたあとがきが、「『革命の経験』をすることは、それを書くことよりも愉快であり有益である」という言葉で終わっていることは有名である。実際にレーニンは、十月革命、戦時共産主義およびネップの時期のボリシェヴィキの名実共に最高のリーダーとして精力的に活動し、まさに稀有な「革命の経験」を味わうことになる。そして、この過程における彼の言動を追ってみると、革命直後から戦時共産主義の末期にいたるまでは、革命直前に彼が表明していた社会主義社会論にたいしてきわめて忠実であったが、しかし新体制の危機が深まり、文字通り絶体絶命の状態に到達したところで、その理論の実現のプログラムの問題性に気づき、大急ぎでその修正をはかっていたことがわかる。

革命の最初期の困難な時期をのりきったと思われた一九一八年の春にレーニンは、ソヴェト権力が旧社会の支配階級の反抗を弾圧するという課題をすでに大体において解決したと考えてもよいという観点に立って、さらに当面の主要な課題を明晰にしようと努めていた。その時点で彼は『国家と革命』の構想にしたがって、一方では社会主義的権力による生産と分配の記帳と統制とを強調するとともに他方では、彼にとって革命の目的そのものでもあった民主主義の発展を、反官僚主義的な下からの統制を訴えたのであるが、これによって彼はともかくも未来に向かうしっかりしたレールを敷くことができたと自信をもって考えていたようにみえる。

では、その後このレーニンの構想は実際に着々と実現されて行ったのであろうか。たしかにレーニンとボリシェヴィキは、革命直後よりもさらに困難な軍事的、政治的、経済的諸問題に直面しながらも、この構想を強引に実現しようと努めていた。そしてその努力が後に戦時共産主義と呼ばれるようになる独特な一時期を特徴づけることになったことは、よく知られている。そして、まさにこの短かった歴史の過程が進行するなかでレーニンは、社会主義の経済的土台とその上部構造としての民主主義についての彼の概念の根本的な検討を迫られるような深刻な諸問題に直面することになるのである。

先ず最初に、比較的よく知られている前者の問題から検討して行くことにしよう。周知のように、この戦時共産主義の時期にレーニンとボリシェヴィキが絶えず悩まされ続けた最大の問題の一つは農業問題であり、特殊的には食糧問題であった。まさに戦争状態にあった当時のロシアの状況のなかでレーニンは絶えず「社会主義」、「社会主義への接近」、「社会主義国家」について語っていたが、彼が特に強調したのは「物資の生産と分配とのもっとも厳格な前人民的な記帳と統制とを組織すること」(「ソヴェト権力の当面の任務」第二七巻、二四七頁) であった。そしてこのことが真っ先に適用されたのが食料の生産と分配であったことはいうまでもない。その結果、食料の国家調達ということが基本方針になり、農村と都市との自由な取引は廃止され、割当徴発によって農民の余剰穀物がソヴェト権力の手中に集められそれが労働者に分配されることになった。

レーニンもふくめてボリシェヴィキのリーダーたちは、この方針が彼らの社会主義の概念に適っていると考えていたが、この方針の実現は最初からさまざまな困難に遭遇せざるをえなかった。何よりもまず都市では食料が不足し飢餓がひどくなるとともに、全国的に闇市場が急成長を遂げることになった。例えば、レーニンが引き合いに出している統計によっても、一九一八年の夏には都市の労働者にたいして国家から分配された食料品は必要な全体の量のおよそ半分で、あとの半分を彼らは闇市場で「かつぎ屋」から手に入れていたのであり、そのさい労働者は後者に対して前者の九倍もの高い支払いをしていた。この数字は今日ではソヴェト国家の力を過大に評価し闇市場の力を過小に評価したものであるとされているが、ともかくもレーニンはここから投機者が労働者から略奪していると糾弾し、投機との闘いを訴え、さらに穀物売買の自由は資本主義に逆戻りすることにほかならないと何度も強調していた（多数の例があげられるが、例えば、「穀物の自由な売買について」参照、『レーニン全集』第二九巻所収）。このように食料割当徴制は由々しい経済的危機をもたらしたのであるが、しかし、それだけではなくこの政策はまた本格的な政治的危機をももたらした。強制的な徴発は農民たちの不満と反抗を呼び起こし、レーニンとボリシェヴィキは農民大衆の支持を急速に失って行った。各地で暴動、武装蜂起が起き、この反乱に労働者、兵士、水兵さえも参加するようになる。バルト艦隊の一部も加わった一九二一年春のクロンシュタット守備隊の兵士の反乱はよく知られている。レーニンは、自分たちに協力的な農民と余剰穀物を引き渡さない「われわれの敵、犯罪者、搾取者、投機者」としての農民との区別を強調し、この区別を認めようとしない者は「白衛派として取り扱うであろう」と脅迫するところまで到達していたが（「プロレタリアートの独裁の時期における経済と政治」、「ソヴェト権力の二ヵ年」など参照、『レーニン全集』第三〇巻、一〇一頁、一二三頁）、こうしたレーニンの態度に象徴的に示されていたボリシェヴィキの超強硬な態度は事態を加速度的に悪化させただけであったことは疑いがないであろう。少し後でレーニンは、クロンシュタットの反乱が起きた時期を思い起こし、あの春にはその他の諸事情も加わって「農民経済の異常に激化した危機」、「極度の窮乏、絶体絶命の状態」（レーニン「食料税についての報告」、『レーニン全集』第三二巻、三〇一、三〇七頁）が現出していたと総括している。まことに凄まじい表現であるが、これらの言葉がけっして誇張ではなかったということが、ロシア革命の研究者たちによって確かめられてきた。そしてまさにこの絶体絶命の状態のなかでレーニンにとっても、割当徴発をぎりぎりの線まで低め、「農民経済に高揚する可能性をあたえなければならない」ということがはっきりしてくるのである（同前、三二〇頁）。こうして、レーニンとボリシェヴィキがいわば追いつめられて割当徴発制から食料税制への転換をはかり、それによって戦時共産主義の時代に終止符が打たれ新経済政策（ネップ）の時代が始まることになったことは、今日ではよく知られているといってもよいであろう。

この転換はたしかにボリシェヴィキによって推し進められたが、その基本的な構想などはボリシェヴィキ以外の諸党派によって早くから提起されていた。問題の重要性から見て、メンシェヴィキやエスエルなどの理論家たちの諸提案や彼らのボリシェヴィキ批判などについての研究が深められなければならないことはいうまでもないが、さしあたってここで、この過程の主要な推進者であったレーニンが、この時期の深刻な経験から社会主義理論の領域で一体何を学んだのかということを、そしてまた、前節でみてきた、彼が少しまえまで抱いていた社会主義の概念そのものに変更を加えるところにまで進んだのか否かということを、検討するに止めておかなければならない。

当然のことながら、レーニンが何よりも先ず問われるべきだと考えていたのは、この転換の直接の原因になった危機が何によって引き起こされたのか、ということである。そして、はっきりと確認できることは、この問題でレーニンが、彼が反対者を脅迫してまで擁護してきた割当徴発制こそが直接の元凶であったことを結局は認めるにいたっていたということである。ネップに移行して半年ほど経ってから彼は次のように述べていた。

「農村における割当徴発は、……生産力の上昇を妨げて、一九二一年の春にわれわれを見舞った深刻な経済的および政治的な危機の基本的な原因となった。だからこそ、われわれの方針、われわれの政策の見地からみれば、きわめて重大な敗北、退却としか呼べないようなことをする必要がおこったのである」(「新経済政策と政治教育部の任務」、『レーニン全集』第三三巻、五一頁)。

割当徴発制度に捧げられた犠牲の大きさを考えて、当時、今さらという思いで聞いていた者も多数いたのではないかと思われるが、ここにいたってレーニンがようやく到達した危機についての認識は、たしかに適切なものであったとみなさなければならないであろう。しかし、もとよりレーニンは、危機の原因を狭く制度としての割当徴発だけにもとめていたのではなかった。当然のことながら、さらに彼は次のような問題、すなわちレーニンとボリシェヴィキが何故そのような制度を作り、その制度に何故あれほど固執したのかという問題についても答えなければならないと考えていた。この問題でレーニンは、きわめて率直に次のように語っていた。

「われわれにふりかかってきた軍事的任務……その他の幾つかの事情に影響されて、われわれは、共産主義的な生産と分配に直接に移行することを決めるという誤りをおかした。農民は割当徴発によってわれわれに必要な量の穀物を提供するであろうし、われわれはその穀物を工場に配分しよう。こうして、わが国には、共産主義的な生産と分配が生まれるであろう、とわれわれは決めたのである。われわれはこの通りはっきりと、また明瞭にこういう計画を立てたとはいえないが、およそこういう考えでわれわれは活動した（前掲「新経済政策と政治教育部の任務」、四九頁）。

要するに、割当徴発制はたんなる臨時の応急措置ではなかったのであり、その背後に共産主義的な生産と分配のシステムへの、といっても、要するに非市場的で国権主義的な社会主義社会への、直接的移行というプログラムがあり、このプログラムこそはレーニンたちを徴発制度に固執させ、挙げ句の果てに、誕生したばかりのソヴェト社会の文字通りの危機へと導くことになったのだというわけである。レーニンがかなり率直に自己批判を深めていたことがわかるが、この自己批判の成果を彼はさらに一般化して次のようにも述べている。

「国家による生産と分配とを実施すれば、それだけでわれわれは、以前の制度とはちがった、生産および分配の経済制度に入ったことになるであろうと、予想していた。われわれが国家による生産と分配を建設し、一歩一歩、生産と分配を敵対的な制度から闘い取っていくという条件のもとで、二つの制度――国家による生産と分配の制度と私的商業的な生産および分配の制度――は相闘うであろうと、われわれは予想していた」(「第七回モスクワ県党会議」『レーニン全集』三三巻、七六頁)

これはまことに興味深い議論だといってもよいであろう。レーニンの考えによれば、彼とその他のボリシェヴィキのリーダーたちが社会主義への直接的移行というプログラムを実現しようとしていたときに考えていた社会主義とは、「国家による生産と分配の実施」、つまりは正真正銘の国権主義的社会主義にほかならなかったのであり、彼らの考えによれば、「私的商業的な生産および分配の制度」と闘ってこの社会主義を実現して行くことがもっとも重要な戦略的な課題であったのである。

このように一般化されてみると、ここで問題にされている社会主義とその実現についての理論が、たんに十月革命のリーダーたちだけのものであっただけではなく、エンゲルス以来の伝統的マルクス主義の影響下で考えてきた圧倒的多数の社会主義者たちのものでもあったことがわかる。したがって、ここでレーニンは、これまで彼もその正当性を少しも疑っていなかった伝統的マルクス主義の社会主義理論そのものの性急な実現の試みが新社会に「極度の窮乏、絶体絶命の状態」をもたらしたことを確認し、そのうえで、今やこの社会主義の理論の実現のプログラムの問題点をはっきりさせなければならないと考えるにいたっていたのである。

さて、絶体絶命の危機的状況のなかでこのプログラムが失敗したことを認めたレーニンたちはただちに「戦略的な退却」をおこない、最初は食料税の導入によって単純な商品交換を、しかし、ただちに、さらには「取り引きの自由」をも容認してきて、今やソヴェト社会は新たな段階に移行してきていた。このネップについて移行後しばらくしてからレーニン自身が次のように規定していたことはよく知られている。

「新経済政策の真の本質は、プロレタリア国家が、第一に小生産者のために商業の自由を許したことであり、第二にプロレタリア国家が、資本主義経済では『国家資本主義』と呼ばれているものの多くの原則を、大資本のための生産手段に適用していることである」(「『マンチェスター・ガーディアン』通信員とのインタビュー」、『レーニン全集』第三三巻、四二五頁)。

レーニンが「戦略的な退却」という言葉のもとに何を念頭に置いていたかが明確に示されている。要するに、「共産主義的な生産と分配に直接に移行する」ということを目指していた戦時共産主義の段階から「国家資本主義」の段階に移行したということであるが、こうした退却をおこなったとすれば、それなりの総括がなければならないことはいうまでもない。そこで、ここまでいわば追い込まれた自分たちの理論の問題がどこにあったのかを徹底的に突き止めようと努めている。この問題でレーニンが到達した結論は、要するに、「われわれは、われわれの経済が市場や商業とどういう関係にあるかという問題を全然提起してこなかった」(同前)ということであった。これがどれほど画期的な問題提起であったかを知るには、もはや価値というものを媒介にしないでもやって行けると考えていたエンゲルスの社会主義論や、『国家と革命』のレーニン自身をもふくめた彼の継承者たちの議論を思い起こすだけで十分であろう。したがって、まさにここでレーニンは伝統的マルクス主義全体にかかわるきわめて重要な問題を提起していたわけであるが、その彼が戦時共産主義の時期の貴重な経験から学んだのは、結局、次のような教訓であった。

「一九二一年の春には、誰一人[食料税への転換に]異論を唱えるものがいなかった……この新しい全員一致の決定のたてまえは、われわれが商品交換を媒介として社会主義建設へのより直接的な移行を実現できるであろうというのであった。今では[同年秋十月末]われわれは、ここではもっと大きな回り道をしなければならないこと――すなわち、商業を媒介とする道をとる必要があることを、はっきりと見ている」(同前、九一~二頁)。

こうした教訓は当然プログラムの決定的な転換に通じていたが、こうした転換はまたそれはそれでさまざまな問題へと通じていた。とりわけ大事な問題は、社会主義への直接的な移行を予想しえないとすれば、そして大きな回り道をしなければならないとすれば、新たにどのような視点を導入して考え直さなければならないのかということであろう。そこで、何よりもまずレーニンが強調していたのは、どうしても農民の、さらにその他の諸階層の個々人の関心にもとづいて経済を運営して行かなければならないということである。レーニンは次のように述べている。

「困難は個人的関心をもたせることである。同じように、すべての専門家に関心を抱かせること、こうして彼らが生産の発展に関心をもつようにすることが必要である」（前掲「新経済政策と政治教育部の任務」、五七頁）。

少し前までレーニンも、彼自身が語っているところによれば、プロレタリアートが階級としては解放された国で「共産主義者の命令で生産と分配がおこなわれるであろう」（同前）などと考えていた。このレーニンによっても、ともかくもここにきて、ようやく経済の世界の独自性が認められたということは明らかであろう。ここから「国民経済のあらゆる部門を個人的関心にもとづいて建設することが必要である」（同前、五八頁）というしごく当然であるが、しかしきわめて重要な意義をもつ結論が出てくるが、こうした視点が導入されることによって、社会主義社会への戦略的パラダイムは次のように書き改められることになる。

「直接に熱狂に乗ってではなく、大革命によって生み出された熱狂の助けを借りて、個人的利益に、個人的関心に、経済計算に立脚して、小農民的な国で国家資本主義を経ながら社会主義へ通ずる堅固な橋を、先ず初めに建設するよう努力したまえ。さもなければ、諸君は共産主義に近づけないであろう」(「十月革命四〇周年によせて」、同前、四五頁)。

では、市場が導入され、個人的関心にもとづいて経済建設がおこなわれるとすれば、かつて生産と分配の一切を統制する役割が与えられていた国家は今や何を為すことになるのであろうか。この問いにたいしてレーニンは「プロレタリア国家は、慎重で、勤勉で、手腕のある『経営主』、実直な卸商人にならなければならない」(同前)と答え、「商業と貨幣流通の規制」において真価を発揮しなければならないと答えている(前掲「第七回モスクワ県党会議」、八八頁)。

ここに、レーニンがどれほど賢明かつ急速に綱領的次元において理論的転換をなしとげたかが明確に示されているといってもよいであろう。今やレーニンは、少し前まで強調していた生産と分配の国家的な記帳と統制という方向づけに根本的な変更を加え、大いに退却してまったく新しいプログラムに完全に書き変えたのである。

絶体絶命の危機の最中におこなわれたこうした大胆な転換が、やがて農民の不満や反抗を解消させ、食料をはじめとして燃料、軽工業などの諸領域において好ましい結果をもたらすことになり、しばらくして市場を媒介とした社会主義建設への移行という新プログラムへの転換が適切な選択であったことが誇らしげに語られることになる。二年目の秋にレーニン自身も、この転換が利益をもたらし、自分たちを破滅の淵から救い出してくれたのか否かを自問し、「われわれは皆この問題に肯定的に答えることができる」、「過去の一年半はわれわれがこの試験に及第したことを積極的に、また完全に証明している」と自賛している（「共産主義インターナショナル第四回大会」、『レーニン全集』第三三巻、四三八頁）。

では、こうした転換は、レーニンの古い社会主義の概念にも転換をせまり、市場に適切に位置を認めるような新たな社会主義の概念を構築させることになったのであろうか。ネップの経験にもとづいてレーニンはいずれは社会主義の概念を再検討するつもりでいたのかもしれないが、彼が書き残した文献から判断する限り、新たな段階においても彼の社会主義の概念は基本的には前の時期のものと変わらなかったとみなさざるをえない。たしかにレーニンは社会主義へのプログラムのなかでは市場の重要な役割を認めていたのであるが、しかし、ここで引用してきた文章からも知られるように、そうした市場の導入を彼はあくまでも社会主義からの国家資本主義への退却、後退とみなしていた。そして、彼は、結局、社会主義へのプログラムにおいては市場を導入しても、社会主義の概念からは市場を排除し、両者は両立不可能だと考え続けて行ったのである。したがって、短期間ではあったが国権主義的社会主義の実現がもたらした絶体絶命の危機状態や恐るべき官僚主義的現実を垣間見て社会主義の概念の変更の一歩手前まで進んだにもかかわらず、結局、彼はこの概念の理解では旧態依然たるところに止まってしまったのだとみなしても間違いはないであろう。

彼が伝統的マルクス主義に由来する先入観に囚われて、社会主義と市場とを結び付けて考えることができず国権主義的社会主義の概念にとどまったということは、彼以後のソ連の変質退化を視野に収めるならば、やはり、文字通り後の世に禍根を残したのだといわなければならない。なぜならば、彼の国家資本主義への退却の議論は、彼の際立った権威のおかげで、スターリンのような彼の後継者が後退、退却を早々とやめて粗野な社会主義の時代の幕を開けるの大いに助けることになったことは明白であるからである。

3　レーニンと官僚主義

レーニンが官僚主義の本質とその意義についていかによく理解していたかは、すでにみてきたが、このような反官僚主義的意識の強いマルクス主義者を最高のリーダーにしていたにもかかわらず、ソヴェト政権は最初から官僚主義に悩まされていた。注目すべきは、戦時共産主義の時代にはやくもレーニンが、新たな官僚主義が発生していることに気づき注意を喚起していたということである。レーニンは、一九一八年春に書かれた有名な論文「ソヴィエト権力の当面の任務」のなかで早くも、「ソヴィエト組織の官僚主義的歪曲との闘争」がいかにして保証されるかについて論じているが（『レーニン全集』第二七巻、二七七～八頁参照）、翌年春に書かれたボリシェヴィキの綱領草案のなかでは官僚主義との闘争の重要性を、「官僚主義との闘争を続けることは今後の社会主義建設の成功のために無条件に切実に必要である」と強調していた（「ロシア共産党綱領草案」、『レーニン全集』第二九巻、九五頁）。そしてその直後に開かれた第八回党大会の報告のなかではこの官僚主義の実態について次のような問題提起をしていたのである。

「低い文化水準のために、ソヴェトは、その綱領によれば勤労者による行政機関でありながら、実際には勤労者によるのではなく、プロレタリアートの先進層による勤労者のための行政機関となっている」（「ロシア共産党第八回大会」、同前、一七二頁）。

十月革命から僅か一年半しか経っていなかったにもかかわらず、はやくも官僚主義がはびこり始め、レーニンの理想からみれば信じられないようなことが起きている、つまり、行政機関が、勤労者による勤労者のためのものになるはずであったにもかかわらず、プロレタリアートの先進層による、党と国家のリーダーたちによる、勤労者のためのものになってしまっている、つまりはリーダーたちの官僚化が起きているというわけである。革命前にはレーニンは、資本主義社会の官僚主義の根源を当然のことながら資本主義的諸関係にもとめていたのであるが、ここでは彼は、再登場している官僚主義の源を何よりも先ずロシアの文化水準の低さに、またその低さに規定された勤労者の行政への参加の程度の低さにもとめている。たしかにこうした低さが官僚主義の条件をなしていたことは間違いないであろう。だが、それにしても、はたしてこれは進行している事態についての適切な理解であったのか。

第八回党大会でのレーニンの報告は、要するに、ボリシェヴィキ自身がプロレタリアートの独裁が実際には看板だけのものでしかなくなってしまっているということを公的に確認したということを意味している。党大会でこのような決定的ともいうべき診断がおこなわれた以上、誰しも、その後官僚主義の問題で改善がはかられたにちがいないと考えるであろう。それでは、そうした改善が実際にみられることになったのであろうか。

この問いにたいする答えが肯定的なものではありえなかったことは、ただちに判明する。まず最初に、ソヴィエト新政権が帝国主義的な資本主義諸国の武力干渉の試みを崩壊させ、「共産主義とはソヴェト権力プラス全国の電化である」というテーゼを掲げて危機に陥っていた経済を本格的に立て直そうとしていた時点で、レーニンが述べていたことに目を向けてみなければならない。彼は一九二〇年の秋の終りのボリシェヴィキのある会議で、次のように述べている。


「農民と労働者大衆の文化水準が任務に応じるほど高くなく、同時にわれわれがほとんど九九％まで軍事的＝政治的任務になれている結果、われわれのあいだには官僚主義がみられるようになった。……ソヴェト機関に復活した官僚主義が、党組織のなかにも有害な影響を及ぼさずにはおかなかったことは、わかりきったことである。……党のこの疾患は、モスクワだけにみられるのではなく、共和国全土に広がっている」（「わが国の内外情勢と党の任務」、『レーニン全集』第三一巻、四二四〜五頁)。

官僚主義との闘いが宣言されてから事態が改善されてきたのではなく、逆にいっそう悪化してきたのだということは一目瞭然であろう。ソヴェトのなかに現れた官僚主義は今やソヴェト機関にとどまらず党組織とその機構のすべてを汚染し、その害悪、その疾患は全国の党組織のなかに広がってきているというわけである。

ここまでくれば、この時期のソヴェト国家とはいったい何であったのかという問題が自ずから生まれてくることになるが、実際にボリシェヴィキのなかでもこの問題が提起され論じられていた。有名な労働組合をめぐる論争は、当面の私たちのテーマにも関連している理論的にも興味深い問題がさまざま含まれていたが、この論争のなかでレーニンは、ソヴェト国家の正体について、それは「官僚主義的に歪められている労働者国家」であると規定している(「労働組合について、現在の情勢について、トロツキーの誤りについて」、『レーニン全集』第三二巻、九頁)。革命後僅か三年にして、明らかに癌とみなさなければならない疾患がここまで進んでしまっていたということは、まことに驚くべきであるが、問題は、このような国家がレーニンたちの社会主義の構想にしたがって経済を運営し、農民から食料を徴発し労働者に分配していたということである。したがって、すでにみてきたように、レーニンは一九二一年の春の深刻な危機の基本的な原因を食料徴発制度に求めていたが、さらにその直接的な原因はこの制度を実際に運用していた国家のふるまいに求められなければならなかったはずである。そこで、レーニンもこの国家に目を向け、当然のことながら、この国家の官僚主義の問題を立ち入って考察していた。彼は、自分たちが官僚主義にたいする闘いを呼び掛けてきたにもかかわらず、それがますます手に負えなくなる癌のように発達してきたことを確認し、次のように興味深く総括している。

「官僚主義の問題を審議した第八回ソヴェト大会（一九二〇年一二月）の後、官僚主義の分析ともっとも密接に関連のあった論争に決着をつけたロシア共産党第一〇回大会（一九二一年三月）の後、一九二一年の春には、われわれはこの悪がさらにいっそう明らかになり、さらにいっそうはっきりとし、さらにいっそう恐ろしいものとなって、われわれのまえに現れるのをみた。……わが国には官僚主義のもう一つの経済的根源がある。すなわち、小生産者の分散した、ばらばらな状態、彼らの窮乏、非文化性、道路のない状態、文盲、農業と工業との取り引きの欠如、両者の結びつきと相互作用との欠如がそれである。……官僚主義は『包囲』の遺産として、小生産者のばらばらに分散された状態の上部構造として、その姿を完全に明るみにだしてきた。いっそう毅然としてこの悪と闘うためには、何度も何度も初めからやりなおすためには、恐れることなく、この悪を認めることができなければならない」（「食料税について」、『レーニン全集』第三二巻、三七九～八〇頁）。

ここにはレーニンが、早くから官僚主義という悪性の疾患を深刻に受け止め、それとの闘いが重要な課題であると考えてきたことが改めてよく示されているが、しかしまた、この癌がますます成長して大きくなってくるのを、彼でさえもいわば手を拱いて見ていた、少なくとも有効に闘い戦果をあげることはできなかったということも示されている。

レーニンは革命直前に、プロレタリア民主主義はただちに官僚主義を根絶する方策をとらなければならないということを強調していたが、ここに至ってはっきりしてきたのは、当の本人が指導していた革命後のソヴェト政権のもとで官僚主義が急速に発展してきて、手に負えない「恐ろしいもの」になってきたということである。これがレーニンにとってどれほど予想外の深刻な事態であったかは、想像に難くないであろう。では、何故このようなことになってしまったのであろうか。

この問題にたいするレーニンの解答は、彼のところでかなり前から明確にされてきていたものである。すでに見てきたように、彼は、革命後の官僚主義の根源をロシアの低い文化水準に、この国の歴史的発展の後進性に求めていた。そして、ここでも相変わらず「非文化性」、「文盲」が挙げられているが、さらにここでは、「小生産者の分散した、ばらばらな状態、彼らの窮乏」、「道路のない状態」、「農業と工業の取り引きの欠如」がつけ加えられている。この後者の経済的諸条件が、非文化性と結びついている官僚主義の現実的な土台にほかならないとレーニンが考えていたことは明瞭である。では、この官僚主義の土台はどこからやってきたのであろうか。当然、引用した文章の最後のところでレーニンが「『包囲』の遺産」ということを挙げていることに注目しなければならないであろう。明らかにレーニンは戦時共産主義時代を念頭に置いていたのである。すでにみてきたように、この時代にレーニンは繰り返し物資の生産と分配を全面的に記帳し統制しなければならないことを強調し、農村と都市との自由な取り引きを廃止し、市場を圧殺すべきことを訴えていた。したがって、レーニンが官僚主義とその土台を問題にしたときに、あの時代の自分たちの非市場的な、というよりは市場圧殺的な社会主義の構想やその実現のプログラムのことを、念頭に置いていたのではないかと誰しも想像するであろう。しかし、この推理は当たっていないのであり、実際のレーニンは、食糧危機と政治危機の原因を強制徴発制度とそれに固執したプログラムに求めたときのようには、分析を深めていないのである。

したがって、ここでレーニンの議論の不徹底さを痛感させられるのであるが、しかしこの問題にはすぐ後で戻ってくるとして、さしあたって注目すべきは、その原因の把握に問題が残されていたとしても、官僚主義にたいするレーニンの議論はそれなりに首尾一貫していたということであり、そこからそれなりに有効な官僚主義対策も導き出されえたということである。

レーニンが主張していたように、もしも文化水準の低さと結びついている官僚主義の直接の土台が小生産者の分散状態や都市と農村との取り引きの欠如であったとすれば、ここから出てくる対官僚主義処方箋ははっきりしていたはずである。要するに、官僚主義の土台を発展させてきた条件を改めればよいということであり、市場経済を復活させ、農業と工業との自由な取り引きを再建させればよいということであるが、こうした方向にネップに移行したときにレーニンとボリシェヴィキは歩み始めていたのである。すでに前節でみてきたように、絶体絶命の危機から脱出するためにレーニンたちは徴発制から食料税制への移行を余儀なくされていたが、この新経済政策の狙いは、商品交換を、余剰農産物と工業製品との交換を発展させるということであった。したがって、この新政策こそはまさに分散した小規模生産および都市と農村との取り引きの欠如という官僚主義の土台を崩し、したがってまたその上部構造でもある官僚主義にたいしても打撃をあたえることになり、まさに対官僚主義闘争という課題にも応えることができるはずであったのである。

新経済政策はたんに食料危機を解決するだけではなく、今や恐るべき悪として、新社会の体内を蝕む癌として立ち現れてきている官僚主義の克服のためにも有効性を発揮するにちがいないというわけである。しかし、それにしても、伝統的マルクス主義とレーニンの観点からみれば、商品交換、取り引きの自由を認めるということは、結局のところ資本主義の復活を容認することに通じているのではないであろうか。最初からまさにそのように考えていたレーニンは、この問いにたいして然りと答え、ネップに移行したとき「われわれはとりもなおさず資本主義の発展の自由をあたえたのである」と主張し、自分たちの方針について「われわれは一九二一年春に社会主義建設から国家資本主義に後退しなければならなかった」のだと規定していた（「第七回モスクワ県党会議」参照、『レーニン全集』

第三三巻所収)。そしてさらに彼は、この後退は「経済問題の解決にとりかかるためには、すなわち社会主義の基礎への経済的移行を保障するためには」不可避的であったと付け加えている(同前、八二頁)。だが、いかに不可避的であったとしても、資本主義は所詮資本主義であり、悪であって、後退するところとしては不適切ではないのか、という批判にたいしてレーニンは次のような反論を用意していた。

『われわれ』は、今もなお『資本主義は悪であり、社会主義は善である』という議論にしばしばまよっている。しかしこの議論は正しくない。……資本主義は社会主義に対しては悪である。資本主義は中世にたいしては、小規模生産にたいしては、小生産者の分散状態と結びついた官僚王義にたいしては善である」(同前、三七八頁)。

たしかに革命の直前までレーニンは、資本主義的諸条件が官僚主義の源であるという主張をしていたし、さしあたっての議論の脈絡のなかでもほぼ同様な主張をくりかえしている。しかし、今や革命後に発展してきた官僚主義の興隆を目の当たりにして、古い中世的なものにたいする闘争においてと同様に、この官僚主義とその土台である分散した小規模生産にたいする闘争においても、この土台よりは歴史的に先に進んでいる資本主義の方が善として選び取られなければならない、そして、今ロシアでは選択肢はそのように提起されているのだというわけである。このように巧みに位置づけられた新政策がどの程度の役割を演ずるかについては「実践が示すにちがいない」と考えることしかできなかったのであるが、ともかくレーニンにとってそれは、当面の直接的な食料危機を克服するだけではなく、革命後新たな社会の癌として急速に成長してきた官僚主義も克服するという一石二鳥の働きをしてくれるはずであったのである。

ところで、蔓延っている官僚主義との闘いにおいてもネップが有効であると信じていたレーニンは、もとよりこの政策だけで官僚主義と十分に闘えるなどとは思っていなかった。彼は新政策の提案をしたときに、地方にたいしては有利な諸条件を生かして商品交換の活性化をはかるようにと訴えたのであるが、そのさい同時に、中央については次のように語っていた。

「……わが国では中央機関は、つくられてすでに三年半のあいだに、ある種の有害な不活動状態を呈するようになっている。我々は、これを著しく、かつ急速に改善することはできない。それをどうやって改善すべきかも知らない。……われわれのうちで、中央の仕事にとどまるように宣告されているものは、たとえ控え目な、すぐにでも手のつけられる程度であっても、機構の改善と、この機構から官僚主義を一掃する仕事を、やり続けるだろう。……官僚主義の弊害は、中央に集中されている」(前掲「食料税について」、三八三頁)。

新経済政策を実現し市場を活用して行くとともに、レーニンがここで宣言したことをいかに具体的に実行して行ったかは、中央の機構の改善のために精力的に努力をしていたことから知ることができる。そして、この問題にレーニンが最後までどれほど真剣に取り組んでいたかは、彼の最晩年の党大会提案文書や論文「量は少なくても、質の良いものを」などを読んで見れば、一目瞭然である。そして、こうした行政改革とともに彼がボリシェヴィキの内部における官僚主義との闘いをどれほど推し進めようとしていたかは、党のある会議における次のような発言から明らかである。

「われわれの最悪の内敵は官僚主義者であり、それは、ソヴェト機関の責任ある（それについで、責任のない）地位に座り、良心的な人物として一般の尊敬を受けている共産主義者である。……彼は事務渋滞と闘うことを学ばなかった。彼はそれと闘うことができず、それを隠している。この敵をわれわれは粛正しなければならない……。われわれに必要なのは、人物の適否の点検であり、実際的遂行の点検である。次の粛正は、行政官のつもりでいる共産党員のうえにおよぶであろう」（「ソヴェト共和国の内外情勢について」、『レーニン全集』第三三巻、二二五～六頁）。

ここにいたってレーニンの対官僚主義戦略がどのようなものであったかがはっきりしてきたといってもよいであろう。彼が官僚主義との闘いにおいては文化の後進性が打破されることが大事であると考えていたことはいうまでもないが、今やさらにこの闘いにおいてネップへの移行によって、つまり一方では市場の力を借りることによって、そして他方ではいわば行政改革と官僚主義的共産党員の「粛正」をすすめることによって、大いに成果を上げることができるという考えに到達したのである。彼の議論が首尾一貫したものであったことは、認めざるをえないであろう。

では、このレーニンの最晩年の官僚主義との闘いは、着々と進められ満足の行くような成果をあげることができたのであろうか。新しい制度の下で食料はもとより、さらに燃料、工業などの諸領域も改善されたように、官僚主義の問題もある程度の改善がなされたことはたしかであるように思われる。しかし、はっきりしていることは、食料税制への転換から二年も経ってから書かれたレーニンの最後の論文は、官僚主義との闘いがまさに進行中であることを証言しているということである。そこには、「手始めには真のブルジョア文化で十分であろう」というあまりにも有名な話から始まって、「われわれの官僚主義はソヴェト機関だけではなく党機関にもある」ということが前提された上で行政の改革と節減の必要性が語られている（「量は少なくても、質のよいものを」、『レーニン全集』第三三巻所収）。要するに、レーニンは、彼の人生の最後の段階になって新たな敵に出会い、この敵がますます大きくなってくるのを見ながら、この敵と全力をあげて闘っている最中に、そして相手がまだ健在であるのを確認しつつ、その生涯を終えてしまったのである。したがって、依然として「国家資本主義」に後退したままで、「手始めには真のブルジョア文化で……」に止まり、官僚主義を克服する社会主義的な見通しも獲得できないうちに、幕が閉じられてしまった以上、レーニンにとって満足の行くような成果があげられたのかという問いにたいしては、やはり、当然、肯定的に答えることはできないように思われる。

では、何故そのようなことになってしまったのであろうか。それは、そもそもレーニンが新たな官僚主義の根源について適切にとらえていなかったということに、したがってまた彼の官僚主義との闘いのプログラムが不適切であったことに起因していたのではないであろうか。すでに見てきたように、レーニンは、食料危機についてはその基本的原因を穀物の割当徴発制にもとめ、その背後には生産と分配についての国権主義的社会主義的構想とその実現のプログラムがあったことを認めていた。しかし、ソヴェト国家の官僚主義について語る段になると、レーニンはその基礎についての議論を深めようとはせずに、この官僚主義が、革命直後からソヴェト国家が生産と分配の全面的な記帳と統制という方針を実現しようと努めていたことと関連していた点に十分に注目しようとはしていなかったのである。レーニンは何故か一度も立ち入って考えようとはしなかったのであるが、すでに最初の節で簡単に指摘しておいたように、そのような統制と記帳を実現しようとすれば、そのために膨大な量の人間が必要になり、どうしても大量の機関と機構をもつ巨大な組織が出現してくることにならざるをえない。したがって、市場が働いているブルジョア的諸国家とくらべればソヴェト国家はどうしても大きな国家にならざるをえなかったのであり、その副産物として官僚主義を生み出さざるをえなかったのである。この官僚主義が古いロシア風の色彩を帯びていたからといって、この色彩から官僚主義が生み出されたわけではないことは、改めて指摘するまでもないであろう。

戦時共産主義の時代に、レーニンの言葉を使うならば、その恐ろしい姿を現してきた官僚主義は、ほかならぬ彼も主張していた伝統的なマルクス主義の社会主義の国権主義的概念を実現しようとした努力の成果にほかならなかったのであり、敢えてその基本的な原因をはっきりさせるならば、その社会主義の概念とそれを実現しようとしたレーニンとボリシェヴィキにもとめられなければならなかったのである。恐るべきレヴァイアサンとそれを土台として発展してきた官僚主義とは彼ら自身の創造物にほかならなかったのである。

したがって、レーニンは、早くから官僚主義について語っていたにもかかわらず、そして危機の最中にその原因について分析をおこなっていたにもかかわらず、議論をさらにもう一歩深めてその基本的原因を的確につかむところまで進むことができなかったといわなければならないであろう。レーニンは食料危機について論じた時には、その原因を自分たちのプログラムにもとめたように、この同じ原因から官僚主義も生れ育っていたことを理解しなければならなかったのである。幸い原因が同じであったので、食料危機のための政策転換は官僚主義にたいしても有益な効果をもたらしたはずであり、さまざまな興味深い変化が見られたはずである。しかし、そうした変化はいわば副産物であって、自覚的に追及されたわけではなく、したがってまた、それらの経験に基づいて官僚主義対策が理論的に深められることもなかったのである。結局、レーニンは彼の国権主義的社会主義とその実現のプログラムの双方を根本的に変更し、市場と両立可能な社会主義の構想とその実現のプログラムを考えるところまで進むことができなかったのであるが、まさにそうしたことの結果が、レーニンが最後の論文でも官僚主義の健在振りの確認と文化の後進性の克服の訴えにとどまらざるをえなかったということに通じていたのではないか。

おわりに

レーニンは、社会主義革命は官僚主義廃絶の運動でもあると考えていたので、十月革命後のソヴェト社会で発展し始めた官僚主義の存在に気づいてから、絶えずそれとの闘いを訴えてきた。そして、直接的には食糧危機の克服のためではあったが、恐るべき姿を現わしてきた官僚主義と闘うためにも、社会主義とは両立できないと信じてきた市場の導入までもはかり、同時に行政改革と党の粛正を実行してきた。いわば手を尽くして徹底的にこの癌と闘ったのであるが、しかしこの相手を討ち滅ぼすところまで行くことはもとより、こういってよければ、その制圧のための見通しさえも十分にはもてないうちに、歴史の舞台から退場せざるをえなくなってしまった。マルクスの、さらにエンゲルスの革命思想の継承者としてラディカルな反官僚主義を主張してきたレーニンが、革命後自分の足元で宿敵がすくすくと育ち、生涯の最後の最後にその健在振りを目の当たりにしていたのであるから、どれほど暗い気持ちで死を迎えたことであろうか。しかし、それでも彼がまだ救われたといってもよいのは、その生涯の最後にいたるまで彼が、その宿敵であった癌が、まさに彼自身の社会主義の概念が、たとえ最悪の諸条件のなかであったとしても、実現された結果として出現したということに気づかなかったことであろう。たしかに彼も、一九二一年春の危機の基本的な原因が自分の革命思想に関連していたことは認めることができた。しかし最後まで、膨大な量の官僚が必要になり、旧官僚たちが復活したり新たな官僚が生み出されたりしたことが、したがって彼らをベースにして官僚主義が栄え始めたことが、非市場的な社会主義の概念を信じていた自分たちの勝利の副産物であったことは認めることはできなかったのである。さらに、何よりもレーニンが救われたといわなければならないのは、彼が長寿を全うしてスターリン時代の目撃者になることを避けることができたことであることは、いうまでもないであろう。彼がその創造者の一人であった悪が成長を遂げてどのような世界を造り出すにいたったかは、すでにかなり以前からソルジェニーツィンの『収容所群島』などを通して誰もが知ることができるようになっている。

革命後の食料危機と同様に官僚主義という癌が急速に発達しはじめたのも、レーニンとボリシェヴィキが彼らの思想を、彼らの非市場的な社会主義の概念を実現しようとしたことに基本的な原因があったのである。たしかにレーニンは、ロシア人たちがさらに大量に飢えて死んでいっても自分の思想を貫こうなどとは考えずに、自分の方のプログラムを修正し市場を導入する方向に歩み出した。そしてこの転換によって人々は飢えから解放され、官僚主義にたいしてもそれなりの抑制効果がもたらされたはずであるが、しかしレーニンは、そうしたことはすべて、社会主義から国家資本主義への後退の結果として生じたことでしかないと思い込んでしまって、非市場的で国権主義的な社会主義概念を変更する理由にはならないと考えていた。したがって、短期間ではあったがロシア人を犠牲にしたきわめて貴重な経験を得ていたにもかかわらず、レーニンはそれを真に生かし新たな社会主義の概念を構築するところまで進むことはできなかったのである。

結局、問題は、レーニンが十月革命直前の彼の社会主義の概念に固執し、それをあくまでも修正しなかったことにあったのであるが、彼がそのような態度をとったのは、この概念が伝統的なマルクス主義の概念に合致していると考えていたからにほかならない。社会主義と市場とは両立できないという主張も、労働に応じた分配が価値の媒介なしでも簡単に計算できるという主張なども、エンゲルスが強調していたものばかりであり、それらの主張の正当性はレーニンには疑いの余地がまったくなかったのである。では、そもそもエンゲルスの社会主義の概念はマルクスのそれと十分に重なりあっていたのであろうか。この点についてレーニンは少しも疑っていなかったが、しかし、もとよりここで立ち入ることはまったく不可能であるが、エンゲルスは、マルクスが社会主義においては「商品交換を規制するのと同じ原理」がワークせざるをえないと書いていた箇所や、この社会主義では人々がまだ分業に隷属せざるをえないと示唆している箇所を読み飛ばしていた。レーニンは、深刻な経験をしていた時に何故マルクスの社会主義論をもう一度検討してみようと思わなかったのであろうか。まことに悔やまれる話であるが、レーニンがそうしようとは思わず、伝統的マルクス主義の国権主義的社会主義の概念に固執していたことが、取り返しのつかない禍根を社会主義運動に残すことになったことは疑いの余地がないであろう。

7章 社会主義　官僚主義　マルクス疎外論

西田論文にたいする反批判

はじめに

二〇世紀も最後の最後に近づき、いよいよ二一世紀に移ろうとしている現在、新たな世紀を迎えるにあたって、まさに終わろうとしている世紀を顧み、二〇世紀とは何であったのかを考えておこうというような議論が広くおこなわれて来ている。そして、それらの議論に必ず登場してきたのは、まさに二〇世紀の主役中の主役であった、一九一七年に始まって一九九〇年代に入ってからしばらくしてその生命を終えたあのソ連型の特殊な社会主義運動である。当然のことながら、この主役が掲げて来た旗幟にも目が向けられ、一体あの社会主義運動と結び付いてきたマルクス主義とは何であったのかという問題も大いに論じられて来た。

こうした流行に棹さしていることを率直に表明している評論の一つは西田照見教授が最近発表された「この二〇世紀末の日本においてマルクス思想を省察する」(『季報唯物論研

究』1997/10所収）である。二〇世紀の主役の振る舞いを顧みながら、その主役の旗幟であったマルクス主義思想に決別の挨拶を送り、必ずしも社会主義的ではない未来の選択肢を提案し、そのさいに、マルクスとマルクス主義の治癒不可能な欠陥なるものを指摘して見せたりしているのを拝見すると、教授がなかなか上手に棹を操られているとみなさざるをえないように思われる。したがって、もしもそれだけのことであるとすれば、この評論は殊更に取り上げなければならない理由はないということになるが、しかし、教授の評論の中で、四半世紀も前に発表した論文(1)のなかで筆者が主張していた見解が取り上げられ、教授がきっぱりと斥けられなければならないと考えられている思想の代表例の一つに祭り上げられている。しかも、その際に、はるか以前に煙のように消えてしまっていて当然であるような、マルクスと彼の思想についての明白な誤解までもが蒸し返されたりもしている。そこで、筆者も今回は批判に応じてきっぱりと反批判を表明しておくべきだという結論に到達した。ここではもとより教授が掲げているような遠大なテーマについて全面的に論ずることはできないが、それでもともかく、最初に、教授による二〇世紀社会主義運動の総括と未来に向けてのユニークな積極的問題提起を簡単に検討し、そのあとで、マルクス疎外論についての教授の誤解を晴らすというささやかな問題だけでも解決しておくことにしたいと思う。

1　スターリン主義とは何であったか

一九八九年秋のベルリンの壁の崩壊とそれに続いて起きた東ヨーロッパとソ連における社会主義諸システムの自己崩壊、中国における社会主義的市場経済への移行の本格的な開始などの世紀末の一連の出来事によって、ソ連型の社会主義運動の生命がいよいよ外面的にも終焉を迎えたことが確認されて来た。そして、当然のことながら、この運動に関わって来た人々にたいして世間からいわば粉飾なき決算報告書を提出するようにという要求が突き付けられてきた。残念ながら筆者には、今日にいたるまでそうした要求が十分に受け止められ応えられてきたとは思われないが、最初に注目しておく必要があるのは、西田教授が、すでにこれまでに作成されてきている決算報告にかなり高い点数をつけられているということである。前掲論文には次のように書かれている。

「この問題（ソ連などの社会主義的諸システムの問題――筆者）について近年の日本共産党は、――マルクス・エンゲルスの想定した共産主義社会は資本主義経済の発達的行きづまりを越えて実現するというのであって、それに対してソ連などの場合は資本主義が未熟な所で共産党革命政権が登場してそれが共産党官僚独裁に陥り、また資本主義が発達して来ていた東ドイツやチェコも戦争による荒廃の上にソ連共産党に従属させられた共産党独裁体制を押しつけられたのであって、こうした体制は到底、マルクスが想定したような共産主義への基本的にストレートな過渡期としての社会主義社会であったとはいえない――といった判断を下すようになった。こういう認識は、社会主義思想への賛否の如何にかかわらず、単純な社会主義失敗論よりも遥かに社会科学的な考究を経てきている」(八一～二頁)。

ここで最近の日本共産党の見解が適切に要約されているのか否かはともかくとしても、このように纏められる見解に対して教授が高い評価を与えられていることは明白である。では、このような評価が与えられた見解に対して教授はどのような関係に立たれているのであろうか。この問にたいする答えは、続けて教授が書かれている次のような文章のなかで与えられている。

「しかしながら、右のごとき認識は、日本共産党がなおソ共や中共を『友党』としていた二〇世紀五〇年代後半以降、私も含めてトロツキー理論を摂取してきた人々にとってはすでに常識化してきていた認識である」(八二頁)。

続けて教授は日本共産党の「社会科学への断ち切れない党派的支配志向」に対する批判に移って行かれるのであるが、さしあたって大事なことは、高く評価されていた見解が、実は、教授も含めていちはやくトロツキーから学んでいた人々によって受け入れられ、彼らにとってはすでに常識になっていたものであったということである。つまり、教授が「遥かに社会科学的な考究を経てきている」などと高く評価されたのは、すでに半世紀も前から教授たちにとってはありふれた知識になっていた見解に対してであったというわけである。

この「社会科学的な考究を経てきている」見解を見て誰もが尋ねてみたくなる基本的な問題は、資本主義の諸限界を超えることを訴えてきた共産主義政党が一体何故マルクス的な意味での社会主義ではなく、やがて自壊することにならざるをえなくなるような社会を、つまりは教授が強調されている「共産党官僚独裁」を形成することになったのであろうかという問題であろう。この問題が、「トロツキー理論を摂取してきた人々」やその他の人々によってスターリン主義と関連させられて考えられてきたことはよく知られているが、教授もまた同じ方向で考えられているようにみえる。そこで、問題はスターリン主義とは何であったのかということであるが、教授は、ここで取り上げている論文のなかでは、この問いにたいしては何も答えられていない。しかし、このスターリン主義の由来については多少は論じられていて、開発途上国の貧困などに社会変革への期待をもったりすることを戒められながら、次のような文章を書かれている。

「自由民主主義的政治体制を多少とも成熟的に踏まえることの無かった民族から『近代の超克』とかそれに類するような事を呼号するような変革運動が爆発したときには、ナチズム、天皇制軍国主義、スターリン主義、ポル・ポト主義、金日成主義、等々二〇世紀の歴史が血で染まった……」(八三頁)。

ともかくもマルクス主義的社会主義の旗を掲げていた運動とナチズム、天皇制軍国主義を並列させて一括して論じている文章は、すべての牛が黒であるところの闇夜の喩えを思い起こさせるが、しかしここにスターリン主義についての教授の理解の程がある程度示されているとみなしてもよいであろう。要するに、スターリン主義とは、「自由民主主義的政治体制」を「多少とも成熟的に」は、つまり少しでも本格的には、経験できなかった——その土台としては資本主義の発達が未熟であったということが想定されている——諸国で資本主義を超えて社会主義を実現しようとした変革運動の産物の一つであったということであろうか。

たしかにスターリン主義が、近代ヨーロッパにおいて発展させられてきた民主主義思想にたいして不適切な態度をとってきただけではなく、ソ連型の社会主義諸国における民主主義の多大な不足、さらには権力によるその徹底的な蹂躙の弁護論を発展させてきたこともよく知られている。したがって、そうしたスターリン主義を除いて、何故ソ連型の社会主義諸国において「共産党官僚独裁」が、つまりは民主主義を圧殺する官僚主義の支配が優勢になったのかという問題について適切な説明を与えることができないことは明らかである。では、そのイデオロギーが反民主主義的であったということに注目すれば、問題の官僚主義についての十分な説明を与えることができるのであろうか。改めていうまでもなく、この問いにたいする解答は否であり、もしそうした強調に止まっているとすれば、今日ではかなりよく知られるにいたっている最重要論点の一つを無視することにならざるをえない。そして実際に、ここで取り上げている論文のなかでは登場してこないので、西田教授もまたこの論点を看過されているのではないかとみなさざるをえない。

実はこの論点は、ロシア革命直後の戦時共産主義の経験からすでにレーニンによって提起されていたものであり、問題の所在をつかむうえで有益なので、念のために簡単に顧みておこう。周知の歴史的事実であるが、一九二一年の春にソヴェト政権は長期にわたる内戦による疲弊と官僚主義の蔓延によって絶体絶命の状態に陥ってしまっていた。当時の状況のなかで遅ればせながらこの危機をまさに危機として悟ることができたレーニンは、戦時共産主義から急速に戦略的パラダイムを転換させて行くのであるが、その際に彼は今もなおその理論的価値を失っていないきわめて重要な問題を提起していた。彼は自分たちが戦時共産主義の時期に「共産主義的な生産と分配に直接に移行することを決めるという誤りを犯した」ということを率直に認め、この自己批判を深めて次のように一般化していた。「国家による生産と分配とを実施すれば、それだけでわれわれは、以前の制度とはちがった、生産および分配の経済制度に入ったことになるであろうと、予想していた。われわれが国家による生産と分配を建設し、一歩一歩、生産と分配を敵対的な制度から闘い取って行くという条件のもとで、二つの制度——国家による分配の制度と私的商業的な生産および分配の制度——は相闘うであろうとわれわれは予想していた」(2)。

これは、有名な『国家と革命』における国権主義的な社会主義の構想にもとづく予想であったが、今やレーニンは、まさにこの予想をにもとづいてふるまったボリシェヴィキの行動そのものが絶体絶命の危機をもたらした要因、それも最大の要因の一つであったことを認めるにいたっていた。そして彼は、その基本的な欠陥を「われわれが、われわれの経済が市場や商業とどういう関係にあるかという問題を全然提起してこなかった」ことに求め、さらに、自分たちが市場や商業を媒介とするという回り道をしなければならず、「国民経済のあらゆる部門を個人的関心にもとづいて建設することが必要である」ということを積極的に強調するにいたっていたのである (3)。

ここにレーニンが、短期間ではあったが、しかし戦時共産主義を指導するという稀有な経験からどのような洞察を獲得するにいたっていたかがよく示されている。彼は、膨大な犠牲を伴い自分たちを絶体絶命の状態に陥れた戦時共産主義の経験から、ソヴェト経済の危機を引き起こした最大の要因がロシアの後進性などにではなく、彼も継承していた伝統的マルクス主義において維持されてきた社会主義の構想、国権主義的な社会主義の構想を直接的に、段階を踏むことなしに実現しようとしたことにあったと考えるにいたり、ただちに社会主義から「国家資本主義」(レーニン)への「戦略的な後退」を開始し、市場と商業を導入した新たなプログラムを模索しそれを実現しようと努めたのである。

この新しい経済政策が短期間にかなりの成果をあげることになることは知られているが、

そうした経験をも組み込んで社会主義の理論そのものの根本的な転換をなしとげるところまで行かないうちにレーニンは活動を終えてしまった。そこで、彼はソヴェト経済の危機の最大の要因であった恐るべき官僚主義の蔓延と国権主義的社会主義の構想との関連を十分につかむことができず、あくまでもネップを社会主義からの後退として捉え、最後まで国権主義的社会主義の構想を超える方向での理論的転換を成し遂げることができないで終わってしまい、その後のソ連とその他の諸国の社会主義運動の歴史に禍根を残すことになった。レーニン死後しばらくしてスターリンが、ネップから始まった市場を実質的に廃止しソ連経済を本格的な計画経済に移行させ本質的に官僚主義的な国権主義的社会主義を実現して行くことはよく知られているといってもよいであろう。その結果として、ソ連において教授の言われる「共産党官僚独裁」が揺るぎなき地位を獲得するにいたるのである。この体制が第二次世界大戦後東ヨーロッパ諸国に、そしてさらに中国、北朝鮮、ベトナムなどにも広く輸出されたが、その結果教授も指摘されていたように、資本主義がそれなりに発展していた諸地域においてもソ連と似たり寄ったりの現実が形成されることになる。こうした現実のもっともドラスティックな形態はソルジェニーツィンによって描き出された収容所群島であるが、それらの群島の住人がどれほど徹底的に疎外されていたかは改めていうまでもないであろう。そして、それほどではなかったとしても、それらの群島の外の娑婆の人間たちや、また群島が小規模なものに変わってきてからの国権主義的諸社会における普通の労働者たちもきわめて深刻に疎外されていたことは、今日ではあまりにもよく知られている。

人間がこのように疎外されていて耐え難い社会であったからこそ国権主義的社会主義諸システムは、その他の都合の悪い諸条件も重なって結局のところ自己崩壊を遂げてしまったのであるが、さしあたって大事なことは、以上から導き出されうる次のような結論である。すなわち、ソ連は、戦時共産主義の経験からレーニンが学び発展させようとした方向に背を向け、伝統的マルクス主義に再びもどり市場を排除する社会主義の構想を実現することを目指したのであり、この方向に歩み出したことが自ずから共産党と国家の官僚層の拡大再生産に、つまり西田教授の強調される「共産党官僚独裁」の確立へと——さらにやがては自己崩壊へと——通じていたのである。ここで大事なことが、国権主義的諸社会においてそもそも資本主義の発展の程度が低かった、その発展が未熟であったということが、ストレートに耐えがたい官僚主義社会に通じていたわけではなく、その間に、市場を排除し圧殺する社会主義の特殊な構想とその強引な実現ということが介在していたということである。もしこのことが真実であるとすれば、自壊した社会主義的システムは、社会主義的な諸選択肢のなかから一つの選択肢が、非市場的社会主義のコースが選び取られたことによって生成し、また、この特定の選択肢の本質的な欠陥のゆえに滅びてしまったということになる。

西田教授が無視されている関連がどのようなものであったかは明らかであろう。教授は、ソ連型社会主義における官僚主義の異常な発展ということを強調されているのであるが、この社会主義的官僚主義化と非市場的社会主義の実現ということとの関連を検討されず、前者の主要な原因が後者にあったことを適切に把握されていないのである。たしかにソ連型社会主義が実現された諸国においては資本主義があまり発展していなかったということも、またそうした後進性によって規定されてそのイデオロギーが民主主義についての適切な理解を欠いていたということも、官僚主義の発展の条件になっていたことは疑いがないが、しかし、そうした諸条件それ自体がただちに官僚主義化の主要な原因になっていたわけではなかったのである。そしてまた、資本主義がある程度発達していたとしても、非市場的社会主義の移植は官僚主義的国家を不可避的にもたらし、結局のところその国家の自己崩壊を遂げさせることにならざるをえなかったのである。少なからぬ人々によって主張されてきているることであるが、諸悪の根源のように登場させられている「スターリン主義」にしても、国権主義的な、それゆえに官僚主義的な社会主義のイデオロギーでしかなかったのであり、ご本尊の「スターリン」も国権主義的社会主義の現実的担い手にほかならなかった官僚機構の傀儡でしかなかったのである(4)。

他方、問題の関連を無視すれば、社会の官僚主義化の現実的な克服のための現実的な方向を見出すことができなくなるのは、やむをえないであろう。大事なことは、耐えがたい官僚主義社会へ移行して挙句の果てに無様な自己崩壊に終わるということが、すべての社会主義が必ず迎える不可避的な運命であったわけではなかったということである。たとえ前提が同じで資本主義の発展が遅れていたとしても、他の社会主義的な選択肢が採用されていれば、当然、その結末もまた異なったものになっていたはずなのである。実際に、短期間の経験から国権主義的社会主義の恐るべき実践的諸帰結に気づいたレーニンが新しい経済政策を採用した結果、一方では、僅か二年の後に穀物や燃料の生産はもとより都市の工業生産までもが壊滅的危機を脱しただけではなく、すでに蔓延り始めていた党と国家の官僚主義にたいしても多少は打撃があたえられたことは、よく知られている。この新経済政策はしばらくして官僚たちと彼らの利害の擁護者としてのスターリンによる反撃によって葬られてしまったが、しかし、やがて第二次世界大戦後には、スターリンとの決裂後のユーゴスラヴィアにおいてまったく新しい社会主義的選択肢が採用され大規模な実験がおこなわれることになった(5)。この自主管理社会主義とその実際の経験についてここでたちいることはできないが、この社会主義は、実践的にはともかくとしても理論的には原理的に反国権主義的で、官僚主義的体制に敵対するものであった。このユーゴスラヴィアの社会主義運動が一九九〇年代に入ってから悲劇的な結末を迎えたことは私たちの記憶に新しいが、その数十年の長きにわたる豊富な経験が、二〇世紀のもっとも貴重な遺産に属するものであることは、いうまでもないように思われる。そしてまた、国権主義的社会主義の悲惨な経験を踏まえて、この社会主義の否定として新たな「人間の顔をした社会主義」を提唱したチェコスロヴァキアの改革運動「プラハの春」はよく知られている。そのリーダーの一人であったオタ・シクは、「近代工業社会は市場なしには機能しえない」ことを強調し、「市場を一定の社会主義の基本的原理と統合する試み」を提案していた(6)。こうした試みは、ワルシャワ条約諸国軍の戦車によって無残にも提案の段階で粉砕されてしまったのであるが、もしも実現されていれば、国権主義的社会主義が退けられて、真に民主主義的な社会主義の実現のための貴重な経験が大量に獲得されることになったかもしれないのである。そして、蛇足ながら付け加えておくならば、こうした市場と両立可能で民主主義的な社会主義のプログラムを考えるさいに、資本主義諸国の歴史の豊かな経験にもまた反面教師および教師として大いに教えられるところがあることは、改めていうまでもないであろう。

ここで取り上げている論文の中で西田教授は、スターリン主義的社会主義以外の社会主義的諸選択肢を検討されていない、というよりは、そもそも念頭に置かれていないようにみえる。このことは、教授がソ連型社会主義諸国における党と国家の官僚層の肥大化という問題をそれらの諸国において実現された特殊な形態の社会主義と関連させて把握されていない以上当然のことであるが、しかしこのことは、教授が現在の資本主義社会にたいして何らかの社会主義的選択肢を対置させられることを遮ってしまっているだけではなく、どのような種類のものであれおよそまともな選択肢らしい選択肢を対置されることまでも不可能にしてしまっているようにみえる。現在の後進諸国における社会主義的展望についてはもはや少しも語ろうとされないのは当然であるとしても、教授が先進資本主義諸国について語られているのは次のようなことだけである。

「さしあたっては、……ある種の知的中流生活者の中からジワジワと生活の簡素化を進めるというようなこと」(八六頁)、「……欲望の『鎮静、冷却』を自覚的に普及させていけるような社会システムが形成されるのでなければならない」(八六〜八七頁)、「……堅実な大都市生活習熟者間の、ストレスの生じ合いの少ない個人主義的な友好・信頼関係」、「連携的個人主義」(八八頁)。

これらの文章や言葉で表明されていることが、教授が積極的に提起されている「脱資本主義社会のあり方」を示しているということになるのであろうか。教授が提起されている方向は、主張している当人がたんに社会主義運動に絶望していることだけではなく、既にかなりの高齢に到達していることも示しているように思われる。そしてまた、それは、結局のところ資本主義の延長線上で、したがって資本主義でもなんとかやって行けるという線で考えられているように思われるが、それにしてもこれはまことに貧相な展望ではないであろうか。それに人間の欲求を縮小させることになるようなシステムがいかにしたら構築可能なのであろうか。先ずは教授が経済的および政治的展望を描き出されてみせなければならないであろう。新しい画期的システムがスターリン時代のラーゲリ以上にラーゲリ的でないことを祈るばかりである。

2 マルクスをめぐるスターリン主義的神話

そもそも人々の諸欲求を鎮静したり冷却したりすることが「ジワジワと」できるものであるとすれば、ほとんどすべての社会的な諸問題は容易に解決されることになる、というより消滅してしまうであろう。それらの諸問題の発生源を減衰させてしまうという万能の方策を考えられている西田教授が、ソ連型社会主義システム崩壊後の時代においてそれらの問題の社会主義的な解決などについて積極的に取り組まれていなかったとしても、当然のことであったといってもよいであろう。しかし教授が積極的になられない理由は他にもあったのである。それは、教授によれば、要するに、社会主義的諸理論のなかでもとりわけ力をもってきたマルクス主義的な理論には本質的な欠陥が、つまりは人々に厄災をもたらす神経症的な原点回帰型アイデアが、そしてそのアイデアにもとづく似非宗教的な終末論的な発想が見出されるということなのである。そしてまた、教授によれば、この人類に災いをもたらすアイデアの由来を辿って行くとマルクスやエンゲルスにまで遡らなければならないことがわかる。そして、まことに遺憾なことに、そうした事実を認めようとしない人々が少なからず存在していて、そのなかには筆者もまた数え入れられるのである。そういうわけで、教授は論文の後半で故廣松渉氏とともに筆者のマルクス解釈も挙げて批判を展開され、さらにはマルクスについての適切な解釈の模範までも提供しようと努められている。

教授は、最初に廣松氏の、マルクスは彼の初期の疎外論を放棄し、その代わりに物象化論を採用するにいたったという周知のマルクス疎外論超克説を引用し、その「マルクスの疎外論からの脱却」論は「問題なく的を得ている」と断言されている。そして、他方、かつて四半世紀も前に廣松氏のマルクス解釈を詳細に批判した筆者の論文を取り上げられて、「後年のマルクスの著述にも疎外という語が見られる事の指摘は、研究上、プラスである」と評価されている。しかし、教授によれば、「この事は（少なくともこの事において）岩淵氏が廣松に闘争的たらねばならないような性格の問題ではない」のである。なぜならば、教授によれば、初期マルクスの疎外論には「労働が獲得ではなく喪失をもたらすという意味」での「疎外」と、「類的存在‐自己疎外‐その回復」という脈絡において登場してくる「疎外」の二つの「疎外」が混在していて、後期マルクスのところでこの前者は存続させられたが、後者の「疎外」は克服されてしまったからであり、したがってまた、その限りで廣松流マルクス解釈も間違ってはいなかったからなのである。そこで、さらに問題になってくるのは、そもそもこの後者の「疎外」はどのような意味をもっていたのかということであるが、この問題について教授は次のように書かれている。

「『疎外－回復』論は、『原点回帰』型発想の一種だという点においても非科学的なのだ。……『疎外』は『回復』を予期する観念であり、回復されるべき前提をなす原点観念が『類的存在』である。それは理念化された原始的共同性である。……原始的共同性が人類の正常な普遍的本質性で階級支配性は前者の異常な歪曲性である、とみるのは誤った見方である」（九二〜九三頁）。

教授は、こうした「類的存在」の概念は『ドイツ・イデオロギー』で克服されたが、しかし、マルクスとエンゲルスは最後の最後まで「原点回帰」型発想の一特殊形態である終末論的発想、すなわち「共産主義社会を……『社会構成の完成形態』であるように想定してしまうという、そういう意味での終末論的発想」からはついに脱却できなかったと主張され、続けて、廣松氏とともに筆者にたいしても次のように批判されている。

「廣松は、疎外論から脱却したと見てのマルクス・エンゲルスの考えに全面的に同意し、岩淵氏は初期の疎外論が発展的に貫徹されていると見てのマルクスの考えに全面的に同意しており、両氏ともマルクス・エンゲルスにおける終末論的発想の残基を率直に認めようとはしない。私は、初期の疎外論からの脱却と呪物性論への進展という点では廣松説に同意するのであるが、その後のマルクス・エンゲルスに終末論的発想が残りつづけた点を批判するのである」（九三〜九四頁）。

教授の主要な議論は以上の通りであるが、もしもこのような議論に登場してくるマルクス解釈が妥当性をもっているとすれば、たしかにマルクス主義はもはや過去の思想としてもっぱら歴史的研究の対象の枠の中に収まっているのがふさわしいということになるであろう。しかし、はたして教授の解釈は適切であるとみなされうるのであろうか(7)。

何よりも先ず最初に指摘しておかなければならないのは、マルクスが彼の初期の疎外論を彼の後期においては超克してしまったというスターリン主義によって広められてきたマルクス疎外論超克説について教授が今もなお適切に理解されていないのではないかということである。

ここで思い起こすべきは、『経済学・哲学草稿』などのマルクスの重要な諸著作がスターリン時代に入ってから初めて発表されたということであり、それらの著作によって初めて見出された彼の思想がエンゲルスに由来する伝統的マルクス主義とも、このマルクス主義をカリカチュア化させたスターリン主義とも両立できないことがはっきりしていたということである。そこで、いわばスターリンを救済し、新たに見出されたマルクスの思想を斥けるためにスターリン主義者たちによって創作されたのが、初期のマルクスの疎外論は後期のマルクスによって超克されたという疎外論超克説であった(8)。したがって、この説はそもそもマルクスについての研究の成果として登場してきたのではなく、最初から特定のイデオロギー的な目的のための手段として役立つことを期待されて生み出された神話の一つに他ならなかったのである。この神話は――あらゆる神話が、それをありがたがっている信者以外の人々のところではメールヒェンでしかないように――マルクス解釈としては何の根拠もない純然たるメールヒェンでしかなかったのであるが、しかしスターリンとスターリン主義が神話的権威を保持していた時代には、そしてまたスターリン亡き後のスターリン主義、すなわち新スターリン主義の時代にも、疑いの余地のない真実であるかのように広く受け入れられてきた。したがって、新旧スターリン主義の影響下でこのメールヒェンに馴染んできた人々は、このメールヒェンをそのようなものとして、つまりたんなる馬鹿話として受け止めることができず、マルクスは彼の初期の疎外論を放棄してしまったと信じ込んできた。このような場合、いわばパラダイムの強制力がはたらいて、見えるものが見えなくなることは、よく知られている。スターリン主義的神話の信奉者たちは、後期マルクスにおいても疎外概念が繰り返し登場していたにもかかわらず、疎外概念などは存在するはずがないと堅く信じていたので、見えども見えずで疎外概念の存在に気づかなかったのである。また、たまたま見えた場合にも、自分の目が信じられず、見えなかったことにしてしまったのである。実際には、広く読まれてきた『資本論』やその他の後期マルクスの諸著作には疎外概念だけではなく「疎外」という用語までもかなり頻繁に見出されることは、今日ではよく知られている。

ここでは、念のために、それらのうちから典型的な例の一つだけを引用しておくことにしたい。明らかにマルクスの後期の著作に属する一八六〇年代の前半に書かれた草稿の一つのなかでマルクスは、次のように書いている。

「労働者にたいする資本家の支配は、人間にたいする物の支配、生きた労働に対する死んだ労働の支配、生産者にたいする生産物の支配である。……これは、イデオロギーの領域で宗教においてあらわれる関係、すなわち主体の客体への転倒およびその逆の転倒という関係とまったく同じ関係が、物質的生産において、現実の社会的過程——というのは、それが生産過程であるのだから——においてあらわれているのである」(9)。

ここに、後期マルクスが労働者にたいする資本家の支配を、つまり資本主義的生産様式の本質を、規定するさいに彼の初期の疎外概念を維持していたということが、異論の余地のない仕方で明瞭に示されている。しかもマルクスは、この個所に続けて、ここで描き出されている過程を労働者の労働の「疎外過程」と呼んでいる。そこで、このような文章を見れば誰しも、後期のマルクスが彼の初期の疎外論を維持していただけではなく、「疎外」という用語さえもそのまま存続させていたことを認めざるをえない。しかも、「主体と客体への転倒およびその逆の転倒」などというところに注目するならば、マルクスが彼の初期の疎外概念の哲学的次元も維持していたことも一目瞭然である。したがって、この一例は、スターリン時代以来のマルクス疎外論超克説が完全に間違っていることを、したがってまたその説をスターリン主義者たちによって創作された神話の一つとみなすのが妥当であることを異論の余地なく明白に示している。そしてまた、もしもその通りであるとすれば、この例は、故廣松氏の「マルクスの疎外論からの脱却」論もそうした神話の一変種でしかなかったことを、したがってまた、この廣松氏の解釈が「問題なく的を得ている」と考えられてきた西田教授の解釈も少しも的を得ていないことを、明確に示しているのである。

要するに、スターリン主義的マルクス解釈と同様に廣松のマルクス解釈の基本的図式も、どのように取り繕ってみても、その信者たち以外のところではたんなるメールヒェン、たんなる馬鹿話でしかなく、その間違いは、西田教授が考えられているように、「説き方に多少の不備があった」、したがって多少の補正を施せば完全なものになる、などという種類のものではなく、それを放棄する以外に救いようがないというような致命的な間違いであったのである。こうしたことが理解できず、同様なメールヒェンの信者であることを告白することがどのようなことを意味しているかは明瞭であろう。それは、改めていうまでもなく、自分がスターリン主義的神話の信者であることを宣言し、その神話の宣伝に乗り出していることを告げることを意味しているのである。したがって、スターリン主義にたいする憎悪を表明され、それとの闘争の必要性を訴えられているにもかかわらず、当の自分自身がスターリン主義によって深刻に汚染されていることを、さらに自分自身が他の人々を汚染するために大いに努力していることに気づかれていないことを示しているのである。

3　これから試されるマルクス

ところで、マルクス疎外論超克神話は、昔からそれなりのシナリオが創作されてきたが、それらはいずれも、要するに、初期マルクスの疎外論には致命的な諸難点があって、それらの難点が疎外論の放棄を余儀なくさせたのだというものであった。本来のスターリン主義は原理的に実証主義的で規範的な人間概念を排除していたので、人間の疎外を暴き出しその止揚を訴えながら規範的人間概念を発展させていた若きマルクスは、まだフォイエルバッハの人間学主義に囚われていたとみなし、やがてマルクスはこの限界を克服するとともに疎外論も放棄することになったと説いてきた。このシナリオには本来のスターリン主義のもの以外に構造主義的その他の二、三の変種があるが、それらの一つは、マルクスのところで疎外概念が見出されるのは彼がフォイエルバッハの「類的存在」としての人間概念を利用していた時期だけで、この人間概念が「社会的諸関係のアンサンブル」としての人間の概念によって取って代わられたことによって疎外概念も放棄され「物象化」概念が登場することになったというものである。これは故廣松渉氏によって大いに強調されたシナリオであり、すでに指摘してきたことから明らかなように、マルクス解釈として完全に間違っていて、メールヒェンとしての価値しかもっていなかったのであるが、しかし、すでに見てきたように、西田教授のマルクス解釈も基本的にはこのシナリオに重なっている。教授もまた、マルクスの本来の疎外論が「類的存在」の概念を前提していたと考えられているのであるが、教授が特に強調されているのはこの概念が「回復されるべき前提をなす原点観念」になっていたということである。そして教授の考えでは、それはまさしく「理念化された原始的共同性」にほかならなかったのである。

だが、若きマルクスの諸著作、すなわち「ユダヤ人問題によせて」や『経済学・哲学草稿』などに現れてくる「類的存在」とは本当にそのような種類の概念であったのであろうか。この問いに対する答えは、改めていうまでもなく、まったく否定的なものでしかありえない。

そもそも「理念化された原始的共同性」が意味しているのは、過去の時代のどこかの共同体、個人がまだそこに埋没してしまっているようなまさに原始的な共同体、そのような共同体の諸特徴を理想化したものという程度のことであろうか。もしその通りであるとすれば、このような意味でマルクスが「類的存在」という言葉を使っていた文章がどこかに残されていなければならないはずである。しかし、残念ながら、そのような文章はただの一つも見出されていないのである。西田教授にかぎらずこの種の議論をしている人々は、ここではあたかも学問的な議論の初歩的な前提を無視してもかまわないと考えているかのようにふるまっている。おそらく自分が主張していることが絶対的に真実であると信じ込んでいるためであろう、それを裏付ける証拠が存在しているのか否かを確かめる必要があることさえも忘れてしまっているのである。これはそのあたりの狂信の徒のふるまいと少しも変わらないといわなければならないであろう。

例えば、問題の用語をマルクスが『経済学・哲学草稿』第一草稿において頻繁に用いているところがあるが、彼がそこで課題にしていたのは、人間にとっての労働の意味を、またこの労働が疎外されることの意味をはっきりさせるということであった。この用語を用いながら彼はたしかに、一方では労働する人間がその他の動物、とりわけ自分たちの巣や住居を作る蜂、ビーバー、蟻などとどのような点で異なっているかということも論じたりしている。したがって、その限りではマルクスの「類的存在」は、動物とは区別される、そしてどの時代の人間にもあてはまる――したがってまた、西田教授が考えられている原始的共同体が存在していた時代に生きていた人間にもあてはまる――人間の一般的な特徴をあらわす記述的概念でもあったとみなすことができる。マルクスにおける人間についての有意味な概念をもっぱらこのような種類の概念に還元しようとした実証主義的な傾向をもった人々がここでも大量の文章を積み上げてきたが、しかし、「類的存在」のもとにマルクスが主要な関心を向け明晰にしようと努めていたのはそうした記述的概念ではなかったことは明白なのである。さしあたって注目すべきは、次のような諸文章であろう。

「意識的な生命活動は動物的な生命活動から人間を直接に区別する。まさにこのことによってのみ、人間は一つの類的存在なのである。あるいは、人間はまさに類的存在であるからこそ、彼は意識的な存在なのである。すなわち、彼自身の生活が彼にとって対象なのである。ただこの故にのみ、彼の活動は自由な活動なのである」(10)。

「対象的世界の実践的産出、非有機的自然の加工は、人間が意識している類的存在であることの確証 (die Bewährung des Menschen) である……。……人間は、まさに対象的世界の加工において、はじめて現実的に一つの類的存在として確証される (bewährt sich)。この生産が人間の制作活動的な類生活なのである。この生産を通じて自然は、人間の制作物および人間の現実性としてあらわれる」(11)。

ここで描き出されている「類的存在」としての人間とは意識をもち、その活動が自由であるような、——他の諸箇所に書かれていることも念頭において考えてみるならば——すなわちその活動が自由意志的な活動、自己活動、自己目的的な活動であるような存在であり、また、その生産活動およびその成果としての生産物において自己が（他の諸箇所も勘案するならば、自己だけではなく他者も）確証され肯定されるような存在である。これらの文章を書く前にマルクスは、資本主義的生産においては労働者の労働が強制労働に転じていること、そして彼の労働の生産物が彼から奪われ彼に敵対していることを強調していた。したがって、マルクスが、ここで描かれているような「類的存在」がすでに実現されているとは、したがって現に存在しているなどとは考えていなかったことは明白だとみなしてもよい。では、マルクスはこのような存在がかつてどこかに過去において存在していたと考えていたのであろうか。『経済学・哲学草稿』においてマルクスが資本主義以前の社会について語っている箇所をみれば、この問いにたいする答えが肯定的なものではありえないことは疑いがない。マルクスは、自由に活動しその活動を媒介として自己の存在を確証するような「類的存在」は、現に存在してはいないだけではなく、また過去においても存在していなかったと考えていたのである。では、彼はこの「類的存在」がどのような人間であると考えていたのであろうか。もはや改めていうまでもないのであるが、彼が考えていたのは、過去においてはもとより現在においても存在していないが、しかし未来においては存在しうるし、また存在すべきであるような人間であった。したがってマルクスにあっては「類的存在」とはたんなる記述的概念ではなく、何よりも先ず人間にかんする規範的概念にほかならなかったのである。そうした概念を明晰にすることによってマルクスは労働とその疎外の意味をはっきりさせることができると考えていたことは、疑いの余地がない。

マルクス自身の文章にそくして確かめてみるならば、彼の「類的存在」とは、かつて人間がもっていたが、やがて失われてしまった何らかの「原点」、「原始的共同性」などというものとはまったく無縁なものであったことは、したがってまた、西田教授がマルクスについて根本的な誤解をしていたことも、あまりにも明瞭ではないであろうか。しかし、教授の誤解は当然のことながら以上にはとどまらない。類的存在についてのマルクスの概念についての誤解は、ただちにこの類的存在の人間からの疎外についての彼の概念についての誤解、さらにこの疎外の止揚についての彼の概念についての誤解に通じている。こうしたことはあまりにも明らかなので、以下大事な論点のみを指摘しておくだけで十分であろう。

教授にとって、マルクスにとっての人間からの類的存在の疎外とは、人間がかつて持っていた「原始的共同性」を喪失することであり、それが人間から遠ざかることである。しかし、「類的存在」について見てきたことから明らかなように、実際のマルクスにとって人間から類的存在が疎外されるということは、まさに類的な活動である労働が疎外されることによって人間の自己目的としての活動が生存のためのたんなる手段に転化させられる——この転倒によって労働は自由な活動ではなく強制された活動に転ずる——ことを、また、労働活動とその成果を媒介として自己が確証されるどころか、かえって自己が否定されることになるということを意味していたのであり、つまりは、人間がそれでありうるし、またそれであるべきであるような存在にまだなっていないことを意味していたのである。

また、マルクスにとって類的存在からの疎外の止揚ということが何を意味していたのかということもすでにはっきりしているといってもよいであろう。西田教授によれば、それは、人間がかつてそれであったところのものに帰る、失った原点に回帰するという何か終末論的なイメージに結びついていたのであるが、この話が実際のマルクスの疎外の止揚の概念からは遠く離れていることは、もはや改めていうまでもない。実際のマルクスにとってそれは、ここでみてきたような意味での類的存在を実現するということを意味していたことはまさに一目瞭然である。すなわち過去において存在しなかったし、現在においても存在していないが、しかしそれでありうるし、またそれであるべきであるような人間、目的的な活動として自由な労働活動を営み、その労働の成果である労働生産物の世界を媒介として自己を肯定し確証するような人間が生成するということを意味していたのである。

さらにマルクスが、このような意味での疎外の止揚が何を人間にもたらすであろうと考えていたかは、次のような有名な文章から知ることができる。

「労賃の力による引き上げは……奴隷のよりよき報酬支払い以外のなにものでもないであろうし、労働者にとっても労働にとってもその人間的な使命と尊厳［ihre menschliche Bestimmung und Würde］を獲得したことにはならないであろう」(12)。

マルクスは、労働の疎外が止揚され、労働者の隷属状態が克服され、したがって労働者と労働がもはや手段ではなく目的そのものになったときに類的存在が実現されるはずであると考えていたのであるが、彼の考えでは、それによってはじめて労働者と労働がその人間的な使命と尊厳を獲得することができるのである。

ここからマルクスが何故労働が手段ではなく目的にならなければならないと主張したのかが納得できるのであるが、ついでに注意しておくならば、こうした彼の主張は、当然のことながら、彼の後期においても維持され発展させられていた。西田教授が、マルクスが「終末論的発想の脱却に近づいていた」と高く評価されている『資本論』第三巻四八章における自由についての議論のなかには、「その領域〔必然性の領域〕の彼岸で自己目的として認められる人間的な力の発展が、真の自由の領域が、始まる」という文章が含まれている。倫理学を欠落させたマルクス主義に馴染んできて、カントの倫理学的諸著作などを読んだこともなかったマルクス主義者にはまったく意味不明なものに止まらざるをえなかったのであるが、ここで注目すべきは「自己目的として認められる人間的な力の発展」(13)という部分である。この言葉によって表現されている内容が、若きマルクスが目的としての労働について論じていたときに念頭においていたことと重なっていることは明瞭であろう。したがって、この箇所は、マルクスが彼の初期の類的存在としての人間についての議論の核心を維持し発展させていたことを、疑いの余地なく示していたのである。したがってまた、この箇所をあげられることによって教授は、他ならぬ自説を反証している例をあげられていたことになるのであるが、当然のことながら、そのことには教授は気付かれていなかったようにみえる。

さて、マルクスはこうした類的存在の実現が疎外された労働の止揚としてはじめて可能になると考えていたのであるが、この疎外の止揚について彼が『経済学・哲学草稿』のなかで独特な共産主義の理論を発展させていたことはよく知られている。そこでマルクスは、私的所有の廃止を主張する共産主義について、彼が到底支持することができないとみなしていたきわめて低水準の「まだまったく粗野で思想無き共産主義」(14)から、彼がそこまで進まなければならないとみなしていた最高水準の模範的な共産主義にいたるまで、理論的に可能ないくつかの諸形態を考察している(15)。したがって、彼が唯一の共産主義的コースだけしか考えていなかったかのようにみなすのは、きわめて初歩的な事実誤認なのであるが、さしあたってここで注目すべきは、彼が採用すべきではないと考えていた共産主義が実現されれば、社会がどのような状態にまで変質退化してしまう可能性があるかということについて彼が興味深い推理を展開していたことである。それらを読めば誰しも、はるかの後に旧ソ連、東ヨーロッパ諸国、中国、カンボジアなどで見出されることになった悲惨な諸事態を思い起こさざるをえないであろう。この、まさにマルクスが「まだまったく粗野で思想無き共産主義」だとみなし採用すべきではないと考えていたコースを西田教授は、彼が推薦していた共産主義的コースから区別されていない、というよりは、まさに彼が推薦していたコースそのものであるかのように理解されているのではないであろうか。いずれにせよ問題はマルクスが、そのような低水準の共産主義が低水準である所以を、廃絶すべき私的所有を疎外された労働の産物として把握することができないということに求めていたということである。もしこのマルクスの議論が正しいとすれば、それが教えているのは、疎外論にたいして闇雲の攻撃をしてきた人々は、私的所有についての適切な把握を妨げることによって疎外された社会の弁護論を展開してきただけではなく、結局のところまた低水準の共産主義に加担するようなことまでもしてきたことになるということではないであろうか。

ちなみに、マルクスが人間の自己疎外としての私的所有の積極的止揚について語るときに「自己への人間の回帰（Rückkehr des Menschen in sich）」(16) という用語を用いていたことについて一言。こうした用語をそれだけ切り離して眺めたりすれば、たしかに何か原点回帰的な意味が込められているのではないかと疑ってみることもできるかもしれない。しかし、マルクスのところでそれが使われている脈絡のなかにおいてみれば、そうした疑問が無意味なものでしかないことは一目瞭然である。というのは、マルクスがそうした私的所有の止揚によってもたらされるはずだと考えていたのは、人間が「愚鈍かつ一面的に」される私的所有からの人間の解放であり、「すべての人間的なセンスと性質の完全な解放」(17) にほかならなかったからである。したがって、「回帰」という言葉を見ただけでそれを膨らませて、原点回帰主義の表明だなどと大袈裟に考えるのはこじつけ、我田引水以外のなにものでもないといわなければならない。そのような仕方で議論を始めれば、「われにかえる」あるいは「自分を取り戻す」などと語る普通の日本人のすべてを「原点回帰主義」者と呼ばなければならないことになるであろう。

さて、マルクスは『経済学・哲学草稿』で開発した労働疎外の止揚としての共産主義の構想をいっそう発展させて行くが、しかし、もはやその発展を追う必要などはまったくないであろう。ここでみてきたように、「類的存在」を頻繁に使っていた時期においてもマルクスの思想はいかなる原点回帰主義とも、またいかなる終末論ともまったく無縁であったのである。そして「類的存在」を放棄した後の彼が改めてそれらの神経症的で退嬰的な思想に接近したという事実もまったく見出されていない。したがって、今や以上から、マルクスの疎外論は似非宗教的な終末論的発想をふくんでいて、致命的な欠陥を含んでいたという西田教授の議論が悉く間違っていたという結論を導き出すことができるであろう。致命的な欠陥を含んでいたのは、教授の議論の方であって、ご当人はマルクスについて語られていたつもりでもその中身は、実際のマルクスからは遠く隔たっていたのである。したがってまた、マルクス死後の社会主義運動のさまざまな悲惨な悲劇をもたらした原因の幾ばくかがマルクス主義における終末論的発想にあり、その源がご本尊のマルクスにあったというような理解もまた完全に間違っていたと主張することができるであろう。

今や、ここまで進んでくれば、登場人物の二人とも、すなわちスターリン主義的な疎外論超克説を信じられないほど精力的に説いてきた故廣松渉氏も、彼のマルクス解釈は基本的に正しいとみなされて自分の主張を展開されていた西田教授も、マルクスの疎外論について完全に間違った解釈を採用していたことは、文字通り明々白々である。しかし――このように付け加えることが彼ら二人にとって名誉になることであるのか否かはわからないが――、彼ら二人だけが間違った解釈を信じ込んできただけではないことは、改めていうまでもない。彼らはいわば氷山の一角でしかなかったのである。二人が自信をもってマルクス疎外論超克説を唱えていたのは、彼らの背後に巨大な氷山があって、それが彼らにとって頼りになるように見えたからなのである。いうまでもなく、この氷山を形成してきたのは新旧のスターリン主義とそれらの多様な諸変種であり、その巨大さは計り知れないほどのものであった。間違ったことを信じている人々は、とかく同じ間違ったことを信じている人々の量の大きさに安心感を抱いたりするものであり、彼ら二人も、自分たちがその一角になっている氷山の巨塊を顧みては満足感を味わってきたのではないであろうか。このように考えてみることができるとすれば、二人は、マルクスが、彼の生存中はもとより、二〇世紀において彼の重要な諸著作が公表されてからも、信じられないほど理解されることが少なかったことを象徴的に表現していたのだとみなすことができるであろう。そして、理解されることが少なかった理論は、当然のことながら、実践的に実現されることもなく、今日にいたっているとみなされなければならない。したがって、登場人物の二人は、マルクスの理論が未だに試されていない理論であり、この理論が真に試されるのはこれから先の、つまりまさに二一世紀の課題であるとみなされなければならないということを教えていたことになるであろう。

さしあたって、ここで最後に付け加えておくべきは、人間の自己疎外としての私的所有の止揚としての共産主義についてのマルクスの理論と、前節で見てきた市場問題との関連についてである。すでに指摘してきたように、二〇世紀社会主義運動を挫折させた最大の元凶は非市場社会主義の実現とそれに伴って異常に発展させられた社会主義的官僚主義であったが、この社会主義の構想の創始者はほかならぬマルクスであったと考えられてきた。もしその通りであったとすれば、つまりマルクスもまた非市場的社会主義を想定していたとすれば、彼もまた有罪であったということになり、西田教授とは違う理由から、つまり、まさにその非市場的構想の故に、マルクスの共産主義理論もまた斥けられなければならないということになるはずである。だが、はたしてその通りであったのであろうか。もはやここで論ずることはまったくできないが、筆者の研究によれば、この問いにたいする答えは否なのである。マルクスはたしかに市場がやがて克服されなければならないと考えていたが、しかし、それは共産主義社会のより高い第二の段階においてであった。彼のシナリオでは共産主義社会の最初の段階、すなわち社会主義社会においては人々は、一方では限定された領域における市場経済と、他方ではすでによりいっそう軽量化されているはずの政治的国家と付き合って行かざるをえないのである。したがって、マルクスは非市場的社会主義論ではなく、まさに市場的社会主義論を主張していたとみなされなければならないのであり、したがってまた二〇世紀の社会主義運動の悲惨な経験にたいして彼は有罪ではなく、無罪であったとみなされなければならないのである。したがってまた、こうした市場的社会主義理論という面からみてもマルクスの共産主義論はまさにこれから二一世紀において試されるだけの価値がある真に豊かな可能性をもった理論であるとみなされなければならないであろう（18）。

おわりに

二〇世紀末の日本においてマルクス主義の歴史を顧みてその基本的な諸問題を検討するという課題を提起し、それらの諸問題に解答をあたえるという課題に取り組まれている西田教授の議論を検討してきたのであるが、筆者の評価がどのようなものであらざるをえなかったかは、以上でほぼ明らかにすることができたものと思われる。近頃、マルクスの文章を少しも読まず、また読んでもほとんど理解できないような軽佻浮薄な自称現代思想研究者が、「マルクスはもう古い」などと厚顔無恥にも公言したり、マルクスの精神を生かして理論を発展させようとしているまともな人々にたいして「古いことを語っている」などと低劣な誹謗を口にしたりしている。そのかわりに彼らがしばしばやってみせているのはせいぜい、ソ連型社会主義運動とこの運動に結びついてきたマルクス主義の批判的総括を仕上げる方向では教えられるところの少ない、それどころか、そもそも概念を見出す努力を放棄し言葉を踊らせることに励んでいるとしか思われないようなヨーロッパの流行作家の輸入紹介程度のことか彼らの猿真似でしかないのである。このような嘆かわしい風潮のなかで、ともかくもマルクスとマルクス主義を真正面から取り上げ、本格的に検討を加えようと試みることはそれ自体としてすでに意義のあることだとみなすことができるであろう。この点での教授の志の高さは疑いの余地がない。しかしまた明らかになったことは、志の程度がただちにその作業の成果の価値の程度をきめるわけではないということである。ここで見てきたように、社会の後進性を強調したソ連型社会主義システムについての教授の議論は到底人を納得させることができるような代物ではなかったし、とりわけこのシステムが市場経済を圧殺したこと、その結果として官僚主義の病魔に取りつかれていたことについて教授が触れられていなかったことは致命的であったとみなさざるをえない。この欠陥の故に教授は、ソ連型社会主義とは異なった社会主義について考える方向には進まれず、ソ連型社会主義に見切りをつけるられるとともに、結局は資本主義で十分であるという方向に考えを進められてしまったように見える。

要するに、教授はもはや社会主義的オルターナティヴなどについては考えないという方向を選ばれたのであるが、そうした決別の背後にあったのは、マルクス主義的社会主義思想には原点回帰主義的な終末論がベースになっていて、きわめて危険なところがあるという理由であった。教授はそれが疎外論によって表現されていたと考え、故廣松渉氏のマルクス疎外論超克説に同意しつつ議論を発展させようと努めていた。しかし、疎外論超克説はマルクスにそくして検討してみるならば、真っ赤な嘘偽りであって、スターリン主義的神話の一つであったことは明白なのである。今日ではすでに多くの人々によって認められているように、実際のマルクスは、その晩年にいたるまで疎外論を維持し発展させようと努めていた。そして、この疎外論はいかなる原点回帰主義ともいかなる終末論とも無縁で、資本主義に対する深い批判と、この資本主義にとって代わる未来社会の構想とその歴史的発展のシナリオを含んでいた。この疎外論からみれば、自己崩壊を遂げてしまったソ連型社会主義システムや毛沢東時代の中国、さらにポル・ポト時代のカンボジアなどは、実現してはならない共産主義、「まだまったく粗野で思想無き共産主義」、すなわち疎外論抜きの共産主義思想の一変種が実現されたものとみなされうる。したがって、人間的悲惨をもたらしたそれらの社会主義運動は、マルクスの疎外論を排除し、マルクスを理解しそこなった、その付けがまわってきたのだともみなされうるのである。こうしたことを確認しておくことは大いに価値がある。というのは、まさにここに、マルクスの疎外論をマルクスに超克させようと努めてきた大量の人々が、したがってまた故廣松氏や彼の同調者たちのようなマルクス読みのマルクス知らずたちが、彼らの思いがどのようなものであるかにかかわりなく、どのような役割をはたしてきたのか、また現在もはたしているのかがくっきりと示されているからである。彼らはたんにマルクス解釈において間違いを犯しマルクスの適切な理解とその発展を妨げてきただけではなく、スターリン主義とその負の諸遺産の克服も遅らせてきたのである。たしかに西田教授は、スターリン主義の批判の必要性を訴えられているのであるが、しかし、そうした言葉とは裏腹に、疎外論の間違った解釈を広められ疎外論の追放を図られたりすることによって、スターリン主義を応援され、ポル・ポト主義に貢献されてきたし、また現在もそうされているのである。おそらく今日必要なことは、何よりも先ず偏見と誤解に満ちたマルクス疎外論解釈と訣別し、マルクスの適切な解釈を発展させること、そしてそのさいに彼が共産主義社会の第一段階では、すなわち社会主義の段階では、限定された範囲ではあっても国家とともに市場に頼らざるをえないと考えていたことをはっきりと認めることであろう。このような方向に向かうならば、これまでマルクスの名を騙ってきた諸思想によって斥けられてきたマルクスの思想が二一世紀には初めて歴史の表舞台に登場させられることになることも期待できるのではないであろうか。

注

（1）拙稿「マルクスの疎外概念とマルクス主義」参照、『現代の理論』一九七三年四、七、八、九月号所収。いずれもその他の諸論文とともに『神話と真実――マルクス疎外論をめぐって』（時潮社、一九九八年）に収められている。
（2）レーニン「第七回モスクワ県党会議」、『レーニン全集』第三三巻七六頁。
（3）レーニン「新経済政策と政治教育部の任務」、『レーニン全集』第三三巻五八頁。
（4）この点についてはつぎのオタ・シクの著作がきわめて優れた洞察を提供している。高橋正雄、渡辺文太郎訳『クレムリン――官僚支配の実態』（時事通信社、一九七八年）。
（5）岩田昌征『比較社会主義経済論』（日本評論社）、『労働者自主管理』（紀伊国屋書店）、『凡人たちの社会主義』（筑摩書房）など参照。
（6）オタ・シク『新しい経済社会への提言』、篠田雄二郎訳、日本経営出版会、一〇四頁。
（7）すでに橋本剛教授が西田教授にたいして簡潔かつ明瞭な批判を与えられている。『唯物論』札幌唯物論研究会編第四三号五一～二頁参照。また、橋本剛『人間主義の擁護――疎外論・官僚制論・組織論』（窓社、一九九八年）一一二頁参照。本書は全体として興味深く教えられるところが多いが、さしあたって、ここでの議論に直接かかわりがあるマルクス疎外論解釈参照。
（8）前掲拙著『神話と真実』参照。また、田上孝一『初期マルクスの疎外論』参照、時潮社。
（9）MEGA,2-4-1,S.64. マルクス『直接的生産過程の諸結果』、国民文庫、三二一頁。
（10）MEGA.1-2,S.240.『経済学・哲学草稿』、岩波文庫、九五～六頁。
（11）Ebenda,S.241. 同上、九六頁。

（12）Ebenda,S.245. 同上一〇三頁。
（13）MEW.Bd.25,S.828.
（14）MEGA.1-2.S.261. 前掲『経済学・哲学草稿』、一二七頁。
（15）Ebenda,S.261-263. 同上、一二六～一三一頁。
（16）Ebenda,S.263. 同上一三〇～一三一頁。
（17）Ebenda,S.269. 同上一三七頁。
（18）拙稿「マルクスにおける社会主義と市場」、『社会主義　市場　疎外』所収、時潮社、一九九六年。

あとがき

本書の出版を準備していた今年の五月五日に『マルクス』（今村仁司編、作品社）という題名の本が出版された。二〇世紀の後半におけるソ連型社会主義運動の地盤低下、そして九〇年代の前半におけるその無様な自己崩壊、それ以後今日にいたるまでの市場経済と資本主義の一人勝ち、これらの世界史的な大変化にともなって生じたマルクス主義の人気の著しい低下。こうしたことを思い起こすならば、二一世紀の最初の年にその誕生日を記念してマルクスについての一冊の本をという企画は、先ずはその志の高さが褒めたたえられて然るべきであろう。そしてまた、この本のなかにはその志の高さに見合う文章が見出されることも、銘記されて然るべきであるように思われる。

この本には藤本義一、三木卓、鎌田慧、鈴木邦男などの諸氏の魅力的なエッセーも掲載されていて、マルクスの思想の何が今もなお注目するだけの価値があるのかということについて啓発的な指摘が為されている。これらのエッセーを読むことができるだけでも、この本には存在意義があるということになるが、しかしそれらの興味深いエッセーが載っているだけに、編集者の文章群に、終わったばかりの二〇世紀に流行していた最悪のマルクス解釈が依然として生き延びていることが示されているのが残念である。

本書で繰り返し主張してきたように、一九三〇年代に入ってから新たに発見されたマルクスの思想は、人間の疎外とその止揚の概念を中枢に据えた革命の思想であったが、この思想は、支配的な地位に就いたスターリン主義と相容れなかったために、徹底的に排斥されてきた。いわばスターリンを救済するために新たに見出されたマルクスが葬られてしまったのであるが、その葬送にさいしてスターリン主義によって創作されたのが、疎外論は、未熟な初期のマルクスの若気の過ちであって、成熟した後期のマルクスによって放棄されてしまったという神話である。この神話こそは、二〇世紀においてマルクスが適切に理解されるのを妨げ、マルクスが歴史の舞台に登場するのを妨げてきた最悪の障害物の一つであったことは疑いない。この神話は、その他の諸神話と同様に、それを有り難がっている信者たち以外のところではただのメールヒェンでしかなく、マルクスについての解釈としては根本的に間違っていたのであるが、新旧のスターリン主義およびその諸ヴァリアントの大合唱によって大いに広められてきた。しかし、周知のように、まことに奢れるものは久しからずで、ソ連型社会主義のイデオロギーとして機能してきたスターリン主義も急速に凋落し、それとともにあの合唱の音量も小さくなってきていた。もとよりこれは、それ自体としては嘆き悲しむべきことではなく、マルクスのマルクス主義という観点からみれば、むしろ歓迎すべきであることは、いうまでもない。こうした状況のなかで、ここで取り上げている『マルクス』の編集者はまさにこの神話の熱心な信者として登場し、古いマルクス解釈を蒸し返すことによって、かつて多数の信者を引き寄せていた神話の威光も甦らさせようと大変な努力をしているのである。

マルクスが疎外論を超克したと説いてきた新旧のスターリン主義は、初期のマルクスの疎外概念が超克されても当然であったというような種類のものであったという印象を与えるために工夫を凝らしてきた。たとえば、『経済学・哲学草稿』のマルクスの疎外概念はヘーゲルの観念論あるいはフォイエルバッハの抽象的ヒューマニズムの残滓であったというわけである。『マルクス』の編集者の今村氏はこの疎外概念についてどのような説明をしているのであろうか。「マルクス思想のキーワード」として「疎外」が挙げられているが、この用語の解説のなかで氏は次のように書いている。

「疎外は元来はヘーゲルの用語であり、ヘーゲルでは疎外と外化とはほぼ同義である。……正常な行為では外化し、自己に戻るのだが、特定の条件の下では外化が疎外に転化することがある（マルクスは、疎外の源泉を社会関係、とくに近代の私的所有体制のなかに見る）」（七五頁）。

ヘーゲルにおいて（それからマルクスのところでも）「疎外」と「外化（Enteußerung）」

とがほぼ同義であるということは必ずしも間違っていないが、しかしヘーゲルのところで「特定の条件の下で外化が疎外に転化する」とされているという話は今村氏が発明したものので、ヘーゲルはそのようなことをどこでも語っていない（ヘーゲルにおける「疎外」と「外化」との関係については金子武蔵訳ヘーゲル『精神の現象学』における訳者注参照）。もしもマルクスもまたそのような転化について語っていたと今村氏が主張しているとすれば、これはマルクスについての新種の仮説だとみなしてもよいであろう。新種の仮説である理由は、マルクスがそのような転化について語っていなかったということがあまりも明白なので、これまで誰一人としてそのような仮説を立てようとは思わなかったということにある。おそらくマルクスの『経済学・哲学草稿』などのどこを捜しても、この仮説を裏付けることができるような文章は見出せないであろう。したがって、この仮説は新種の仮説というよりはむしろ正確には、けっして正当化されえない珍種の仮説と呼ばれなければならないものなのである。

制限された短い文章のなかにも意外に書いた人の理解の程が表現されるものであることがよくわかったのであるが、しかし、ここで思い起こすべきは、書いていないことにも書き手の思想がよく表現されるものだということである。実はヘーゲルの疎外論とマルクスの疎外論について書きながら、今村氏はぜひとも書かなければならなかったことを書いていないのである。それは、とりわけヘーゲルやマルクスについてのルカーチの研究などによって広く知られるようになったことであるが、対象化と疎外あるいは外化との関係の把握における相違の問題である。よく知られていることであるが、ヘーゲルにおいては対象化と疎外あるいは外化がまだ未分化であった。そして、ヘーゲルにおいては人間が活動的であることが、したがっていわば人間の条件として対象化ということが前提とされていたので、結局のところ疎外あるいは外化もまた人間の条件であることにならざるをえなかったのであり、したがってまた、現実の市民社会における現実的な疎外あるいは外化の止揚などもありえないということにならざるをえなかった。ここに独特な観念論が介在していたためにヘーゲルのところでは早くから「無批判的実証主義」あるいは「無批判的観念論」が見出されることになり、まさにそうした本質的な弱点をマルクスは『経済学・哲学草稿』や『聖家族』などで徹底的に批判していた。それにたいしてマルクス自身がどのように考えるにいたったかは、『経済学・哲学草稿』を読んでいるものであれば誰でもよく知っているはずなのである。というのは、彼はおよそ誤解の余地のないような仕方で次のように書いていたからである。

「労働の実現は労働の対象化（Vergegenständlichung）である。国民経済学的状態においては、労働のこの実現が労働者の現実性剥奪として現れ、対象化が対象の喪失及び対象への隷属として、獲得が疎外として、外化（Entäußerung）として現れる」（岩波文庫、八七頁。ただし、訳文は変更されていることもある。以下同様）。

マルクスがヘーゲルのように二種類の概念を未分化のままではなく、きっぱりと区別して用いていたことは明瞭だといってもけっして不当ではないであろう。マルクスは、ヘーゲルにおいて未分化であった二種類の概念、「対象化」（ここでは、また対象の「獲得」でもある）と「疎外」あるいは「外化」を明確に分化させたのであり、「転化」を用いるならば、対象化が一定の諸条件のもとで疎外あるいは外化に転化すると考えていたのである。したがって、マルクスはそれらの諸条件を取り除くことによって疎外あるいは外化を克服することが可能だと考えることができたのであり、したがってまた現実の市民社会における現実の疎外あるいは外化の止揚についても、つまりそのような止揚としての共産主義についても首尾一貫して論ずることができたのである。

しかし、マルクスの疎外論を葬り去ろうと努めてきた人々はこうしたことを認めず、マルクスがヘーゲルのところで二種類の概念が、つまり「対象化」と「疎外」あるいは「外化」がどうなっていたかを論じている、つまりマルクスがヘーゲルの文章をパラフレーズしている、そういう箇所を利用して、マルクスもまたそれらの概念を未分化のままで使っていたと強引に主張したりしてきた。たしかに『マルクス』の編著者はそのようなことを直接主張しているわけではない。しかし、彼は『マルクス』で『経済学・哲学草稿』から、マルクスがヘーゲルの文章をパラフレーズしているところが非常に多い、まさにそのような部分だけを抽出して載せているのである。編集者の意図は見え透いているといってもよいのではないか。だが、もしマルクスが「対象化」と「疎外」あるいは「外化」とを未分化のままで使用していたとすれば、彼は疎外の止揚としての共産主義などについて語ることもできなかったことになり、その止揚について多いに論じている『経済学・哲学草稿』はまったく支離滅裂な作品であったということにならざるをえない。実際にそのように考えるべきであると主張したマルクス研究者もいたが、しかし支離滅裂であったのは当の研究者の議論の方であったことは、今日にいたるまでに十分に明らかにされている(例えば、拙稿『神話と真実』参照)。

『マルクス』においてマルクスの疎外概念の説明が相当にひどいものであることがわかったのであるが、しかしひどく取り扱われているのは疎外概念そのものだけではないのである。この概念の短い解説にはさらに次のような文章が付け加えられている。

「しかし、疎外概念は、社会関係の分析が深まるにつれて、とくに『資本論』では物象化(Versachlichung)概念に置き換えられるようになる」(七五頁)。

これが、疎外論から物象化論へというマルクス疎外論超克説の一変種であることは、改めて指摘するまでもないであろう。新旧スターリン主義の信奉者たちも、フランスでマルクスにおける疎外論から構造主義へということを強調していた人物とその仲間たちも、日本における物象化論者も、いずれも最初は転換の時点を、『フォイエルバッハにかんするテーゼ』が書かれたとされている一八四五年春に設定していた。しかし、しばらくして、マルクスが一八五〇年代の後半に書いた『経済学批判要綱』に疎外概念はもとより「疎外」という用語さえも頻繁に登場してくることが、つまりマルクスが疎外論者としてふるまっているということが、否定できないことが知られるようになってきた。この事実を認めれば、当然、マルクス疎外論超克説は間違っている、したがってそれを放棄しなければならないということになるはずである。実際にそのような方向を採用した人々の数はけっして少なくなかったとみなしてもよいであろう。ところが、この事実を認めても、なお疎外論超克説を維持したいという信念を捨てることができなかった人々も少なからずいたのである。この人々は自分たちの説を救済するためにさまざまな試みをおこなってきたが、彼らのなかには、マルクスにおける転換点をずらして行き、それを結局一八六〇年代の後半の『資本論』第一巻の出版の時点（一八六七年）にまで持っていった人物もいたのである。これはもうとても正気の沙汰とは思われないのであるが、そもそもそのようなことができる人物がいたということ自体が疎外論超克説がおよそ学問的な仮説などではなくてイデオロギー的神話でしかなかったことを証明していたのだといってもよいであろう。このようないわば狂信の徒の仮説と、日本で大いに流行してきた物象化論を合体させれば、ここで今見てきたばかりの独特な疎外論超克説が生み出されるということを理解するのは、けっして難しい話ではない。

このそれなりの新しさをもった仮説が周知の神話のヴァリアントの一つであるというこ

とは、そしてそもそもの神話がマルクス解釈としては真実ではないということはすでに本書のなかでもあちらこちらで証明されているので、ここでは、『資本論』においても疎外概念も「疎外」も肝腎要のところで登場し、マルクスがまさに『資本論』の時代においてもその初期と同様に疎外論者であり続けたことが示されていることを、一例を挙げて簡単に示すに止めておきたい。

マルクスが相対的剰余価値の理論を仕上げるために長期にわたって研究を続けていたことはよく知られているが、一八六〇年の前半にはすで構想もまとまってきていて、この時期の『資本論草稿集』のなかには少し後で『資本論』に組み入れられることになるような諸思想が明確に表明されている。それらの一つは機械と労働者との関係についての次のような議論である。

「実際にまたストライキにおいて示されるように、機械は生きた労働の諸要求に直接的に対抗して使用され発明されるのであり、またそれらの要求を抑圧し屈服させるための手段として現れてくる。／それゆえに、ここで、労働の客体的諸条件——過去の労働——が生きた労働に対立して身にそなえる疎外（die Entfremdung）が初めて真に直接的な対立として現れてくる。というのは、過去の労働が、それゆえに、自然諸力や科学もふくめた労働の普遍的な社会的な諸力が、一部は労働者を街頭に投げ出して余計者にするために、一部は彼の特殊技能とそれに基づく諸要求を屈服させるために、一部は工場制度において完全に組織された資本の専制と軍隊的規律のもとに労働者を屈服させるために、直接的に武器として現れてくるからである」(『資本論草稿集』、大月書店、第九巻、二五九頁)。

改めて注意を喚起する必要もないことであるが、明らかに後期マルクスに属する著作のなかの肝腎要のところで疎外概念が登場してくるだけではなく、「疎外」という用語もまた誤解の余地のない仕方で使われているのである。このような箇所を読めば誰であれ、一八六〇年代前半のマルクスが数年前の『経済学批判要綱』におけると同様に『経済学・哲学草稿』時代の疎外概念を維持し発展させていたということを否でも応でも認めざるをえない。そしてまた誰であれ、ここにおける疎外論的な議論が少し後で『資本論』において、「資本主義的生産様式が一般的に労働者に対立させて労働諸条件および労働生産物にあたえる自立化された、そして疎外された形態 (die verselbständigte und entfremdete Gestalt) は、機械とともに完全な対立にまで発展させられる」(『資本論』、大月書店全集版、第二三巻、五六四頁) と表現されるようになる思想にストレートに通じていたことも、同様に認めざるをえないであろう。しかも『資本論』から引用した文章には「疎外された」という形容詞も登場してきていて、両者の思想上の連続性だけではなく用語上の連続性さえも明瞭である。したがって、ここから、『資本論』においても少し前の『資本論草稿集』におけるる疎外論が維持されていたという結論を、したがってまたこの草稿集におけると同様に『資本論』においても『経済学批判要綱』の時期の、さらに『経済学・哲学草稿』の時期の疎外論が存続させられ発展させられていたという結論も導き出すことできるということは、あまりにも明瞭である。ここからさらにどのような結論を導き出すことができるかは、もはや改めていうまでもないであろう。要するに、初期マルクスの疎外論が後期マルクスにおいて超克されたという一般的な仮説と同様に、疎外論が『資本論』において超克されたという仮説も完全に間違っているのである。

ちなみに、マルクスは早くから労働が疎外される、つまり生きた労働が、過去の労働にほかならない労働諸条件によって支配されるということがどのような結果をもたらさざるをえないかということについて考察していた。この場合、ひとたび労働が始まれば、生きた労働は資本としての労働諸条件に合体され資本に属する活動として現れるので、社会的労働の生産諸力はすべて資本の生産諸力として現れざるをえない。そこで、マルクスはここでも商品や貨幣において労働の普遍的社会的形態が物の性質として現れるのと同様な転倒が現れるとみなし、この転倒も「フェティシズム（Fetischismus、「物神崇拝」あるいは「呪物崇拝」などと訳されている）」と呼んでいる。こうしたことはよく知られているといってもよいのであるが、さしあたって注目すべきは、この資本にたいするフェティシズムが生じるような状態にあっては、つまり労働が疎外されている場合には、労働者が労働諸条件を従属させるのではなく、逆に労働諸条件が労働者を従属させそれらの労働諸条件が労働者を手段として使用するということである。労働者と労働諸条件とのこのような転倒した関係について論じながら、ここで引用してきた一八六〇年代の前半の『資本論草稿集』のなかでマルクスは次のように述べている。

「すでにこの関係は、その単純性において一つの転倒であり、物［物件、物象］の人格化および人格の物化［物件化、物象化］(Personnificirung der Sache und Versachlichung der Person) である。というのは、資本家がなんらかの人格的な性質において労働者を支配するのではなく、彼が『資本』であるかぎりにおいて労働者を支配するということは、この形態を以前のあらゆる諸形態から区別するからである。資本家の支配は生きた労働に対する対象化された労働の支配にほかならず、労働者自身に対する労働者の生産物の支配にほかならないのである」(前掲『資本論草稿集』第九巻、四一一〜二頁)。

ここに『資本論』の時期の「物象化」の典型的な使用例が見出されることについては、異論の余地がないであろう。文脈からみて、この言葉の意味は、人格としての人間が、それ自体としては意志も目的ももたず、手段として使われるような物件としての物に転化するということであろう。同じような脈絡でマルクスが「主体の客体への転倒およびその逆の転倒」という表現も用いていることは知られているが、「物象化」がここに登場してくる主体の「客体化」ということと重なるところがあることは明らかである。ただし、マルクスはヘーゲルにしたがって「人格」よりも「主体」の方が概念として格が上だと考えていたはずなので、「物象化」のもとに、「客体化」という言葉でイメージされうるものよりもかなり単純な内容を考えていたとみなさなければならないであろう。

いずれにせよ、大事なことは、以上のような引用文から知られうる限りでは後期マルクスにおける「物象化」は、先の「フェティシズム」と同様に、疎外概念に取って代わって登場しているわけでも、疎外概念を包摂するような概念として登場しているわけでもないということである。それどころか、いずれの概念も、むしろ疎外によって規定された現象——もちろん疎外との相互作用も考えなければならないが——を表すものとして登場していて、全体としての疎外概念を構成する下位概念としての位置を占めていることは明白であるように思われる。そして、よりいっそうはっきりしているのは、もはやいうまでもないことであるが、「疎外が、社会関係の分析が深まるにつれて、とくに『資本論』では物象化概念に置き換えられるようになる」という話がまったく根拠のない完全に間違った解釈であるということである。『資本論』の時代にもマルクスは彼の初期の疎外概念を維持し発展させていたのであり、この概念をベースにしてそのうえでフェティシズムや物象化の概念を運用していたのである。

さて、長々と『マルクス』を見てきたのであるが、結論として、マルクスの二一世紀の最初の誕生日を祝って出版された本としては——優れたエッセーが輝いているにもかかわらず——その基本構想があまりにも粗末で、その志の高さに見合っていないといわなければならないであろう。当然のことであるが、志の高さだけではまだその内容の水準の高さが保証されるわけではないのである。そしてマルクスの基本思想を語っている部分では、間違った解釈が蒸し返されていたのであるが、それは二〇世紀のスターリン主義的イデオロギーの神話のヴァリアントにほかならなかった。まさにこの神話を編集者は復権させようと大いに努めていたのであるが、これは「いつか来た道」で努力が実を結ぶ可能性はけっして大きくないとみなしてもよいであろう。しかし、それにもかかわらずこのような『マルクス』が闊歩しているのが、私たちがそこから出発しなければならない私たちの社会の現状なのである。この現状は、「マルクスの二一世紀」までにはまだ大変な距離があると考えなければならないことを教えている。

著者紹介

岩淵慶一（いわぶち・けいいち）
1940年生まれ。東京大学文学部哲学科卒業。現在、立正大学文学部哲学科教授。主な著書に『現代ヘーゲル研究』『ルカーチ研究』（以上共著、啓隆閣）『初期マルクスの批判哲学』『どこからどこへ』（共著）『社会主義 市場 疎外』（共著）『神話と真実』（以上、時潮社）『哲学と宗教』（共著、理想社）、主な訳書にバイアー『ヘーゲルの全体像』（共訳、啓隆閣）シャフ『言語と認識』ペトロヴィッチ『マルクスと現代』（以上、紀伊国屋書店）マルコヴィッチ『実践の弁証法』（合同出版）マルコヴィッチ『コンテンポラリィ・マルクス』（亜紀書房）などがある。

書　名　　マルクスの21世紀《せいき》
著　者　　岩淵慶一
印刷日　　2001年 7月25日
発行日　　2001年 8月10日
印刷所　　明和印刷株式会社（本文）
　　　　　グループ&プロダクツ（DTP）
製本所　　山田製本印刷株式会社
発行所　　株式会社 学 樹 書 院
所在地　　〒164-0014 東京都中野区南台 4丁目60番1号
　　　　　TEL 03-5385-5065　FAX 03-5385-4186

定価はカバーに表示してあります

Gakuju Shoin, Publishers Ltd. *Printed in Japan*
ISBN 4-906502-23-7 C3036